算者生存

吴彬彬 ◎ 著

商业分析的方法与实践

人民邮电出版社

北京

图书在版编目（CIP）数据

算者生存：商业分析的方法与实践 / 吴彬彬著. --北京：人民邮电出版社，2024.2
ISBN 978-7-115-63020-9

Ⅰ. ①算… Ⅱ. ①吴… Ⅲ. ①商业信息－数据处理 Ⅳ. ①F713.51

中国国家版本馆CIP数据核字(2023)第203059号

内 容 提 要

互联网时代，数据和信息的规模急剧膨胀，各行各业都与数据紧密相连，因此急需能够充分利用数据和信息的人才。企业通过对数据和信息进行深入分析，可以提高收入、降低成本，从而获得竞争优势。

本书以企业长久生存为目标，以收入最大化、风险最小化、成本最小化三条业务主线思想为指导，逐步构建数据分析体系、数据评估体系、数据产品化体系共同运作的商业分析框架，详细描述如何利用商业分析技能帮助企业获取竞争优势。

本书融理论与实践于一体，本书方法论经过网易、阿里巴巴的项目实践验证。无论是商业分析人员、数据分析人员，还是业务人员、企业管理人员，都会在阅读本书后受益匪浅。

◆ 著　　吴彬彬
　　责任编辑　杨海玲
　　责任印制　王　郁　马振武
◆ 人民邮电出版社出版发行　北京市丰台区成寿寺路11号
　　邮编　100164　电子邮件　315@ptpress.com.cn
　　网址　https://www.ptpress.com.cn
　　固安县铭成印刷有限公司印刷
◆ 开本：720×960　1/16
　　印张：17.75　　　　　　　2024年2月第1版
　　字数：302千字　　　　　　2024年2月河北第1次印刷

定价：79.80元

读者服务热线：(010)81055410　印装质量热线：(010)81055316
反盗版热线：(010)81055315
广告经营许可证：京东市监广登字 20170147 号

前　言

本书构思于 2018 年，那一年我在网易云课堂策划上线了"数据分析"和"大数据开发"两门在线课程，短短半年课程销售额破千万元。在课程销售预期比较乐观的基础上，我准备策划"数据领域三部曲"中的最后一门课程——以业务分析为主要内容的"商业分析"课程。但中途因为工作变动，该计划也暂时停滞。

2021 年年初，我女儿出生了。我的工作依然忙碌，每天我上班后她才起床，我回家前她已睡觉。因为缺乏与女儿的喜好相关的数据，所以我总是搞不定这个小家伙。2022 年年初，我觉得应该用"间隔年"（gap year）的形式来直面这个问题。在陪伴女儿的过程中，我利用空余时间回顾了过往的项目经历，梳理了与商业分析相关的内容并将其整理成册。以上就是本书的由来。

本书的主要内容

本书聚焦于数据领域中的业务分析，主要描述企业从战略设计到日常业务运营过程中涉及的分析方法和指标体系，包含市场环境分析、营销模式设计、商业模式设计、供应管理分析等内容。本书将提供一套有效处理抽象商业问题的计算框架，帮助读者利用商业分析技能解决在工作中遇到的问题。

本书的价值判断

根据对过去项目反馈的全面分析，我发现大多数企业都存在以下共性问题。

- **冲动**：为了取得好的业绩表现，企业盲目上线业务，导致业务复杂度上升，企业资源分散。
- **过度自信**：管理者过度自信，忽略客观的数据表现。
- **输不起**：管理者不愿意承认失败，及时止损，妄想通过持续投入创造奇迹。
- **竞争导向**：企业过度关注竞争对手，而忽视自身资源状况，最终导致财务表现不佳。

究其根本，这些问题主要源于企业"追求赢"的心理，决策时以成功为前提，从而陷入"我希望它是对的"思维怪圈，陷入主观臆断的泥潭。商业分析师看待事物的前提是实事求是，需要认知到"成功是偶然的"。商业是一个没有终点的游戏，企业处于从产生到消亡的过程中，企业的核心目标应该是延长生命周期时长。商业环境是复杂且充满挑战的，企业在运营过程中可能会遇到环境变化、竞争加剧、人员低效等各类问题，在此情形下，企业要想延长生命周期时长，必须要确保以下两点要素得以落实。

- **决策相对正确**：企业在遇到环境和竞争变化时，需要针对这些变化做出决策，有针对性地进行调整。从过往经验来看，任何一次决策错误都可能导致企业失败，企业延长生命周期时长的前提是在经营过程中持续减少错误决策。
- **内部管理高效**：除决策错误外，企业失败的原因还有内部管理问题导致的员工懈怠、腐败等现象。企业既需要在方向判断正确时快速落地，也需要在方向判断错误时快速调整，而这两方面都强依赖于高效的内部管理。

以上述两点为基本前提，可构建"企业生命周期时长 = 方向判断 × 管理能力"的基本公式。

方向判断来自信息收集和分析，基于全面的信息收集和整合分析，企业能够找到现有资源的最优使用路径，降低决策过程和组织过程的误判率，保障自身的长期运行。商业分析是一套全面的、严谨的计算框架，将延长企业生命周期时长作为优化目标，这会涉及企业运作的各个方面。商业分析技能不是商业分析师的专属技能，而是企业中各个岗位的员工都可以且应该学习的基本技能，以促进他们工作的优化和改进。

本书的目标读者

本书适合需要构建企业经营分析框架的数据分析人员和商业分析人员学习，也适合有志于提升商业分析能力的业务人员阅读，尤其适合希望提高企业经营效率的企业管理人员阅读。

为什么应该学习商业分析

很多人期望通过分析大量案例来提炼成功企业的经验，并试图复制这些经验。但是在真实环境中，这些经验基本无效，主要原因有两点：一是外部环境时刻在变，过去的成功经验在新的环境中可能不再适用；二是企业的经营策略和方法往往不对外披露，很难通过学习企业案例了解企业的私有信息。日常的工作优化需要的是正确的认知和科学的分析方法。商业分析整合了多个学科的理论，形成了一种高效而科学的方法，是一种大多数人都可以掌握的工具。通过学习商业分析，读者可以掌握从宏观市场需求到日常工作细节的优化理论和工具，并根据自身所处环境有针对性地设计出优化方案。

本书是理论和实战的结合

我的职业生涯涵盖了战略与业务设计、商业模式与结算机制设计、消费者运营、产品策划以及营销传播评估等工作内容。这些工作要求我既要是商业分析专家，又要是业务专家，并且需要拥有丰富的实战经验和深厚的理论基础。本书内容兼具理论性和实战性，通过阅读本书，读者可以找到解决大多数业务问题的理论依据和实际操作方法。

本书的内容广泛借鉴了市场营销、供应管理、组织行为等学科的著作，非常感谢前人提供了宝贵的方法论，让我能够站在巨人的肩膀上思考和进步。由于行业的敏感性和保密条款，因此本书部分敏感数据和项目内容会做匿名化处理，敬请谅解。

写书过程也是学习过程，我希望通过总结过往的实践经验，为读者提供新的商业分析思路和见解。

资源与支持

资源获取

本书提供如下资源：

- 本书思维导图；
- 异步社区 7 天 VIP 会员。

要获得以上资源，您可以扫描下方二维码，根据指引领取。

提交勘误

作者和编辑尽最大努力来确保书中内容的准确性，但难免会存在疏漏。欢迎您将发现的问题反馈给我们，帮助我们提升图书的质量。

当您发现错误时，请登录异步社区（https://www.epubit.com），按书名搜索，进入本书页面，点击"发表勘误"，输入勘误信息，点击"提交勘误"按钮即可（见右图）。本书的作者和编辑会对您提交的勘误进行审核，确认并接受后，您将获赠异步社区的 100 积分。积分可用于在异步社区兑换优惠券、样书或奖品。

与我们联系

我们的联系邮箱是 contact@epubit.com.cn。

如果您对本书有任何疑问或建议，请您发邮件给我们，并请在邮件标题中注明本书书名，以便我们更高效地做出反馈。

如果您有兴趣出版图书、录制教学视频，或者参与图书翻译、技术审校等工作，可以发邮件给本书的责任编辑（yanghailing@ptpress.com.cn）。

如果您所在的学校、培训机构或企业，想批量购买本书或异步社区出版的其他图书，也可以发邮件给我们。

如果您在网上发现有针对异步社区出品图书的各种形式的盗版行为，包括对图书全部或部分内容的非授权传播，请您将怀疑有侵权行为的链接发邮件给我们。您的这一举动是对作者权益的保护，也是我们持续为您提供有价值的内容的动力之源。

关于异步社区和异步图书

"异步社区"（www.epubit.com）是由人民邮电出版社创办的 IT 专业图书社区，于 2015 年 8 月上线运营，致力于优质内容的出版和分享，为读者提供高品质的学习内容，为作译者提供专业的出版服务，实现作者与读者在线交流互动，以及传统出版与数字出版的融合发展。

"异步图书"是异步社区策划出版的精品 IT 图书的品牌，依托于人民邮电出版社在计算机图书领域 30 余年的发展与积淀。异步图书面向 IT 行业以及各行业使用 IT 技术的用户。

目　　录

第一部分　背景知识

第1章　商业分析是什么 ……………………………………………… 2
 1.1　商业分析的现状 ………………………………………………… 3
 1.2　商业分析的指导思想 …………………………………………… 5
 1.3　常见问题解答 …………………………………………………… 6

第二部分　如何高效地发现机会点

第2章　利用13个问题解答市场要什么 …………………………… 10
 2.1　资本是怎么流动的 ……………………………………………… 11
 2.2　产业需求是什么 ………………………………………………… 14
 2.3　消费者要什么 …………………………………………………… 16
 2.4　营商环境是否稳定 ……………………………………………… 20
 2.5　怎么寻找具备投资意义的产业 ………………………………… 21
 2.6　如何定义一个产业 ……………………………………………… 23
 2.7　国外产业为什么干得好 ………………………………………… 24
 2.8　国内产业哪些地方没干好 ……………………………………… 27
 2.9　矛盾是否被其他产业解决 ……………………………………… 30
 2.10　产业是什么"形状"的 ………………………………………… 32
 2.11　哪些企业干得好 ……………………………………………… 35
 2.12　产业准入门槛高不高 ………………………………………… 38
 2.13　企业还有机会进入产业吗 …………………………………… 41

2.14 常见问题解答 ·· 42

第 3 章 产业市场分析数据产品说明 ··· 45
3.1 投融资信息系统 ·· 45
3.2 宏观数据库 ·· 46
3.3 网络舆情系统 ··· 47
3.4 VOC 系统 ·· 49
3.5 常见问题解答 ··· 50

第三部分 如何稳健地抓住机会点

第 4 章 营销管理与收入最大化 ·· 53
4.1 4P 理论 ··· 55
4.2 通过 STP 分析寻找最适合的市场 ··· 57
  4.2.1 选择符合企业优势的市场细分方法 ··································· 59
  4.2.2 有的放矢地选择好目标市场 ·· 62
  4.2.3 寻找消费者主观印象中的差异化定位 ································ 64
4.3 产品不仅包括参数还包括服务 ·· 66
4.4 定价需要基于市场策略而不仅仅是基于成本 ······························· 69
4.5 基于产品阶段选择渠道策略 ··· 74
4.6 整合营销 ··· 77
4.7 品牌是信号投资，是一种声誉现象 ·· 81
4.8 常见问题解答 ··· 85

第 5 章 营销管理指标与"四率二度" ··· 87
5.1 四个层次和六类指标 ··· 89
5.2 发展才是硬道理 ··· 90
5.3 关注每一个环节的流失漏斗 ··· 94
5.4 留存率上升 5%，利润率将上升 75% ·· 97
5.5 关注消费者问题反馈 ·· 100

5.6　视频技术让线下业务拥有更多数据 ……………………………… 101
5.7　知名度与信任度正相关 …………………………………………… 102
5.8　企业和消费者关系在第几层 ……………………………………… 104
5.9　"四率二度"优化追求帕累托最优 ……………………………… 109
5.10　常见问题解答 ……………………………………………………… 110

第6章　商业模式与企业能力要求 …………………………………… 112

6.1　消费者用时间和信息付费的免费模式 …………………………… 114
6.2　用补偿心理实现高转化的试用模式 ……………………………… 118
6.3　用技术绑定实现捆绑收费的搭售模式 …………………………… 120
6.4　用供应管理来实现低价的平价模式 ……………………………… 123
6.5　用价值主张来实现溢价的品牌模式 ……………………………… 125
6.6　用特权来实现预付费的会员模式 ………………………………… 128
6.7　追求跨边网络效应的双边市场模式 ……………………………… 130
6.8　规模效应是商业模式的核心 ……………………………………… 135
6.9　常见问题解答 ……………………………………………………… 138

第7章　财务管理指标与风险最小化 ………………………………… 139

7.1　有没有钱，能不能赚钱，有多少钱 ……………………………… 140
7.2　从资产负债表看企业有没有钱 …………………………………… 143
7.3　从利润表看企业能不能赚钱 ……………………………………… 149
7.4　从现金流量表看企业有没有钱花 ………………………………… 154
7.5　跨表指标补充说明 ………………………………………………… 159
7.6　单位时间核算表关注时间的附加价值 …………………………… 163
7.7　建立不同颗粒度的财务管理指标体系 …………………………… 166
7.8　常见问题解答 ……………………………………………………… 166

第8章　供应管理与成本最小化 ……………………………………… 168

8.1　TCO最小化是供应管理目标 ……………………………………… 169
8.2　供应管理是各个流程环节的平衡术 ……………………………… 172

8.3　上线时长是生产环节的绩效指标之一 175
　　8.3.1　价值工程是功能和成本的平衡 177
　　8.3.2　通过价值分析复盘优化成本结构 182
8.4　质量管理追求第一次就做好 183
　　8.4.1　质量管理的基本流程和数据来源 186
　　8.4.2　质量管理的分析方法 188
8.5　采购不应只是询价、比价、催货、付款 190
8.6　管理供应商选择合作还是选择竞争 194
8.7　生产控制环节开始于需求预测 197
8.8　仓储和物流共同作用于成本和体验 200
8.9　供应管理是慢工出细活儿 202
8.10　常见问题解答 202

第9章　供应管理指标与IPO方法 204

9.1　采购数据指标体系说明 207
9.2　生产控制数据指标体系说明 210
9.3　仓储管理数据指标体系说明 212
9.4　物流管理数据指标体系说明 215
9.5　SCOR模型的13个绩效指标说明 216
9.6　业务路径是可以被严格计算的 218
9.7　常见问题解答 219

第10章　业务分析数据产品说明 220

10.1　商务智能系统 220
　　10.1.1　联机分析处理 221
　　10.1.2　数据报表 224
　　10.1.3　数据可视化仪表盘 225
10.2　谷歌分析 226
10.3　竞争雷达 227
10.4　AB实验平台 228

10.5 数据产品合集说明 ········ 230
10.6 常见问题解答 ········ 231

第四部分 如何低损耗地保障业务

第11章 组织管理与内部交易成本 ········ 234
11.1 交易成本与科层制 ········ 235
11.2 委托代理制与组织规模边际效应递减 ········ 237
11.3 激励与减少私有信息 ········ 240
11.4 KPI 与 OKR ········ 241
11.5 组织管理指标与分析框架 ········ 242
11.6 价值观评价与认可度 ········ 244
11.7 客观加成与主观加成 ········ 244
11.8 常见问题解答 ········ 245

第五部分 如何规范地进行分析

第12章 专题分析流程和方法 ········ 248
12.1 好的问题描述会让问题解决更容易 ········ 249
12.2 VOC 从消费者的角度了解问题 ········ 250
12.3 HOQ 将抽象变成具象 ········ 252
12.4 SIPOC 模型厘清过程要素 ········ 254
12.5 帕累托图明确主次问题 ········ 255
12.6 KANO 模型明确需求优先级 ········ 257
12.7 通过实验达到假设验证 ········ 260
12.8 统计分析追求相关关系 ········ 262
12.9 德尔菲法是有效的专家意见方法 ········ 265
12.10 常见问题解答 ········ 266

后记 ········ 268

参考文献 ········ 269

第一部分

背景知识

商业分析在生活中处处存在，买车时的成本分析、选择交通工具时的时间和成本取舍都可以视为商业分析。严格来说，任何需要决策判断的事情都可能用到商业分析技能。大多数人容易陷入商业分析技能属于投资人、创业者、顾问/分析师这类专业人士的专有技能的误区，这是因为他们对商业分析的方法还不够了解。虽然商业分析包含产业市场分析，但是其常用场景是用于优化日常决策效率。相较于上述专业人士，以下3类人群也需要掌握商业分析技能。

- **一线业务人员**。每个在一线工作的业务人员，既需要掌握本职工作的基本方法论和优化方法，也需要站在更高的维度去考虑怎样做好业务优化，这就需要科学的、量化的商业分析方法论。
- **团队管理者**。不管是基层管理者，还是中高层管理者，都需要用大量的时间去制定团队目标，而目标的制定又强依赖于对产业和竞争环境、消费者需求变化等的分析。团队管理者需要利用商业分析来辅助决策。
- **在校学生**。商业分析讲究通过对数据和信息的分析辅助进行事务的决策判断，此类方法是在校学生应该掌握的方法，在就业方向的选择、在校技能的学习、实习的规划等决策上都有较大助力。

商业分析技能能够帮助大家更加科学地思考，做出更加正确的决策，是从事任何职业的人员必须具备的能力。

本书第一部分主要说明商业分析的背景知识，包含商业分析的现状和指导思想。

第 1 章

商业分析是什么

随着互联网技术的发展，企业对商业分析的要求不断提高。现代商业分析是通过数据分析和信息处理技术了解消费者需求，并基于企业现有资源优化解决方案的过程，这意味着商业分析技能是通过数据分析和信息处理手段解决商业问题的技能。商业分析项目需要经历以下 3 个步骤。

（1）将商业问题量化，展示客观的商业数据表现。这一环节的输出物被称为事实，事实收集强调及时性和完整性。

（2）整合事实和信息，利用多学科理论和逻辑推演等方法，寻找事实背后的原因，做出假设并进行验证。这一环节的输出物被称为假设，假设依赖于事实和信息的完整性和分析方法的正确性。假设是描述性结果，不涉及对错判断、可以被事后证伪。日常商业分析的假设主要是对数据波动的现实原因进行定位（非数值结果）。从事实到假设的过程被称为实证描述，主要描述现实是什么。实证描述具有客观性，使用各学科方法的实证描述都能得到类似的判断结果。全面的信息收集和处理与实证描述的准确性呈正相关关系，是商业分析技能在实证描述方面优于其他岗位技能的根本原因。

（3）将正确假设转化为商业解决方案。这一环节的输出物被称为决策，决策依赖于对事物的价值判断，不同的价值判断带来不同的决策。决策是命令性结果，涉及利益分配。没有价值判断标准就没有价值判断，没有价值判断就没办法决策，没办法决策就没有方案，没有方案就没有增量价值。将实证描述转化为可执行的方案需要价值判断标准，这是严密的逻辑链条。假设转化为决策的过程被称为规范描述，规范描述依赖于价值判断标准，用于描述现实应该是怎么样的、应该怎么改变。

上述 3 个步骤对利用商业分析技能解决商业问题的人员提出了以下要求。

- **懂商业**：了解产业供需矛盾、产业价值链条，明确知晓企业定位及核心竞争力。该项要求主要服务于宏观环境判断标准和假设的建立。
- **懂经营**：了解企业经营，熟悉市场营销、产品设计等工作内容。该项要求主要服务于微观环境判断标准和假设的建立。
- **懂管理**：了解企业内部运作机制，能够通过内部资源协同完成方案交付。该项要求主要服务于商业解决方案价值判断标准的建立。
- **懂数据**：了解数据流程和分析方法，能够通过数据分析提高企业经营效率。该项要求主要服务于使用量化方法解决商业问题。

1.1 商业分析的现状

笔者通过与数百位商业分析师的沟通发现，目前大多数商业分析师仅具备数据处理能力，并不具备商业判断和经营判断能力。现阶段商业分析师的作用更偏向于提供数据支撑，越来越多的业务人员逐步掌握商业分析方法，完成从事实收集到决策输出的闭环。笔者认为导致商业分析师在分析闭环结果方面远不如业务人员的原因主要有以下两点。

- **业务不需要**。过去十几年国内很多企业并不具备精益管理的能力，业务发展主要由市场和渠道驱动，于是将商业分析师定位于提供数据支撑的角色；同时，业务人员并不期望商业分析师涉及太多业务经营方面的工作。这就导致大多数商业分析师仅具备数据处理能力。
- **岗位不成熟**。岗位成熟有两个基本条件：一是具备独立价值判断标准；二是基于独立价值判断标准构建完整的方法体系。以财务岗位为例，财务岗位的价值判断标准为企业需要盈利，而对应方法体系是以财务管理和财务分析为主的方法体系，这两个条件让财务工作成为独立而严谨的工作岗位，品牌类、市场类岗位与此类似。但是，商业分析岗位产生的时间较短，还没有很好的理论基础和价值判断标准。

目前可以完成商业分析闭环的组织结构有以下 3 种。

- **商业分析师闭环决策结构**，主要依赖于企业拥有能力很强的商业分析个体，能通过商业分析能力整合其他资源方做好全局优化，这在企业中比较少见。
- **业务人员闭环决策结构**，常见于以互联网产品经理为主的业务形态，产品经理兼具取数和决策的职能。这种结构的主要问题是由于业务人员有绩效压力，分析判断结果容易受绩效影响，假设和决策容易出错。
- **商业分析师与业务人员协同决策结构**，是目前企业常见的结构，商业分析师负责提供数据支撑，业务人员负责分析和决策。这种结构的主要问题是业务人员背负企业目标，会拥有主导权和解释权，最后会导致与业务人员闭环决策结构相同的问题。

现阶段大多数商业分析师的主要工作是描述事实，较少涉及商业和业务经营，很少能将数值结果与商业问题进行转化映射，进而做出准确的商业判断，这主要是因为他们缺少商业逻辑思维。而出于关键绩效指标（key performance index，KPI）或者岗位要求等因素的考虑，业务人员的分析工作往往缺乏完整性和客观性，无法形成有效决策。从结果来看，无论是商业分析师补齐业务理论短板还是业务人员掌握科学客观的分析方法都可以形成商业分析闭环。但实现这一闭环的基础是确立与商业分析技能匹配的价值判断标准。在这个价值判断标准下，任何角色都可以做出相同的决策，从而避免因标准不一致而导致决策结果不一致。

笔者以多年工作经历，结合企业需求和商业分析方法体系，提出以下价值判断标准：企业应持续迭代自身的业务形态，以适应消费者需求的不断变化，并追求低风险增值路线，从而延长自身的生命周期时长。在这个判断标准中，延长自身的生命周期时长是目的，持续迭代自身的业务形态以适应消费者需求的变化是手段，追求低风险增值路线是标准。在此价值判断标准下，商业分析师需要回答以下 3 个核心商业问题。

（1）**市场需求是什么**：现阶段市场的核心诉求是什么？消费者的何种需求没有被满足？

（2）**企业应该做什么**：企业怎么做才能满足市场需求并在经营过程中将风险降到最低？

（3）**组织应该怎么运作**：在满足市场需求的过程中，企业组织怎么高效运作？

上述 3 个商业问题的解答过程构成了本书的内容框架，具体内容如下。
- **产业市场分析**：分析产业需求，判断产业主要矛盾，寻找业务机会点。
- **业务分析**：分析业务管理过程，选择合适的业务模式和商业模式以降低风险。
- **组织分析**：分析业务过程中人的影响，选择合适的激励机制。
- **工具分析**：分析流程和工具，寻找商业问题与数据问题的转化工具。

本书期望通过问题解答和价值判断标准的结合，构建一套完整的商业分析体系，让读者学习利用商业分析方法科学而全面地描述企业经营现状,以价值判断标准为准绳,改变不满足价值判断标准的现状。为了描述方便,后续内容将使用商业分析技能的人统称为"分析师"或者"商业分析师"。

1.2 商业分析的指导思想

商业分析的基本流程可以描述为观察事实、做出假设及验证假设、决策和行动。经过多年尝试,笔者认为最适合这个基本流程的指导思想是 OODA 循环。

OODA 是 Observe(观察)、Orient(判断)、Decide(决策)和 Act(行动)这 4 个英文单词的首字母的组合。OODA 循环(如图 1-1 所示)的发明人是约翰·博伊德(John Boyd),因此 OODA 循环又称博伊德循环。

OODA 循环的基本观点是:武装冲突可以看作敌对双方互相较量谁能更快、更好地完成"观察—判断—决策—行动"的循环程序。双方都要从观察开始,观察自己、观察环境和敌人,基于观察获取相关的外部信息,根据感知到的外部威胁进行判断,及时调整系统,做出应对决策,并采取相应行动。OODA 循环适合需要高效决策并采取行动的场景,也适合作为商业分析的指导思想。

图 1-1 OODA 循环

OODA 循环在商业环境中的具体应用主要体现在以下 4 个方面。

(1)**观察**:全面收集商业环境和竞争者的基础数据和动作表现,包含宏观环境变化信息、竞争对手舆情信息、消费者舆情信息、内部经营和服务数据、内部舆情信息等。

(2)**判断**:对产业矛盾、企业竞争力、业务机会点做出假设并进行验证。分析师需要学会利用经济学、组织学等学科理论,建立价值判断标准,以协助判断业务形态和消费者需求是否背离,并对主要原因做出假设,对假设进行验证。假设判断的范围不仅包含产品、渠道、价值主张等内容,也包含企业供应成本、组织效率等内容,分析师需要通过实验设计等方法验证假设判断的有效性。

(3)**决策**:计算每个方案的成本和收益,从而确定业务调整方案。根据价值判断标准,做出是否改变现有策略或者调整业务方案的决策。发现问题不难,解决问题才难,因为解决问题的过程涉及大量的利益权衡和机会成本分析,解决方案需要在考虑逻辑准确性的同时考虑协同方的利益。

（4）**行动**：通过项目管理跟进方案落地情况，并寻求行动结果反馈。任何行动都需要复盘，分析师一般以专题分析的形式跟进行动结果，将行动结果作为最新的观察数据进行输入，开始新一轮的 OODA 循环。

OODA 循环的核心在于判断，判断的准确性会直接影响决策的质量，因此分析师要学习涉及商业价值判断标准的商业理论。OODA 循环不仅是一个工作流程，而且是一种基于稳定目标的思考模式，以满足消费者需求为最终导向，贯穿完整的商业分析项目流程。OODA 循环不局限于用在具体的岗位和资源，还能够让使用者整合企业各类资源，熟悉各个岗位的内容，做好全局优化工作。

1.3 常见问题解答

在本节中，笔者将梳理几个和商业分析技能相关的常见问题并进行解答，期望能为遇到相同问题的读者提供有效的思路。

问题 1：我负责的项目是经营一个网店，网店的访问者带来的平均销售额在 15 元左右，过去几个月这个指标在持续下降，这时企业内部出现了两种声音。第一种声音是"这个指标持续下降，你就是没干好"；第二种声音是"虽然这个指标在降，但仍然是行业内最高的，竞争对手的指标下降得更厉害"。这种情况应该怎么解决？

回答：这个问题是非常典型的将价值判断标准直接作用于事实的现象。指标下降是事实，但在不同的价值判断标准下，对这个指标的解读结果会不一样。第一种声音的价值判断标准是指标应该持续增长，第二种声音的价值判断标准是指标在行业内最高即可。价值判断标准没有对错之分，但结果就是大家会持续寻找更多指标来证明自己的观点正确，陷入拉锯战。笔者建议这时应先找到指标下降的真实原因，例如是季节性问题还是价格变化影响了销售额。从事实中分析和验证假设在商业分析中是必不可少的环节，假设是可以验证真伪的。以本问题为例，最后验证的结果是原材料价格上涨导致产品价格上涨，影响了转化率，在确定这个原因后，企业就需要测算这个指标下降对企业的影响范围和对核心消费群体的影响程度，判断是否会造成经营风险，进而确定是否需要解决指标下降的问题。商业分析需要避免执着于对错，商业分析无法解决对错问题。商业分析师只能通过技能寻找验证引发事实的原因或总结规律，在这个基础上依据价值判断标准寻找解决方法。

问题 2：我是一个运营人员，入职以来团队分析师经常在经理面前说运营团队这个业务指标不如竞争对手 A，那个业务指标不如竞争对手 B，但是从来不给解决方案。这让运营团队非常被动，如果商业分析师的工作只是负责指出问题，那我觉得我也可以胜任。

回答：这个问题在大企业中表现得非常明显。由于大企业分工比较细，很少有人能够掌握全部信息，这就导致商业分析团队能够掌握的信息可能只有数据，只能依据数据对比做出判断，很难给出解决方案。面对这种情况，你可以主动将现有信息和资源同步给商业分析师，然后共同解决问题。商业分析是以解决问题为导向的，它旨在在有限的资源下寻找问题最优解。商业分析师应该避免成为批评家，过于关注结果而忽视过程对企业的发展并无裨益。

问题 3：我是一个初级商业分析师。在工作中，我发现我得出的结论都是大家知道的结论，而且输出的方案很少被业务方接受，我应该怎么办？

回答：可以将真实环境抽象为事件和状态，某时某刻的情况被称为状态，下一时刻状态的变化由事件驱动。业务人员是事件的策划和执行者，其掌握的信息多于商业分析师是常见情况。商业分析师初期得出大家都知道的结论很正常，现阶段你可以先分析各个事件的结果、积累经验，后续归纳得出规律性的结论，而后再与业务人员进行沟通。输出方案很少被业务方接受也是正常情况，我认为信息收集和处理、假设判断、方案制订需要三种不同的能力，信息收集和处理需要的是数据处理能力，假设判断需要的是对信息的整合分析和实验设计能力，方案制订需要的是内部关系权衡和成本收益评估的能力。分析方案无法落地大多数是因为忽视了方案的成本收益和组织的内部关系，商业分析师可以进一步尝试在方案中增加有关成本收益评估方面的内容。

第二部分
如何高效地发现机会点

任何企业都是产业的一环,产业供需矛盾会影响企业的生存和发展。产业供需矛盾主要有两种:一种是短缺矛盾;另一种是结构矛盾。短缺矛盾代表的是供给整体不足,表现为产业处在高速增长期,即使是能力一般的企业,也有可能在市场上获取较大收益。结构矛盾主要表现为分配不均,部分细分领域产能开始过剩,各大企业开始比拼精细化运营能力,多余的产能会被淘汰,企业开始追求差异化。一个产业可以同时存在短缺矛盾和结构矛盾,其中一个是主要矛盾。

矛盾代表着不足,不足代表着机会点,机会点代表着增量市场,增量市场代表着投资收益的可能性。产业市场的矛盾分析方法主要用于寻找符合企业自身能力且具备增长空间的细分产业市场,并规划出增长的低风险路径。

第 2 章以 13 个问题为主线,从资本流动、消费者需求、产业结构、产业参与者等多个维度构建产业市场分析框架,寻找解决问题的方法。目前部分产业市场分析将产业市场和消费者市场区别对待,将产业市场简单理解为面向企业消费者的市场,将消费者市场简单理解为面向个人消费者的市场。这种处理会导致解决方案面向企业消费者的业务无法随着产业市场中个人消费者的需求变化,无法及时为企业消费者进行迭代升级,进而逐渐被其他解决方案所替代,如传统的客户关系管理(customer relationship mangement,CRM)逐步被小程序 SaaS 系统等方案替代。笔者认为优秀的企业服务提供者一定是了解个人消费者的企业,通过感知个人消费者需求的变化快速迭代解决方案,更好、更快地服务于企业消费者。本书以消费者需求为主线,将企业消费者市场融入产业供应链,将企业消费者市场和个人消费者市场相融合。

第 3 章将在第 2 章的基础上依据 OODA 循环,通过信息化手段构建全面的产业市场数据收集和分析系统。

第 2 章

利用 13 个问题解答市场要什么

产业是由利益相互联系、具有不同分工的各个相关行业组成的业态总称。尽管各个相关行业的经营方式、经营形态、企业模式和流通环节存在差异,但是它们的经营目标和经营范围都是围绕着共同产品展开的,同时也能在各自所属的行业内部完成商业上的循环。

分工是产业形成的基础,产业中不同企业之间通过价值传递提供共同产品,满足消费者的需求。共同产品不是一种具象化的产品,而是一类需求的解决方案。消费者也不仅指狭义的个人消费者,而且指具有支付能力的实体,包括生产中间产品的企业。共同产品的最终消费者是个人消费者,以钢铁为例,从表面上看钢铁产业不是面向个人消费者的产业,但是利用钢铁制造的车辆、飞机、轮船等都服务于个人消费者,从这个角度看钢铁产业也服务于个人消费者。

笔者认为产业市场即消费者市场,产业市场分析是以消费者需求为核心、对产业价值增长过程的分析。

商业的起始点是满足消费者的需求,产业的发展瓶颈是由产业供给能力与消费者需求不匹配导致的,而这种不匹配的情况被称为产业矛盾,产业发展过程也是产业矛盾的解决过程。产业供给由产业供应链完成,产业供应链由分工不同的企业组成,企业由不同部门组成,不同部门的能力组合又构成了企业的竞争能力,这一系列的过程被称为价值链。按照颗粒度的不同,价值链可以细分为产业价值链、企业价值链和企业能力链 3 层,如图 2-1 所示。

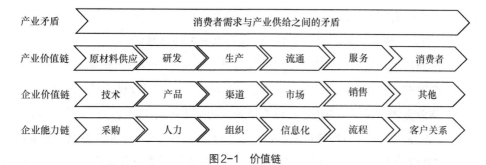

图 2-1 价值链

在价值链的 3 层模型[①]中,任何一个环节的改进都能促进产业供给能力的提升,缓解消费者需求与产业供给之间的矛盾。产业矛盾可以通过价值链中的一个环节缓解,这个环节就是商业分析师需要寻找的增量市场。本章内容基于图 2-1,针对不同层级提出 13 个关键问题并进行回答,构建产业市场分析框架,目标是寻找与企业能力适配的增量市场。

最简单的判断产业增量市场的方法之一就是分析产业中资本的流动情况,资本投资是产业增长的一个关键动力。

2.1 资本是怎么流动的

投资量、劳动量和生产率是决定经济波动的"三驾马车"。一般投资量与经济增长成正相关关系;在劳动量同生产资料结构比例相适应的条件下,劳动量与经济增长成正相关关系;生产率是指资源利用效率,提高生产率也能对经济增长直接做出贡献。与宏观经济波动驱动因素类似,驱动产业发展的"三驾马车"也是投资量、劳动量和生产率,其中投资量是产业发展最直观的观察变量。

- 哪几家企业最近上市了,融了多少资。
- 哪些企业在打价格战、做补贴。
- 哪些企业业绩比较好,股票价格上涨得比较厉害。

上述话题在互联网上早已不是秘密,每个产业都需要引入资本和话题,通过资本扩大规模,通过话题快速聚拢人气,资本一直是互联网上的热门话题。资本的热度往往也代表着产业的热度。通过分析资本流动,我们可以发现现阶段的热门产业和赛

---

① 产业价值链、企业价值链和企业能力链共同描述产业矛盾的解决办法探索过程。对价值链的解读方法有两种:从产业价值链到企业能力链,描述产业对新企业或企业能力的要求,用于探索新的市场增长点;从企业能力链到产业价值链,用于企业在多元化发展中选择有利产业。两种方法都需要明确消费者需求与产业供给之间的矛盾,作为所有分析的起点。

道，产业和赛道热门往往代表着资本增值空间大。

根据资本增值方式的不同，资本一般分为以下 3 种类型。①

- **产业资本**：生产创造价值，以增值为目的投入生产活动的资本。
- **金融资本**：投资创造价值，以增值为目的以一定利息提供给产业的资本。
- **商业资本**：流通创造价值，以增值为目的从事产品流通获取利润的资本。

资本没办法依靠自身创造价值，必须依靠产品市场的流通来实现增值。资本最终构建了产业供应链，产业供应链通过生产共同产品来满足消费者需求，间接实现资本增值。在市场经济中，上述 3 类资本在大多数情况下都是深度融合、无法分离的。金融企业与生产企业会通过交叉持股的形式实现资本类型的转变，比较典型的案例就是伯克希尔·哈撒韦公司。伯克希尔·哈撒韦公司由巴菲特创建，是一家享有盛名的投资控股公司。除了投资业务，该公司的经营范围还包括保险、糖果、媒体等多个领域。因此，从严格意义上讲，伯克希尔·哈撒韦公司是一家多种资本类型混合的公司。大多数互联网企业在创立初期，一般都依赖于金融资本来发展壮大。在这个过程中，企业逐渐积累产业和商业资本，并通过投资将产业和商业资本再转化为金融资本。

在进行资本流动分析时，分析师不仅要关注投资人对企业的投资行为，还要关注企业新建业务线的行为，只有这样才能相对全面地了解资本的动态。最简单的资本流动分析方法之一是汇总专业人士的判断，借助投资经理的专业判断，通过投融资结果汇总分析来确定产业热门赛道和市场需求。获取投融资信息并不难，互联网上存在大量专门收集投融资信息的网站（见图 2-2），这类网站将投融资信息按行业、轮次、地区等分类展示。分析师可以通过信息技术手段，将此类信息抓取到数据库中，将信息标准化后进行汇总分析。

信息收集完成后，分析师就需要针对不同产业的投资金额按周、月、年进行趋势分析，也可以对不同产业进行对比分析，从而筛选出热门产业和热门企业。当然也可以更进一步，对企业进行细分，将企业分为原材料、研发、生产、流通、服务等类型，进一步细分产业供应链，聚焦热门赛道。②

---

① 教科书中一般只有产业资本和金融资本，由于现阶段互联网的发展，产品流通成为一个非常关键的要素，所以本书将商业资本独立介绍。在互联网时代的商业资本中，最关键的是信息资本，通过信息整合和利用实现资本增值是互联网时代常用的变现手段。

② 趋势分析、对比分析和细分分析是常用的数据分析方法，也是典型的结果分析法。结果分析法从结果逐步反推问题发生点，主要服务于问题定位，没办法分析问题产生的具体原因。想要确定问题产生的原因，常用的量化方法是做实验设计，这将在第五部分具体说明。

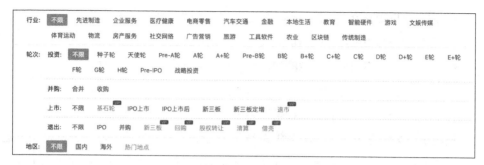

图2-2 专门收集投融资信息的网站

如果读者有投资理财的习惯，购买热门赛道的龙头企业的股票，就可能获取收益。通常，资本话题能够带来短期赛道股的增长，而龙头企业能获得较大的收益。

上述投融资结果汇总分析已经形成一个简单的OODA循环：通过观察投融资信息，判断热门赛道，选择拟投资龙头企业，进行投资。OODA循环非常符合人的思维习惯，不同使用者使用效果的区别往往只在于谁能更快、更好地完成OODA循环。为了更快、更好地完成OODA循环，分析师在进行日常信息抓取工作时需要关注以下3个自动化要点。[①]

- **多网站抓取和过滤**：每个网站的信息都不太全面，所以需要汇总多个网站的信息。这个动作主要解决信息的完整性问题。
- **投融资金额的修正**：有些案例的投融资金额在一个区间内，投融资金额需要经过多方面校验并最终确认一个数值，根据笔者的经验，取区间最小值相对合理。这个动作主要解决信息的准确性问题。
- **企业标签化**：通过对企业主营业务等信息内容进行分析，利用规则引擎等技术自动对企业按产业供应链进行标签化，方便后续进行细分分析。这个动作主要解决信息的标准化问题。

分析师可以通过这些自动化手段自动生成固定格式的产业投融资报告，加快OODA循环的运作。

投融资结果汇总分析方法是直观观察产业发展热度的方法，但部分企业出于宣传或其他目的，会有意夸大融资金额，分析师很难获取真实数据。投融资结果汇总分析中的最大难题是判断投融资信息的准确性，这也是通过互联网收集信息进行分析的难题。下面简单说明判断投融资事件和投融资金额准确性的技巧。

---

① 不计算投融资金额的修正，人工处理投融资信息需要3～4小时，而自动抓取信息则可以自动生成结果，这种效率上的提高也代表着人力成本的减少。商业环境下的OODA循环需要将信息化建设放在首要位置，商业分析过程也是企业信息化的过程。

- 需明确投融资事件信息的来源和发布信息的账号是否可靠且可信。
- 尽量避开标题过分夸张的信息。
- 非官方、未说明引用来源的信息需要交叉验证。
- 统计数据一般从官方网站（如证监会网站）下载。
- 可通过企业股权变化反推投融资金额的有效性。

投融资结果汇总分析是一种对汇总结果进行展示和分析的方法，分析师很难通过这种方法得到更多产业信息，于是信息不足对判断产业市场细化需求构成了一定的挑战。在产业投融资金额快速上升的情况下，一般整个产业处于过热状态，基于投融资的行动只能是短期的而不能是长期的。

2.2 产业需求是什么

产业市场分析的主要目标是确定消费者需求和产业供给之间的矛盾，矛盾代表着问题，问题代表着需要新的解决方案，而解决方案需要产业供应链协同设计。产业需求就是整合或优化产业供应链，满足现阶段未被满足的消费者需求。产业市场分析的主要目标就是寻找产业需求。

不是所有的产业需求都应该被分析。分析师在进行产业市场分析过程中要回答以下3个核心问题：哪些产业值得分析；需要关注哪些产业市场分析方法；分析师需要交付什么内容。产业定义有3个关键词，即分工、内部循环和共同产品。本节结合产业定义的3个关键词对这3个问题进行解答。

产业定义的3个关键词的内涵构成了产业市场分析的3个原则，即分工原则、循环原则和产品原则。

1. 分工原则

分工原则强调产业市场规模需要足够大。亚当·斯密（Adam Smith）在《国富论》中说到"分工之起，由于交换力，分工的范围，亦往往受限于交换的范围，换言之，常为市场范围所局限。市场过小，难与人以终生专务一业的刺激。因为在这种状态下，他不能用自己消费不了的自己劳动的剩余生产物，随意换得自己需要别人劳动的剩余生产物。"

从亚当·斯密的角度看，分工的前提是庞大的市场，由于产业市场规模足够庞大，因此单一企业无法完成共同产品的开发，需要上下游协作，通过供应链的价值传递，形成共同产品并提供给消费者。从现实情况来看，具有较大市场规模的产业可以避免大企业通过资本方式实现垂直一体化整合，最终形成全产业垄断经营，也可以避免外部参与者轻松地影响整个产业环境。例如，2017年太钢集团造出的圆珠笔头，直接实现了圆珠笔头的大量出口和市场替代。小规模的产业不具备稳定性和分工的前提，在选择分析目标时需要进行过滤。

产业结构的稳定性和内部竞争性是分析产业的基础，而这个基础的实现依赖于稳定的产业分工结构。市场规模较小的产业并不具备分析的意义，一般建议分析市场规模在百亿元以上的产业。

2. 循环原则

循环原则强调价值链分析是产业市场分析的核心。《国富论》中说到"分工的局面，一经完全确立，一己劳动的生产物只能满足自身欲望的极少部分。他有大部分的欲望，须用自己消费不了的剩余劳动生产物交换自己所需要的别人劳动生产的剩余物品来满足。于是，一切人都要依赖交换而生活。"

交换产生价值是亚当·斯密的一个主要观点，产品交换提升了社会整体价值。此处引入另外一个经济学观点：**比较优势理论**。当一个企业不能以低廉的价格生产某种产品或提供某种服务时，该企业从另一个企业购买产品或服务总是有利的。产业中各个企业专注于提供自己有优势且低成本的产品和服务，通过交换使自身受益，最后提升产业整体效益。大多数情况下分工是有利的，分工后形成的产业结构往往也代表着产业的收益结构，对产业结构的分析有助于了解产业不同环节的切入点。针对产业结构的研究被称为"产业价值链研究"或"产业供应链研究"，下文我们统一为"产业供应链研究"。在大多数情况下，产业供应链（除消费者外）由以下5个部分组成（以家电产业为例）。

（1）**原材料供应端**：负责产品的原材料供应。家电原材料为钢、铝、铜和塑料等。

（2）**研发端**：负责产品的工艺研制和改善。家电研发分为压缩机研发、半导体研发、面板研发和电机研发等。

（3）**生产端（集成商）**：负责产品的规模化生产。家电生产端为生产工厂或者代工厂等。

（4）**流通端**：负责产品的空间传输和信息交换。家电流通端为物流企业、门店、互联网平台和线上销售平台等。

（5）**服务端**：负责产品的交付和服务。家电的服务端为客户服务企业、安装企业和其他售后服务平台等。

上述不同环节的企业组成了完整的产业供应链，在从原材料到产品交付给消费者使用的全流程中，不同企业负责产业供应链中的不同环节。不同环节的价值点和竞争情况不同，在分析时需要对企业在不同环节的表现进行拆分，明确企业的财务表现和经营情况。此外，还要区分每个环节的竞争结构：完全竞争、垄断竞争、寡头垄断、完全垄断。如果产业供应链在某一环节存在完全垄断或寡头垄断，那么该产业大多数的利润会被这类企业所获取。以碳酸饮料为例，可口可乐是生产端的寡头，对下游流通端和服务端的企业具备议价能力，这就让可口可乐获取该产业的大部分利润。

3. 产品原则

产品原则强调分析交付物是消费者需求与产业供给之间的矛盾。矛盾产生需求，分析工作需要明确需求的长短期解决方案。人的欲望需要通过与他人交换来满足，交换过程形成分工，分工形成产业供应链。人的欲望被称为消费者需求，是产业形成的根本原因。产业通过提供共同产品来满足同一类消费者的需求。但由于人的欲望会随时间和环境变得多样化，会导致现有供给无法满足所有消费者的需求，因此就形成了供需矛盾。供需矛盾是产业市场分析的目标，通过供需矛盾分析能够明确产业需求和解决方案。结合企业现有资源和可以获取的潜在资源，企业进行产业市场分析的目标是合理组织当前产业供应链，并设计新的解决方案。

消费者需求是一切的源头，产业供应链中的共同产品是为了满足消费者需求，那么隐藏在共同产品背后的消费者需求具体是什么？

2.3 消费者要什么

消费者需求是产业形成的基础，分析人员或者投资人希望看到一个满足所有消费者需求的解决方案。一个企业提供的方案能够解决所有消费者不同的需求主张，代表企业存在垄断产业的机会，可通过强势地位赚取超额收益。但这在现实中是可能的吗？如果不可能，是否可以对消费者需求进行分类，通过产业环境中的强势地位赚取超额利润？这一点将在本节中进行解答。

消费者需求分析绕不开亚伯拉罕·马斯洛（Abraham Maslow）的需求层次论。作为美国著名社会心理学家，马斯洛提出的需求层次论不仅影响了心理学科，在产品设计和激励设计方面也得到大量的应用，是知名度十分高的激励理论。马斯洛的需求层次如图2-3所示，从下至上分别为生理需求、安全需求、社交需求、尊重需求和自我实现需求。

不同的需求对应不同的解决方案，这就形成了不同的产业。衣、食、住、行等需求解决方案对应服装、食品、房地产、交通等产业，健康需求解决方案对应健康产业，爱情需求解决方案对应婚恋产业等。不同的消费者需求构建了不同的产业基础，一般来说，越靠下层的需求刚需性越强，相应产业规模越大，机会点也越多，同时竞争也越激烈。结合马斯洛的需求层次论，如果现实中能够找到量化每种需求价值的方法，分析师就可以通过数值优化的方式做好需求管理。可惜的是目前这种方法并不存在，因为人对需求价值的判断是主观的。

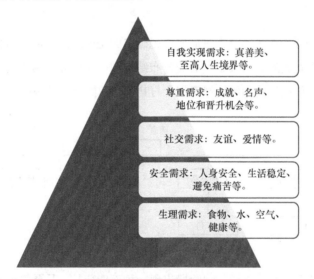

图2-3 马斯洛的需求层次

路德维希·冯·米塞斯在《人的行为》中说到"人的行动的最终目的总归是行动人欲望的满足。至于满足程度的大小，除去个人的价值判断，没有任何其他标准；而价值判断因人而异，即使是同一个人，也因时而异。人之不安和少些不安的感觉，基于其自身的愿望和判断，以及其个人的和主观的评价。谁都无权决定什么会使他人更快乐。"

米塞斯是奥地利经济学派的代表人物，按米塞斯的说法，人对价值的评定是主观的，人们之所以进行买卖，是因为他们认为放弃的东西的价值低于换到的东西的价值，并且价值衡量的观念是无用的，因为人受外部环境的影响会改变自己的价值判断，也会随时切换解决方案。目前业内暂无方法对具体的需求进行量化，无法准确计算一个商品对个人的价值的具体数值。但不能量化不代表不能比较，一般来说，在底层需求无法被满足的情况下，消费者很难主动寻求上层需求的满足。分析师可以依据马斯洛的需求层次进行比较，这类比较主要是协助分析不同收入水平下的消费者会如何分配收入①。消费者价值判断的主观性决定了分析师需要重点了解宏观环境对消费心理的影响，也决定了现实世界不存在一种能满足所有消费者需求的解决方案。

本书将最基础的需求称为"元需求"，如衣食住行需求、健康需求等，将在元需求基础上延伸出来的需求称为细分需求。如何理解这个观点呢？健康是每个人的元需求，所有人都倾向于追求健康。但是由于技术水平的局限，产业目前无法提供能解决所有健康问题的方案，因此健康需求被细分成身体健康、心理健康等多样化的细分需求。细分需求的多样化，形成了健康产业下子产业的多样化，而子产业对应着细分需求的共同产品。

分析师在进行产业市场分析时需要优先确定的是产业的元需求和细分需求，通过需求的树形展开得到产业与其子产业的分布结构图，这个分布结构图中的产业之间存在替代关系。以健康产业为例，健康产业与其子产业的分布结构图如图 2-4 所示。

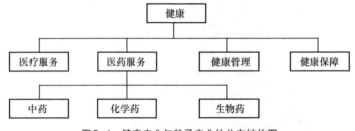

图2-4　健康产业与其子产业的分布结构图

从产业供给角度来讲，假如现阶段出现一种万能药品，只要每个人吃完这种万能药品，就不会有健康问题，那么整个健康产业就不会出现细分产业，而这种药品将会独占整个产业的份额。但从目前的情况来看，在可预见的未来不会有这种药品产生。现阶段由于技术问题，需求解决方案越来越垂直化和专业化。技术的限制导致不存在满足所有消费者需求的解决方案。

从消费者需求角度看，每个人的成长环境和经济水平不一样，因此大家的价值取向也不一样，"甲之蜜糖，乙之砒霜"的现象时常出现，很难出现一种满足所有人需求的解决方案，这也导致了解决方案的多样化。例如，有人喜欢吃软糖，有人喜欢吃硬糖，即使有种软糖能做到让所有喜好软糖的人满意，也没办法让所有喜好硬糖的

---

① 消费者收入分析对产业市场研究非常关键，现实环境无法要求一个低收入国家支持大规模的高价品牌产品消费，也无法要求一个高收入国家大规模使用劣质产品。一个国家的收入水平发展进程与产业发展进程存在明显的正相关关系。

人满意，这就形成了供给和需求的矛盾。虽然消费者对需求价值判断的主观性和不可预测性导致需求无法量化，但大量的消费者分析表明，大多数消费者需求存在统计共性。通过对消费者需求[①]进行分类总结，可以得到以下具有确定性的消费者需求特征。[②]

- **可获得性**。可获得性是指消费者需要产品时，企业具有可向消费者交付的能力。可获得性分为信息可获得性和交付可获得性。**信息可获得性**是指将信息通过媒介传输到消费者手上的能力。互联网主要解决的就是可获得性问题。淘宝解决了产品信息的可获得性问题，通过网络技术特性，将信息以低成本的方式传递到各个领域，效率远高于传统的线下商铺。**交付可获得性**是指将产品和服务送到消费者手上的能力，典型案例就是跨境电商，在跨境电商兴起前，消费者主要以代购方式购买国外产品，但是代购的限制比较多，能够满足的需求有限。跨境电商拥有丰富的品类，能满足过往代购形式无法满足的消费者需求。
- **便捷性**。便捷性是指时间概念上的速度快，花费的时间短。在大多数情况下，消费者对需求的短期满足评价高于延迟满足评价，愿意为短期满足接受较高的价格，典型案例是预售产品的价格低于现货的价格。
- **追求品质**。追求品质是指产品是否能够满足消费者的使用目的和达到消费者期望的评价标准。由于个体的价值判断是主观的，因此品质概念也是主观的，但是约定俗成的评价体系会影响个体行为。
- **追求价格**。价格也是主观意义上的概念，定价是一个很重要的课题。由于价值判断存在主观性，不同的人对价值的货币化认知不同，对相同产品标价的主观感受就不同。消费者都期望用最少的货币满足需求，因此价格竞争是企业常用的竞争手段。
- **追求安全/追求定制**。人身安全是消费者首先考虑的，特殊情况除外。追求定制是有些群体彰显个人地位或者其他方面的差异性而衍生出来的需求特征，典型案例是奢侈品消费。由于篇幅有限，这两个特征就不在本书中展开说明了。

---

① 消费者需求是指拥有支付能力的需求，而不仅是意愿上的需求。例如，很多人出行都希望坐头等舱，但是愿意接受头等舱价格和拥有支付能力的人并不多。拥有支付能力的需求才是消费者需求，目标消费者的支付能力分析是商业分析的核心之一。

② 商业分析师需要对消费者需求特征进行分类有以下3个原因：第一，个体之间存在差异性，对个体进行分析没有多大的参考意义；第二，除了定制需求，很少有企业仅为独立个体提供服务；第三，群体中的个体并不是完全一致的，由于群体的复杂性，群体中的个体对事情存在不同观点属于正常现象，这种现象让统计方法在商业分析中的应用成为可能。

消费者在决策过程中会综合考虑多个因素，很少依赖单个因素进行决策。根据多年的消费者调研经验，笔者将消费者需求进一步简化为"**买到主观意识中质量好、服务好、价格低的产品**"，主观意识特点决定了信息差是一个非常重要的要素。

不存在满足所有消费者需求的解决方案，所有产品只能满足其中一个或多个需求，无法满足全部需求。这就导致产业中形成了空白市场，让后发企业有机会"换道超车"。

2.4 营商环境是否稳定

分析营商环境主要是为了明确营商环境是否稳定。只有拥有稳定的营商环境，才能吸引资本投资，进而形成稳定的产业供应链。

假设你是一家基金企业的投资负责人，有很多资金要投入不同国家或地区中，在挑选标的物的时候，你会重点考虑哪些因素？大多数人列出的因素有人口数量、消费能力、投资政策、劳动力素质、科技水平、医疗卫生、基础建设、政府对科技的投入等。将这些内容归纳整合后可以分为政治（politics）、经济（economics）、社会（social）和技术（technology）这4个维度，这就是PEST模型[①]。PEST模型由哈佛商学院的经济学教授弗朗西斯·阿吉拉尔（Francis Aguilar）提出，是用来评判企业外部环境的理论框架。接下来分别对这4个维度下的环境因素进行详细说明。

- **政治环境**。市场运作需要有一套能够保证市场秩序稳定的规则和奖惩制度，这就形成了市场的政治环境，政治环境分析以分析营商环境和投资环境为主，具体途径为对所在国家或地区的法律法规进行研究。法律法规对市场和企业行为有直接的规范作用，立法在商业环境中的作用主要体现在维护公平竞争、维护消费者利益和维护社会最大利益3个方面。分析师需要充分了解既有的法律规定，特别要关注那些正在酝酿中的法律。政治环境分析的内容主要包含既有的规范性法律政策体系、涉及实际政治权力分配的国家政权制度和政治形势。政治环境分析尤其需要关注**与知识产权保护相关的法规**，这是因为财产私有制是市场经济的基础。

[①] PEST模型的数据资料主要来源于政府工作报告、统计年鉴、专业调查报告、协会报告等。为了保证数据跟踪的延续性，分析师需要将这类关键数据录入数据库，并通过可视化产品对此类数据进行趋势上的展示和分析，这也形成了产业市场中分析除投融资信息系统外的第二个产品——宏观数据仪表盘。由于这个产品比较简单，本书不具体展开说明。

- **经济环境**。经济环境分为宏观经济环境和微观经济环境两类。**宏观经济环境**主要指一个国家的人口数量及其增长趋势、国民收入、国内生产总值及其变化情况,以及通过这些指标能够反映出的国民经济发展水平和发展速度。**微观经济环境**主要指企业所在地区或所服务地区的消费者的收入水平、消费偏好、储蓄情况、就业程度等因素。这些因素直接决定着企业目前及未来的市场大小。经济环境分析的关键变量有 GDP 及其增长率、可支配收入水平、居民消费(储蓄)倾向、利率、通货膨胀率、失业趋势等,尤其需要关注**可支配收入水平**,这个指标直接影响了消费者的支付能力和消费意愿。

- **社会环境**。社会环境也称社会文化环境,包括一个国家或地区的居民受教育程度和文化水平、风俗习惯、价值观念、审美观点等内容。社会环境分析的关键变量有人口出生率、人口死亡率、购买习惯、教育结构和文化的包容度等,尤其需要关注**教育结构和文化的包容度**。教育结构决定了合格劳动力的规模,文化的包容度决定了后续企业宣传的边界。

- **技术环境**。技术环境主要包括新技术、新应用的发展情况。技术环境分析的关键变量有专利数、核心专利数等。

PEST 模型是常用的外部环境分析方法,PEST 模型更像是资料收集,做的是定性分析而非定量分析。在具体应用的时候,PEST 模型非常依赖于决策者的能力和水平,有较大的不确定性。分析师在利用 PEST 模型进行分析时,需要多与业内专家沟通,厘清共识部分和差异部分。PEST 模型不需要经常更新,但是经常关注新政策和新技术的变化是非常有必要的事情。在应用模型的过程中,如果项目时间有限,无法进行信息收集,读者也可以直接参考世界银行发布的年度营商环境报告。这份报告主要通过开办企业、办理施工许可证、获得电力、登记财产、获得信贷、保护投资者、纳税、跨境贸易等 10 项内容描述一个国家或地区的营商环境。

营商环境分析的目标是寻找稳定、可持续增长且具备一定消费潜力的市场空间,并在稳定的环境下选择具备投资意义的产业赛道。PEST 模型除了用于分析营商环境,也常常用来分析市场驱动因素和阻碍因素。

2.5 怎么寻找具备投资意义的产业

在选择产业市场分析标的物时,除规模大这一个限制条件外,还有另外一个限制条件：不能选择包含多个明显具备不同产业供应链形态的大产业进行分析，典型案例为大健康产业。大健康产业既包含医药服务，又包含医疗服务，这两个子产业的供应链结构、竞争情况、技术发展进程明显不一样，强行分析大健康产业很难输出可落地的决策性意见。产业市场分析标的物主要是颗粒度适中的产业，如消费医疗的垂直产业（医疗美容、口腔、疫苗产业），而药品领域需要细分市场，如肿瘤用药、感冒药等产业。

产业市场分析是时间性和有效性均衡的结果，一味追求大而全的结果就是没有可供执行的判断。满足什么条件的产业才算是具备投资意义的产业呢？消费者需求是产业的基石，同一产业服务同一类消费者需求，产业市场分析不是以产品交付为分析原点的，而是需要回归到消费者需求分析和产业供给分析，了解供给与需求之间的矛盾。因此，分析师需要回答以下5个递进的问题。

（1）产业消费者需求是什么？满足需求的情况怎么样？现状产生的原因是什么？

（2）产业是否有快速增长的机会？

（3）产业是否有被替代的可能性？

（4）产业供应链的结构是否有调整的机会点？

（5）企业是否有机会获取增值红利？

回答这几个问题的过程就是构建产业市场分析框架的过程，具体框架内容如下。

（1）**产业定义和替代产业选择**：明确产业满足消费者的什么需求，选择替代产业范围。

（2）**国际产业市场分析**：分析国际成熟市场的驱动因素，建立国内市场长期潜力的假设。

（3）**国内产业市场分析**：分析国内市场的主要矛盾，建立国内市场短期增长速度的假设。

（4）**替代产业市场分析**：分析替代产业的功效和解决矛盾的能力，建立目标产业是否会被替代的假设。

（5）**产业供应链分析**：分析不同环节的竞争情况，建立可能快速增长的环节的假设。

（6）**参与者分析**：分析不同企业的核心竞争力，建立企业是否存在机会点的假设。

（7）**准入门槛分析**：分析机会点的准入门槛，建立企业资源最佳介入形式的假设。

（8）**确定企业后续行动**：结合前几个方面，确定企业对产业的决策方案。

针对某一产业，如果每个问题的答案都是正面的，就代表这个产业具有潜力且是现阶段与企业资源相匹配的市场,这也说明这个产业具备投资价值。

2.6 如何定义一个产业

产业市场分析的第一个问题:如何定义一个产业?

定义产业的方法主要是以消费者的元需求为出发点,通过划分具备明显差异的解决方案来实现不同产业的划分和定义,这种方法可以有效地确定消费者的需求目标,并且可以通过元需求的细分需求进行拓展,从而简化分析师后续选择替代产业的工作过程。本节以医疗美容产业为例进行说明,如案例 2-1 所示。

案例 2-1 医疗美容产业定义和替代产业选择

(1) 产业定义

医疗美容(medical cosmetology),简称医美,是指运用药物、手术、医疗器械以及其他具有创伤性或者不可逆性的医学技术方法对人的面部和人体其他部位形态进行修复与再塑造的美容方式。医疗美容的本质是医疗行为,但区别于临床医学,医疗美容以审美为目的,具有消费属性。

根据介入手段的不同,医疗美容可分为手术类(整形/外科)和非手术类(微整形/轻医美)。手术类医疗美容可分为眼部手术、鼻部手术、胸部整形和吸脂瘦身等,非手术类医疗美容可分为注射项目和皮肤护理等。

(2) 替代产业选择

医疗美容通过医疗的手段满足消费者变美的需求。消费者需要满足的需求是变美,对应的非医疗手段的变美方案就是医疗美容的替代产业,如美容、化妆品等产业。下面选择美容、医疗美容中的轻医美和传统医疗美容,简单描述其具体的功效和差别。

美容是指在美容院中使用护肤产品,再结合按摩手法进行一些基础的护理项目。面部清洁、头部按摩、肩颈按摩、背部按摩都属于美容项目。美容的具体特征表现为价格比较便宜,时间长了才能比较明显地看到效果。

轻医美是指通过非手术的医学手段进行皮肤管理。热玛吉、光子嫩肤、微针、皮秒等都属于轻医美项目。轻医美的价格偏高,一般是用仪器帮助皮肤保持一个好的状态,需要持续使用。

传统医疗美容一般是指整形，通过手术达到变美的目标。双眼皮手术、鼻综合手术、牙齿矫正等都属于传统医疗美容。整形价格较高、见效快，效果相对比较持久。

美容、轻医美和传统医疗美容都能满足消费者变美的需求，但是在价格、安全性、便捷性等方面会表现出不一样的特点，不同人群依据自身特点选择不同的解决方案。美容是一个范围很大的概念，将美容产业作为医美的替代产业进行分析在时间成本和效果上并不经济，分析师需要选择与目标产业对象类似的几个细分产业进行对比分析。此处选取家用美容仪产业作为医疗美容产业的替代产业市场分析对象。家用美容仪的基本原理与医疗美容的激光美容类似，但它的价格远低于激光美容，质量好的产品的长期使用成本也低于激光美容，并且家用美容仪产业属于新兴产业，有快速发展并替代医疗美容产业的可能性。

在大多数情况下，轻医美和传统医疗美容都在一家主体中运作，后续将其统称为医疗美容进行说明。

在完成目标产业的定义和替代产业的选择后，下一步就是分析国内产业的理论规模上限。由于消费者需求的差异性，因此分析师通过定量方法对消费者的选择倾向做出判断是很困难的，也很难直接通过定性方法对未来发展趋势做出判断。分析师进行理论规模的预测时主要通过分析国外成熟市场的发展过程和现阶段数据表现反向预估国内长期市场空间。这种方法是通过多个相似国家或地区的数据确定一个规模区间，这种方法不仅简单，而且可以了解国外成熟市场的增长驱动方法和目前存在的问题。

2.7 国外产业为什么干得好

由于人类需求的共同性，很难出现只存在于单一国家或地区的产业。虽然各个国家或地区的经济发展水平不一致，但是各个国家或地区的历史发展过程仍具有借鉴意义。观察各个国家或地区在不同经济阶段的产业发展情况，能够给产业市场分析过程提供一些有效建议。国外产业市场分析需要区分产业形势。针对偏向消费领域的产业，应尽量选择文化类似、产业成熟、技术水平完善的国家或地区进行对比。如果文化类似，消费者的价值判断会基本相同，会比文化差异较大的国家或地区更具备参考意义。针对高精密仪器类等偏向研发驱动的产业，应优先选择具有明显技术代表性和产业进程类似的国家或地区进行对比。例如，对于国内偏向消费类市场的产业，一般选择日本、韩国等国家或地区进行对比。国际产业对比分析一般选择2～3个有代表性的对象进行对比，并按顺序考虑以下4个方面。

(1) 产业发展的现状和经历。

(2) 产业发展的驱动因素。

(3) 产业现阶段存在的问题。

(4) 国内市场长期增长空间假设判断。

可以使用PEST模型来分析这4个方面。本节选择韩国医疗美容产业进行分析，如案例2-2所示。

案例2-2 韩国医疗美容产业市场分析

(1) 韩国医疗美容产业发展的现状和经历

2018年韩国医疗美容渗透率达42%，市场规模达30.75亿美元，是全球医疗美容渗透率最高的国家之一。相关资料显示韩国医疗美容起源于20世纪50年代，最早是美国军队的军医运用整容技术为伤残的士兵进行身体修复。20世纪60年代，韩国出现了零星的个人小诊所，对天生畸形或因战争受伤的身体残疾者进行治疗，韩国医疗美容产业进入萌芽阶段。1973年，韩国政府认定"整形外科"可以作为独立的医学科目存在，并且伴随着20世纪70年代韩国经济的发展，韩国医疗美容产业发展加速。2009年，韩国政府修改《医疗法》，将医疗机构或中介机构开展的招揽外国患者赴韩就诊的营利行为合法化，将医疗旅游定位为新成长动力产业和创造经济的先导产业，医疗美容产业进入快速发展期。现阶段韩国医疗美容产业进入平稳发展期。据韩国反垄断机构数据显示，每年医疗美容产业市场规模的增速在15%左右，与此同时，在韩国政府政策的支持下，赴韩就诊的外国游客人数逐年攀升。

据韩国保健产业振兴院发布的《2016韩国保健产业统计集》，截至2016年年底，韩国正式登记注册且有实际经营业绩的医疗美容机构共有1613家，中介机构共有597家，而2019年中国注册在案的医疗美容机构为13 000家左右。韩国医疗美容机构的登记地大部分集中在首尔、京畿道和仁川等首都圈地区，这种集中现象进一步加剧了竞争。因此，韩国医疗美容产业呈现地域小、机构多、竞争大等特点。

2015年，韩国政府出台新政策保护医疗美容产业的发展。但是韩国政府不允许医疗美容机构连锁化经营，医疗美容机构只能通过扩大规模扩张，而不能开设分店。

韩国医疗美容机构采用自主定价体系，因为该行业发展成熟，所以营销费用占比较低，而中国医疗美容机构因为广告投入大，营销费用占比高于韩国。韩国医疗美容的产品和服务价格均低于中国的产品和服务价格。

（2）韩国医疗美容产业发展的驱动因素（PEST模型的具体应用）

综合来看，韩国医疗美容产业的发展具有以下4个驱动因素。

- **政治环境**。韩国保健产业振兴院设立"医疗纠纷调解仲裁院"，专门处理医疗纠纷事故。此外，韩国观光公社与保险企业针对外国患者提供医疗纠纷翻译服务、伤残或身亡赔偿、滞留费用赔付等保险项目。为了推进国际医疗旅游产业发展，韩国政府从法律层面为各类医疗旅游活动的开展提供了政策保障。2016年，韩国政府提出了在2021年前吸引80万名外国患者来韩就医、推动211家医疗机构开拓海外医疗市场的目标。
- **经济环境**。20世纪70年代后，韩国经济快速发展，成为亚洲地区的发达国家，人均可支配收入增加，各大行业都在快速发展，其中也包括医疗美容产业。
- **社会环境**。韩国娱乐业发达，女性和男性普遍注重外表和皮肤管理，不避讳公开谈论整形经验。
- **技术环境**。韩国的整容技术非常发达，并且医疗水平也比较先进。韩国整容技术的安全性和稳定性较高，较少出现手术失败的情况，这就吸引了较多游客来韩就医，刺激了韩国医疗美容市场的发展。

（3）韩国医疗美容产业现阶段存在的问题

巨大的医疗美容商机也伴随着不少的问题。不少韩国中介机构及医院雇用未持证的咨询师提供医疗咨询，咨询师是否持证，一方面涉及医疗安全，另一方面涉及出现医疗纠纷时是否能够获取保障。有些医院未配备足够的麻醉师和护士，这会导致在手术过程中出现紧急情况时很难进行有效应对，还可能会出现由护士、医药代表等执刀手术的情况，引发医疗风险。

> **（4）国内市场长期增长空间假设判断**
>
> 2022年，国内的医疗美容渗透率约为4%，以韩国的医疗美容渗透率为标准，随着经济的发展、政策的逐步完善和人们对"求美"文化的逐步认同，国内医疗美容市场存在约10倍的潜在增长空间。

国际产业市场分析既要分析发展好的地方、正视差距，也要了解目前成熟市场存在的问题、做好风险预估。尽管后发展国家或地区可以通过借鉴成熟经验快速缩小与成熟国家或地区的差距，但同时也难以避免成熟国家或地区存在的问题，这类问题同样制约着后发展国家或地区的发展。国际产业市场分析以资料收集为起点，以假设判断为终点，并通过多方面的信息对比检验假设判断，常用的方法是专家意见对比法。

国际产业市场分析主要采用桌面分析的方式。桌面分析的好处是两点：一点是市面上有很多现成的资料信息可以收集；另一点是国际产业市场分析的费用都比较高，利用已调研的数据是性价比较高的方案。桌面分析的坏处是这种方式得到的都是处理后的信息，没办法知道很多原始数据的真伪，分析师需要具备与国外专家对话的机制和通道。

通过国际产业市场分析，首先建立的是国内市场长期增长空间的假设，下一步就需要明确国内产业的短期增长预期。

2.8 国内产业哪些地方没干好

国外成熟产业市场的现状是PEST模型中的4个因素表现较好的结果，依据国外成熟产业市场进行的预测是理想状态下的预测。但是，由于市场环境尤其是消费者收入水平的不同，在国内产业市场分析中需要对这个预测进行修正。国内产业市场分析主要通过分析国内环境真实情况，确定国内产业的主要矛盾，通过分析主要矛盾的解决周期，明确短期的市场增长预期。国内产业市场分析需要依次考虑以下4个方面。

（1）产业发展的现状和经历。

（2）参与方对产业的态度。

（3）产业现阶段存在的问题。

（4）预估国内产业短期增长速率。

国内产业市场分析的重心在于产业参与方对产业的态度，重点判断制约产业发展的因素，预估解决周期，进而确定产业短期增长速率。本节继续以医疗美容产业为例进行说明，如案例2-3所示。

案例2-3　国内医疗美容产业市场分析

（1）产业发展的现状和经历

2021年，中国医疗美容市场规模达到2 274亿元，同比增速为15.1%。从2018年开始，中国医疗美容行业的增速放缓，预计2020～2023年的年复合增长率为15.2%，与成熟市场基本保持一致。中国医疗美容起源于1929年，首个整形外科门诊在上海开设。不过在1949年前国内医疗美容产业并没有形成比较大的规模。一般以1949年作为国内医疗美容萌芽期的起点。

1949年北京大学第三医院设立整形外科。此后，中国医学科学院整形、外科医院、上海交通大学医学院附属第九人民医院等多家公立医院纷纷设立整形相关科室。当时大众较少有通过医疗手段变美的需求，整形科大多进行伤后修复、矫正等整形工作。这个时期医疗美容机构以公立医院整形科为主，民营机构很少，国内医疗美容产业进入萌芽期。

20世纪90年代是公立医院发展医疗美容最旺盛的时期，公立医院开始开设美容科，同时开始有少量的医生自主创业设立民营机构。随着2001年中国加入WTO，经济逐步发展，国外先进的美容观念和技术慢慢传入中国，国内医疗美容产业进入成长期。

2008年至今，中国医疗美容产业加速发展，民营机构开始大规模增多。2014年之后，凭借"双创"风口，中国互联网医疗美容平台崭露头角。国内医疗美容产业进入快速发展期。

相关资料显示，医疗美容消费主要分布在北京、上海、广州、深圳等经济发达城市，并且伴随着移动互联网的发展，国内大量产业的信息获取渠道都逐步偏向于互联网，医疗美容产业也不例外。互联网医疗美容平台成为消费者获取医疗美容信息服务的主要渠道。相关数据显示，2021年1～3月中国医疗美容类App的月度活跃人数最高达百万。

相关数据显示，2021年手术类医疗美容消费市场占整个医疗美容消费市场的比重为50.8%，非手术类医疗美容消费市场占整个医疗美容消费市场的比重为49.2%。光电类医疗美容消费占非手术类医疗美容消费市场的21%，注射类医疗美容消费占非手术类医疗美容消费市场的19%。手术类医疗美容消费与非手术类医疗美容消费的需求比例相近。

(2) 参与方对产业的态度

付费方：相关数据显示，因轻医美具有医疗成分而表示会谨慎使用的消费者占比接近五成。消费者对医疗美容项目持谨慎态度。

监管方：近年来，国务院等部门以及中国整形美容协会出台了多项政策细则，促进医疗美容产业的发展。1994年，卫生部发布《医疗机构诊疗科目名录》，将"医疗美容科"正式列为医疗机构的"一级诊疗科目"，并发布《医疗机构基本标准（试行）》。2020年之后，多项规定及细则陆续出台，不断规范医疗美容产业标准。

(3) 产业现阶段存在的问题

虽然近几年医疗美容产业逐步规范化并稳定发展，但目前还是有部分机构存在无资质和非法行医、不规范行医和不合格器械、虚假宣传和过度承诺等3类问题。

- **机构无资质和非法行医问题**。据艾瑞咨询《2020年中国医疗美容行业洞察白皮书》显示，2019年中国具备医疗美容资质的机构约有13 000家，但估算全国有超过80 000家生活美业店铺非法开展医疗美容项目。医疗美容产业合法医师仅占行业实际从业医师的28%。据中国整形美容协会统计，国内非法医疗美容从业者人数在10万以上。

- **不规范行医和不合格器械问题**。据上述艾瑞咨询白皮书显示，在合法医疗美容机构中，依然有15%的机构存在超范围经营的现象，属于违规行为。依据相关管理条例要求，部分医疗美容门诊只能提供一级、二级项目，但实际却在开展更高级别的项目，且档案记录缺乏规范性。此外，目前医疗美容市场上流通的针剂正品率仅为33.3%。

- **虚假宣传和过度承诺问题**。部分医疗美容机构为了获客，夸大自身医疗水平、机构资质、医师背景，还存在术前夸大效果和过度承诺的现象。据北京市朝阳区人民法院数据，2016年至2020年因违规发布广告、虚假宣传被行政处罚的医疗美容机构占涉诉医疗美容机构的59.7%。

随着经济增长，有医疗美容需求的人群快速增加，而合格的医生供给不足，并且由于医疗美容有较大的利润空间，不合规医疗美容机构可以通过降低价格等方式违规获客，进而引发机构无资质、非法行医、超范围经营等问题，这就导致医疗风险加大，引发消费者对医疗美容行业的不信任，因此国家加强了对该行业的监管。

（4）预估国内产业短期增长速率

医疗美容产业合规的医疗人员不足，产业乱象丛生，在国家加强监管后，大量不合格供给会退出，消费者的可获得性这一需求特征会受到影响。目前产业主要矛盾为合规医疗人员供给与消费者对安全的医疗诉求之间的矛盾，而正规医疗美容医生的培养周期通常需要8～10年，说明该矛盾在短期内难以解决。产业整体已经进入平稳增长期，在短期内不会出现爆发式增长，但具备优势医疗资源的企业竞争力会加大。

国际产业市场分析和国内产业市场分析主要服务于产业市场的增长预期，但有增长的可能就有衰退的可能。在得出产业的长期增长空间和短期增长速率的假设后，下一步就需要分析替代产业的替代效应，评估该产业是否存在快速衰退的可能性。在通常情况下，产业衰退的原因是产业中的矛盾被其他产业规避。

2.9　矛盾是否被其他产业解决

产业的衰退有时候并不是因为这个产业不好，而是因为其他具备明显替代效应的产业发展得好。消费者需要满足的是需求，不同子产业对应的是需求的不同解决方案，在目标产业存在明显矛盾且短期无法解决的基础上，思考是否存在功效相同并且能够规避目标产业主要矛盾的替代产业，让消费者需求出现转移，产生目标产业整体市场规模萎缩的风险，这是替代产业市场分析的核心问题。为了说明产业是否存在被替代的风险，替代产业市场分析需要依次考虑以下4个方面。

（1）替代产业的发展现状和经历。

（2）需求功效的替代能力。

（3）替代产业对目标产业主要矛盾的规避能力。

（4）预估产业是否存在被替代的风险。

替代产业市场分析需要回归到目标产业对主要矛盾的解决效率上，如果替代产业在满足消费者需求的基础上，较好地解决了目标产业的主要矛盾，就可以认为目标产业会随着替代产业的发展而衰退，这时分析师的主要精力就可以转向替代产业的机会点分析。本节以家用美容仪为例进行说明，如案例2-4所示。

案例 2-4　国内家用美容仪产业市场分析

（1）替代产业的发展现状和经历

医疗美容和美容一般都需要到店消费，为了追求方便，20世纪90年代，部分消费者希望在家庭场景里也能享受到与到店消费类似的治疗和服务，为了满足这类需求，设备厂商开始让设备不断向小型化、集成化、家用化的方向发展，这也推动了家用美容仪产业的诞生和发展。智研咨询的数据显示，2021年我国家用美容仪产业规模达到111.8亿元，2019～2021年复合增长率为15.2%。2015～2020年是中国家用美容仪市场高速发展、品牌大量涌现的时期，个别劣质品牌的出现破坏了产业的生态平衡，影响了消费者对家用美容仪产品的信任和信心。此外，由于中国家用美容仪市场还处于发展早期，市场教育不足，消费者因信息不对称购买产品后形成心理落差，因此消费者会产生购买家用美容仪就是交"智商税"的不准确认知。

（2）需求功效的替代能力

从理论上来说，只要家用美容仪效果好，人们就会优先选择家用美容仪。但事实上，即使是通过了美国食品药品监督管理局认证的家用美容仪，想要彻底取代医疗美容也几乎是不可能的。对大多数人来说，使用医疗美容项目几乎可以一次就看到明显效果，而家用美容仪要坚持使用几个月甚至一年以上方可见到持续性效果，并且随着时间的推移，美容效果的显现赶不上面部衰老的速度。

（3）替代产业对目标产业主要矛盾的规避能力

很多消费者购买家用美容仪很大一部分原因是觉得家用美容仪更安全。事实上，目前市面上使用家用美容仪造成的漏电、过敏、烫伤事故并不少见。由于产业本身也存在安全问题，家用美容仪产业尚存"监管空白"，并不能规避医疗美容产业的主要矛盾。

从功效的替代水平来看，以目前的技术发展，家用美容仪暂时无法替代医疗美容的效果。医疗美容的安全问题也同时存在于家用美容仪产业中。医疗美容产业正走向合规，朝着医疗方向发展，但是家用美容仪产业还未开始合规整改。目前判断家用美容仪产业的发展暂时不会对医疗美容产业形成大的替代效应。从逻辑上来讲，当家用美容仪的技术发展到能够实现医疗美容或轻医美的绝大部分效果且居家安全问题能够解决时，其对整体医疗美容产业的替代效应就会出现爆发式增长，分析师需要持续关注家用美容仪的技术发展进程。

> （4）预估产业是否存在被替代的风险
>
> 目前家用美容仪产业不会对医疗美容产业形成明显的替代效应，医疗美容产业市场虽然在短期内不会出现爆发式增长，但是前景仍然广阔。

综合国际产业市场分析、国内产业市场分析和替代产业市场分析结论，可以得出如下假设判断：医疗美容产业的潜在市场空间大，短期内不会出现爆发式增长，但是短期内也不存在被替代的可能性。考虑到资本投资的主要目的是实现资本增值，该假设判断并不足以支持做出投资医疗美容产业的决策。至此，针对图2-1中的产业矛盾的分析说明完成。整体趋势不代表细分趋势，整体产业增速也不代表供应链细分环节增速。在完成对产业趋势的判断后，下一阶段就是针对图2-1中的产业供应链进行细分分析，从结构中寻找具备投资价值的机会点。

回顾本节内容，很多情况下企业倒闭并不是因为不努力，而是因为信息不足，时刻保持对能满足消费者需求的替代产业的敏感性是非常重要的。本节最后引入笔者非常喜欢的《三体》中的一句话："我消灭你，与你无关。"真正颠覆产业的往往不是这个产业，而是看起来与它无关的产业，分析师需要对消费者需求特征保持敏感才能发现机会点。

2.10 产业是什么"形状"的

收益来源于增长，无论是劳动投资（从业）还是资本投资，只有选择快速增长的产业，才能获取最大的投资收益。但大多数从业人员都在固定的产业范围内工作，于是如何在限定产业中寻找增量机会点就成为关键问题。

本节通过产业供应链分析来解答机会点问题。产业供应链分析主要是通过分析不同产业供应链环节的竞争情况（尤其需要关注垄断、垄断竞争[①]情况），寻找不同环节的介入方式并确定投资收益的可能性。回顾2.2节的产业供应链细分内容，产业供应链可以分为原材料供应端、研发端、生产端、流通端和服务端。日常分析工作可以根据不同的维度进行划分，例如上游负责研发生产资料和技术，中游负责组合产品和服务，下游负责分发产品信息和产品交易，于是可以将原材料供应端和研发端统称为

---

① 垄断竞争属于偏向于充分竞争的非充分竞争形态。垄断竞争有3种明显特征：一是市场中具有众多的生产者和消费者，而且消费者具有明显的偏好，产品与服务非同质；二是市场的进入与退出完全是自由的；三是各生产者提供的众多产品有差别，但并没有本质区别。

2.10 产业是什么"形状"的

上游,将生产端和服务端统称为中游,将流通端称为下游,不同的产业划分方法可能存在区别。产业供应链分析的核心在于明确产业供应链参与者的数量和竞争情况,需要明确产业供应链的利润分布。每个环节的竞争强度也代表着产业的利润分配机制,竞争强度弱的环节拥有更大的产业定价权。在极端情况下,当某一环节存在垄断企业时,产业的大多数利润就会流向这个企业。

产业供应链分析主要通过图示法进行,按产业供应链不同环节的竞争强弱画出产业竞争图,产业供应链有以下 6 种类型。

- **正三角形**。从上游到下游的竞争越来越弱。典型产业为用户生成内容(user generated content,UGC)产业,内容创造者众多,竞争十分激烈,但是拥有分发能力的平台较少,导致分发平台具有较强议价权。
- **倒三角形**。从上游到下游的竞争越来越激烈。典型产业为新能源汽车产业,宁德时代和比亚迪占据了电池生产市场的大部分份额,汽车生产品牌集中,下游的经销商竞争激烈。
- **哑铃形**。从上游到下游的竞争先变弱后变激烈。典型产业为咖啡产业,咖啡品牌拥有较强的议价能力。
- **纺锤形**。从上游到下游的竞争先变激烈后变弱。典型产业为医疗美容产业,上游器械和下游渠道竞争弱,中游医疗美容机构竞争强度大,整体产业利润集中在两端。
- **圆柱形**。从上游到下游的竞争都很激烈。典型产业为女装产业,女装产业各个环节的竞争都很激烈。
- **棍棒形**。从上游到下游的竞争都很弱。典型产业为通信产业,这类产业一般为特许经营。

这 6 种类型构成了产业供应链的基本类型,在竞争激烈的环节,产品交付偏向标准化,难以形成价格差异。在竞争激烈的环节,应寻找有差异化价值主张的企业;在竞争弱的环节,应寻找具备成本优势或者技术优势的企业,形成技术优势是打破垄断或者寡头垄断的常用方法[①]。

产业供应链分析的基本流程有以下 3 步。

(1)画出产业供应链图。

---

① 打破垄断或者寡头垄断主要有 4 种方法:一是研发新技术;二是获取上游原材料环节的优势地位;三是特许经营;四是获取大量的资本补贴。从历史情况来看,研发新技术和获取大量的资本补贴是常见的手段。

(2)确定每个环节的集中度和竞争环境。

(3)机会点假设判断。

本节依然以医疗美容产业作为分析目标进行说明,如案例2-5所示。

案例2-5　国内医疗美容产业供应链分析

(1)画出产业供应链图

医疗美容产业的上游为医学院校和仪器设备生产商等,中游为公立医院和民营机构,下游为线下推广渠道、垂直获客平台、综合社区等,医疗美容产业供应链如图2-5所示。图中箭头方向为服务流动方向,箭头的反方向为资金流动方向。

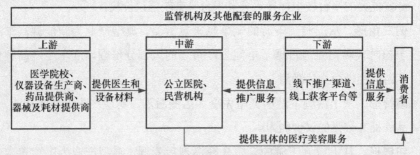

图2-5　医疗美容产业供应链

(2)确定每个环节的集中度和竞争环境

- **上游**。相关材料显示,截至2021年,占据填充材料市场份额85%以上的材料为玻尿酸、肉毒素。玻尿酸市场企业众多,但是占据市场大部分份额的主要为4个进口品牌和3个国产品牌。在肉毒素方面,仅4款产品获批,但多款产品处于临床试验环节。中国光电医疗美容设备市场行业前4名份额集中度为75%,呈集中度较高的寡占型市场格局。上游环节国家监管较为严格,研发和认证要求较高,整体技术壁垒较高,市场集中度较高,该环节毛利率为50%~80%,净利率为10%~25%。

- **中游**。公立医院由于可选项目较少且基本没有营销推广,品牌效应相对民营机构基础较为薄弱,所占市场份额较低。民营机构在市场中发展迅猛,由于营销力度大而被消费者熟知。目前中游市场集中度较低,竞争激烈,存在大量的中小型机构和非正规机构,该环节毛利率为50%~60%,净利率为0~5%,甚至出现亏损。主要亏损原因是营销费用占比过高。

- **下游**。下游主要包括线下推广渠道、线上获客平台等。随着互联网的发展，线上获客平台的份额越来越多。其中，线上获客平台包括媒体广告导流机构、线上搜索类平台、医疗美容线上到线下（online to offline，O2O）和软件即服务（software as a service，SaaS）平台。市场前端购买入口呈现向线上转移趋势，各类线上平台均呈现头部份额遥遥领先的趋势，集中度较高。其中排名第一的垂直获客平台份额遥遥领先，头部毛利率在70%上下，但目前处于亏损阶段。除此之外，非垂直渠道将医疗美容作为渠道流量进行二次利用，并不作为主要经营业务，但有规模的企业数量仍然较少。下游表现为寡占型市场格局。

从产业结构来说，医疗美容产业是典型的纺锤形产业结构，其中上游整体技术壁垒较高，市场集中度较高，以国外品牌为主；中游主要受限于医生数量，且受不合规的医疗美容机构影响，竞争激烈，盈利较少；下游线上平台集中度高，但很少将医疗美容作为主要经营类目，垂直获客平台仍处于亏损状态。

（3）机会点假设判断

为了提高盈利水平和减少亏损，在中游无法快速解决医生供给不足问题，无法形成供给差异化优势的前提下，上游供应的低成本替代会成为一种选项，即国外品牌耗材的国产化替代有一定机会。

受医生数量无法快速增加的影响，具备医生孵化能力的中游正规机构拥有议价能力。

下游垂直获客平台未找到稳定的盈利模式，这一点需继续观察。

分析产业结构类型是想通过产业供应链分析明确每个环节的竞争情况和收益情况，了解不同环节可能存在的机会点。产业供应链分析仅仅停留在对产业环节机会点进行判断还远远不够。为了支持企业级别的投资决策，分析时需要进一步梳理不同环节代表企业的核心竞争力，确定是否存在空白市场或者具备明显竞争力的企业。这就涉及产业参与者分析（2.11节将对此进行说明）。

由于参与者案例涉及企业内部数据，不方便展示，本书仅提供一种分析方法供读者参考。

2.11 哪些企业干得好

虽然不同产业供应链环节的竞争情况不同，但是不同模式下都有代表性企业。分析这些企业的案例，除了可以寻找拥有核心竞争力且具备投资价值的企业，还可以结合消费者需求特征寻找空白市场。对于财务投资，较好的策略是优先选择细分模式下的领头企业，尤其是具备明显产业优势地位的企业。对于业务投资，较好的策略是通过标杆能力分析，在业务发展前期尽量避免进入标杆企业的优势区域。企业开展新业务的竞争对手是那些不具备核心竞争力的企业。通过竞争淘汰不具备核心竞争力的企业获取更大的市场空间，才是新晋竞争者发展的主要途径。

这也是价值判断标准中"追求低风险"的核心做法之一：投资取强，竞争汰弱。

成功的企业不仅是成功产品的组合，更是核心竞争力的组合。核心竞争力是企业发展业务的根本。如果只分析企业现有的最终产品，很难看到企业真正的核心价值。因为企业的核心竞争力存在不同，所以企业才具备差异化竞争的能力。企业核心能力与产业的主要矛盾适配，企业将成为具备竞争优势的企业。

参与者分析主要是通过分析产业中主要厂家的模式和竞争的优劣势盘点其技术、管理模式、消费者服务情况和财务表现，发现其核心竞争力。相对全面的分析需要挑选不同供应链环节、不同模式的 1～2 家代表性企业进行深度分析。参与者分析主要采用 VRIN 模型进行分析。

VRIN 模型由美国管理学会院士杰伊·巴尼（Jay Barney）于 1991 年提出。巴尼在《企业资源与可持续竞争优势》（*Firm Resources and Sustained Competitive Advantage*）一文中概括了该模型的核心思想：只有具备满足有价值的（valuable）、稀缺的（rare）、难以模仿的（imperfectly-imitable）、不可取代的（non-substitutable）这 4 个条件之一的企业资源，才能让企业获得竞争优势；只有满足 4 个条件的企业，才能获得持续性的竞争优势。

VRIN 模型是在 SWOT 的基础上进一步分析企业内部能力的分析模型，通过对价值性、稀缺性、难以模仿性和不可取代性问题的回答反映企业的优势或劣势。运用该模型，就是在对企业资源和能力进行评价时回答以下 4 个方面的问题。

（1）**有价值的**：基本问题为"企业的资源和能力是否能使企业对环境威胁和机会做出反应"。该问题能体现企业能力是否满足消费者需求，企业是否有能力提供竞争对手目前没有的产品和服务，企业是否能够获得预期利润等方面。

（2）**稀缺的**：基本问题为"有多少竞争企业已经获得了有价值的资源和能力"。具有稀缺性的前提是该类资源和能力能够满足消费者需求，并且可持续存在。

（3）**难以模仿的**：基本问题为"与已经获得有价值的资源和能力的企业相比，不具有这些资源和能力的企业在试图获取这些资源和能力时是否会付出很高的成本"。难以模仿性体现在复杂性、因果模糊性（对手难以识别背后的原因）、企业文化和历史、动态响应变化的能力等方面。

（4）**不可取代的**：基本问题为"是否存在一种既可复制又不稀缺的替代品"。不可替代性体现在产品和服务的替代品、企业能力的替代品两个方面。

VRIN 模型的 4 个方面是递进关系，对应特征的企业资源获取难度越来越大。VRIN 分析是对企业内部资源进行的分析，企业内部资源不仅包含可见的资源（可见的资源随着时间的推移基本都会被对手掌握），更重要的是组织文化、知识产权等隐性资源。这个特点也决定了 VRIN 分析难以获取量化数据，对资源的评价偏主观，后续难以进行实证定量检验。

为了保证 VRIN 分析过程的严谨性，除了要对目标企业进行访谈和分析，还要对企业的竞争对手和企业的消费者进行访谈和分析，综合对企业资源进行评价。分析师也可通过将访谈资料发送给专家团，采用德尔菲法[①]综合进行评价，降低主观心理造成的评价失真问题发生的概率。

描述完 VRIN 模型的基本内容后，笔者梳理出 VRIN 分析模板，从研发、销售、生产、人才、技术、资本、信息化等维度罗列了一些评估项目。VRIN 评估表如表 2-1 所示。当一个企业的某个资源同时满足 VRIN 模型的 4 个条件时，这个企业就可以成为备选投资目标。

表 2-1　VRIN 评估表

能力类型	评估项目	价值性	稀缺性	难以模仿性	不可取代性
静态能力	产品				
	技术				
	品牌				
	渠道				
	物流运输				
	生产				
	成本控制				
	销售				
	采购				
	人力资源				
	资金				
	信息化				
动态能力	企业文化				
	创新				
	组织协同				

① 德尔菲法是一种通过综合各类专家意见，经过多轮的反馈和调整，最终形成专家共识的分析方法，具体内容详见 12.9 节。

VRIN 模型是一个能够有效评估企业核心竞争力的模型，但其也有局限性：一是该模型仅适合相对稳定的产业环境，因为在环境发生巨变时企业难以维护竞争优势；二是该模型削弱了管理的影响，并未很好地考虑管理人员的加持。

至此，以财务投资为目标的分析基本告一段落，分析师通过 VRIN 分析可以选取具备长期竞争优势的投资对象。当然，投资形式除了财务投资还有业务投资（以开展业务形式介入产业）。在以业务投资为目标时，产业市场分析需要进一步评估企业是否满足业务的准入门槛。

企业做参与者分析的主要目标是了解各个环节参与者的核心竞争力，在业务投资时尽量避免与强势竞争者在业务上进行直接竞争。企业可通过了解其他企业的发展经历，学习构建自身的 VRIN 能力[①]。

2.12 产业准入门槛高不高

新业务参与者的首要竞争对手并不是产业中的头部企业，而是大多数不具备核心竞争力的企业。企业通过构建 VRIN 能力，逐步占据弱势企业释放出来的市场空间，是企业新业务增长的主要驱动力。不同核心竞争力的构建所需的资源要素不同，也代表着企业所需花费的成本不一样，这就形成了产业的准入门槛。

对于产业准入门槛的分析，除了可以预估细分机会点的资源要求，还可以反向进行资本和核心人才的储备。大多数企业在进行业务创新时都容易高估自身的资源能力而低估产业准入门槛，在商业分析中需要极力避免这种情况。本节主要结合波特五力模型和熊彼特创新理论，通过详细描述业务环节的上下游协同关系，提炼各个环节的准入门槛。

波特五力模型是由"竞争战略之父"迈克尔·波特（Michael Porter）于 20 世纪 80 年代初提出的。他认为行业中存在着决定竞争规模和程度的 5 种力量，这 5 种力量综合起来影响着产业的吸引力以及现有企业的竞争战略决策。这 5 种力量分别为现有竞争者的竞争能力、潜在进入者的威胁、替代产品的威胁、供应商的谈判能力和购买者的议价能力。现有竞争者的竞争能力分析、供应商的谈判能力分析、购买者的议价能力分析属于产业供应链分析范畴，在前文已经进行了针对性的描述。对产业参与

---

① VRIN 模型是分析企业价值链和企业能力链的常用方法之一，而 VRIN 能力是企业能力链的具体要求，也会影响企业价值链的形成。这种影响主要表现在企业内部组织流程的差异性上，而这种差异性最终会影响企业在产业供应链中的价值表现。

者来说，上下游的协同关系是十分重要的关系。替代产品的威胁分析可以等同于替代产业市场分析。潜在进入者资源获取难度的判断方法是本节的重点内容。以下为 5 种力量分析的基本内容。

- **现有竞争者的竞争能力分析**：分析价格、广告、产品介绍、售后服务、营销模式等，可参考参与者分析。
- **潜在进入者的威胁分析**：分析政策、合规成本、资本需求、销售渠道、产品设计能力等。除基础资本需求外，渠道、产品、供应管理环节也需要很强的管理能力，而管理能力的强弱往往决定企业的成败。
- **替代产品的威胁分析**：分析替代产品的技术/价格特征、消费者对替代产品的偏好等，可参考替代产业市场分析。
- **供应商的谈判能力分析**：分析原材料有无替代品、供应商的集中度、原材料成本占生产成本的比例等，可参考产业供应链分析，更详细的内容将在第三部分补充。
- **购买者的议价能力分析**：分析消费者价格敏感度、消费者的集中度、关键决策人的影响等，可参考国内产业市场分析，更详细的内容将在第三部分补充。

准入门槛分析主要分析潜在进入者相关内容，以了解准入门槛的资源要求。而关于构建何种 VRIN 能力，如何构建相对于弱势企业的优势竞争力，涉及竞争战略选择。

波特认为，在与 5 种力量的对抗中，蕴含着三大成功战略[1]思想：成本领先战略、差异化战略和专业化战略[2]。波特认为这些战略的目标是使企业的经营在行业竞争中具备优势。有时企业追求的战略目标不止一个，但波特认为多个战略目标同时实现的可能性很小，因为有效地贯彻任何一种战略通常都需要全力以赴，并且要有支持这一战略的组织安排。不建议同时追求多个战略目标的思路与将在第三部分重点强

---

[1] 战略是战争用语，指为了达到战争目标而对战斗实施的战斗手段。其中战争目标是核心，具体的战斗手段是应用。企业的战略目标都是满足企业目标消费者的需求，成本领先、差异化、专业化只是手段。很多企业在执行过程中，容易出现将降低成本当作战略，最后变成生产低质量、低价的产品，消费者最终流失，这是大多数企业存在的目标替代问题。无论在任何场景，商业分析的目的都是更好地满足消费者需求。

[2] 三大战略的选择因产业供应链环节不同有所不同。供应链下游企业普遍为部件提供商，中游企业普遍为集成方案商。部件提供商在产品生产上呈现两种极端：一是生产完全标准化产品，这时低成本战略应该作为核心战略；二是生产专业化产品，此时专业化战略是最好的战略。供应链下游企业需要保守选择差异化战略。而面向最终消费者的中游集成方案商，专业化与差异化应该成为其核心战略，成本优化应该贯穿全局。不同环节选择不同战略主要是由于企业消费和个人消费的决策动机不同。

调的"压强原则"含义相近，也是商业分析价值判断标准中"追求低风险"的核心路径之一。

下面介绍一下成本领先战略、差异化战略和专业化战略的具体内容。

- **成本领先战略**：也称低成本战略，其内涵是企业要保证自己的总成本低于竞争对手。这就要求企业必须建立起规模化、高效率的生产设施，并且同步降低研发、供应、营销、销售及服务等各方面的成本。选择这一战略的企业需要构建规模销售、与上游供应商保持良好关系、利润再投资、成本控制等VRIN能力。
- **差异化战略**：其内涵是保证企业提供的产品或服务具有差异性，在消费者心智中建立起企业与竞争对手不同的认知。这就要求企业保持技术、性能、渠道布局、消费者服务和其他方面的差异化。理想的情况是企业能在多个主要方面实现差异化。选择这一战略的企业需要构建下游渠道、产品设计、品牌传播等VRIN能力。
- **专业化战略**：其内涵是保证很好地为某一特殊目标消费群体服务。这就要求企业所制定与执行的每项核心策略都要紧紧围绕这一核心战略。选择这一战略的企业需要构建研发、消费者服务等VRIN能力。

三大战略与消费者需求特征高度一致，"追求价格"对应"成本领先战略"，"追求定制"对应"专业化战略"，其他特征对应"差异化战略"。不同战略偏向构建的核心能力不同，没有哪个企业能满足所有消费者的所有需求，每个企业应该在所选择的战略领域构建独特的VRIN能力并持续形成竞争优势。企业在战略选择上需要有所取舍，避免为了满足所有消费者需求，最后被更加聚焦于专一领域的企业夺走消费者。

波特五力模型是知名度很高的产业竞争分析框架，该理论建立在以下3个假设基础之上。

- 战略制定者了解整个产业的信息。显然现实中这很难做到。
- 同行业的企业之间只有竞争关系，没有合作关系。但现实中企业之间存在多种合作关系，共同服务于消费者需求的满足。
- 行业的规模是固定的，企业只能通过夺取对手的份额来占有更多的资源、占据更大的市场。现实中成熟的产业市场可能表现出这种状态，但是在快速增长的新兴产业市场中该假设无法成立。

三大战略虽然应用条件有局限性，但在现实应用中仍然具有很强的参考性。对于快速增长的新兴产业市场，可以进一步结合美国经济学家约瑟夫·熊彼特（Joseph

Schumpeter）的创新理论进行分析。熊彼特创新理论提到创新的 5 种情况：采用一种新的产品；采用一种新的生产方法；开辟一个新的销售市场；获得原材料或半制成品的一种新的供应来源；实现一种新的组织，如造成一种垄断地位或打破一种垄断地位。产业的新入局者可采用一种新的生产方法降低成本，包括采取轻资产运作、外包生产等形式降低财务成本，通过成本领先的方式来获得初期成功，在规模逐步扩大后，就需要形成自身独特的价值主张，这也是大多数创业企业的做法。

在准入门槛分析中，分析师除了需要了解产业最基本的准入要求，如资金、人才、场地等，还需要结合企业战略选择，考虑构建 VRIN 能力所需的差异化资源要求。准入门槛分析的最终目标是评估企业资源是否能够支撑其实现战略目标并获取持续竞争优势。

波特五力模型和熊彼特创新理论结合 VRIN 分析能够很好地协助企业判断各个环节的准入门槛。资本是准入门槛中的重要因素，但不是最关键因素，业务管理和组织管理等才是核心，也是 VRIN 分析的重点。

从 2.1 节的资本流动分析到 2.12 节的准入门槛分析，所有内容都是为了回答一个问题："企业还有机会进入产业吗？"

2.13 企业还有机会进入产业吗

结合准入门槛分析和企业自身资源情况，分析师需要做出最后的假设判断。在做出判断前，先回顾前文介绍的产业市场分析框架的内容。

产业市场分析框架以消费者需求为起点，以入场资源要求为终点，进行了不同产业环节的机会点分析。企业可以依据自身资源能力，选择合适的介入方式。任何决策都应基于企业自身能力，如果企业具备垄断上游或政策影响能力，那么该企业的决策结论和其他企业的决策结论会完全不同，决策背后都是实力和价值的权衡。

分析师在做出最终判断前，需要结合产业资本流动进行二次确认，如果资本流向与分析师判断结果基本一致，就可以认为结论具备较高的可信度。

产业市场分析是业务分析的前提，多数分析师通过全面的信息收集和严谨的推导都可以得出相同的结论，这也是第 1 章强调的多学科实证分析结论的趋同性。虽然分析结论具有趋同性，但企业取得竞争优势的前提仍然是企业在某些方面具备 VRIN 能力，而构建 VRIN 能力主要来源于业务管理过程（将在本书第三部分进行详细说明）

和组织管理过程（第四部分将详细说明）。

俗话说"三流企业做产品，二流企业做品牌，一流企业做标准"，这就是企业综合实力的差异。企业前期是通过产品盈利，通过利润的再投资逐步构建差异化的品牌影响力，获取更高的利润率，进而通过投资基础研发逐步构建产业标准，通过产业标准保证企业长期的盈利。这个循环过程主要是对生产资源和人力资源的整合管理，让企业具备适应快速变化的环境、保持持续性竞争优势的能力，也称动态能力。

产业市场分析理论和分析方法介绍到此告一段落。本节后续内容主要介绍产业市场分析中的"追求基本正确"原则，以此提高假设判断的效率。

行为经济学中有一个著名假设——有限理性假设。环境是复杂的，因此人们面临的是一个复杂的、不确定的世界，而且交易越多不确定性越大，信息也越不完全；此外，人对环境的计算能力和认识能力是有限的，人不可能无所不知。基于这两个约束条件，分析师需要避免"完美主义陷阱"[①]。基于人的有限理性，日常分析工作不可能得到完全正确的假设判断。分析师不需要收集所有的资料，这是因为除收集资料的成本和时间问题外，环境的复杂性让世界必然存在看似矛盾的对照信息。商业分析追求统计意义上的大概率和成本（尤其是机会成本）之间的平衡，而不是追求100%的正确性。在大多数场景下，为了兼顾时效性和准确性，分析师应该追求分析结论基本正确，并通过提高决策和行动效率，快速验证、修正基本假设。

笔者曾经历过几个项目，在已经完成基本项目判断的基础上，为了追求细节上的完美，花费了近一个半季度的时间补充不影响假设判断结果的数据，让项目错过了最佳实施时间，被竞争对手抢先发布，并将其作为核心策略。在信息判断的准确性上，存在明显的边际效用递减规律，追求基本正确和追求绝对正确的时间成本存在数倍的差距，而追求绝对正确并不会带来太多的增量决策收益，好的团队已经利用这数倍的时间完成了后续的决策和行动环节。

2.14 常见问题解答

问题1：公司信息技术部门帮忙构建了一套公司产品和竞争对手产品在电商平台中的销售数据对比系统，但是我们每天观察这些数据也不知道该分析什么。该怎么解决这个问题？

---

① 完美主义者更容易在高期望中面临受挫的局面。

回答：要先理解竞争的意思，"同向而竞，相向而争"。"竞"是相互促进，朝相同方向跑，是创造增量的过程；"争"是相互抢夺，相向而跑，是分配存量的过程。同一个产业中很少存在完全一样的对手，企业做好自身具有优势的市场是一种很好的选择。竞争分析的核心是通过对优秀企业的分析，加深企业自身对消费者需求的了解，逐步加强自身提供解决方案的能力。很多企业的竞争分析主要是分析竞争对手的业务数据，大多数局限于"谁涨得快、谁涨得慢"的表面数值变化，这种分析没有决策意义。在分析数值变化的基础上尽可能多地收集竞争对手的行为动作，通过对竞争对手行为动作的分析来判断数值变化的原因，从而找出可以学习的地方，这样的竞争分析才有意义。

问题2：企业竞争能力分析中为什么要考虑企业文化这类能力？

回答：市场上很多资料认为企业的成功可以被复制，比较典型的就是目标与关键成果法（objectives and key results，OKR）工具类、案例解析类书籍，但是成功复制的案例很少。资源基础观（resource-based view，RBV）理论分析，隐藏在背后的组织文化、知识产权等能力才是企业成功的关键。一个企业的工具和流程是企业文化的体现，不改变企业文化，麻木研究学习工具，其结果就是工具和企业文化不符。在企业竞争能力分析中需要关注隐藏在企业背后的能力，解释企业竞争优势的来源，尤其是要分析管理者的风格。

问题3：产业市场分析涉及内容众多，需要花费大量的时间，有什么办法可以简化这项工作？

回答：产业市场分析工作仍然强调"比较优势原则"，市面上有很多提供商可以提供产业市场宏观分析资料和基础数据，相应报告整体标价从几千元到上万元不等。分析师通过购买报告就可以得到很多数据和信息，而自己收集数据和信息需要花费的成本可能远远超过购买价格。笔者建议分析师直接购买宏观分析报告，但在参与者分析中一定要自己去拜访相关人员和整理数据。这不仅有助于积累行业经验，而且有助于分析师观察到很多从报告中看不到的东西，例如企业文化、激励等软性内容。这些软性内容才是企业核心竞争力的基础。

问题4：有什么简便的方法可用于定位原因吗？

回答：5WHY分析法是一种探索问题原因的方法——对一个问题连续发问5次，每个"原因"都会紧跟着另外一个"为什么"，直到问题的根源被确定。"5"不是"WHY"的标准个数，可以视情况进行增减。使用5WHY方法有两个注意事项：一是每个问题的答案都需要经过验证确认后才能提出第二个问题；二是注意答案边界，不回答可控资源范围外的问题，避免无谓的时间消耗。

问题 5：企业不具备解决产业矛盾的资源怎么办？

回答：在真实商业环境中存在着无数的矛盾，分析师需要通过观察判断主要矛盾，寻找机会点。当企业无法解决主要矛盾时，退而求其次，解决可能成为主要矛盾的次要矛盾，也是一种有效的策略。主要矛盾解决方案的市场规模大，也代表着竞争激烈，因此，选择并解决未来有可能成为主要矛盾的次要矛盾是笔者更建议的做法。次要矛盾解决方案的市场规模相对小，但竞争较小，企业可以安稳发展。

第 3 章

产业市场分析数据产品说明

基于 OODA 循环又快又好的要求,企业可以通过产品化的方式实现自动化数据采集和管理。针对不同的产业市场分析环节,企业可以构建以下 4 个产品系统。

- **投融资信息系统**:主要展示不同产业的资本事件和金额的变化趋势。
- **宏观数据库**:主要用于录入周期性的宏观数据,并进行可视化展示。
- **网络舆情系统**:主要服务于环境信息的收集和管理,包含产业政策、参与者动态、消费者舆论等信息的收集和管理。
- **VOC 系统**:主要服务于分析过程中交互式信息的管理,包含消费者访谈资料的管理、企业访谈资料和量表的管理、专家意见资料的管理等。

本章内容以功能描述为主,不涉及架构图等技术内容。

3.1 投融资信息系统

2.1 节简单描述了基于投融资信息的抓取和格式化,分析师能够更快、更好地完成投融资信息的整理和分析。投融资信息模块是投融资信息系统的一个重要组成部分,但不是全部。本节通过说明投融资信息系统的基本功能,详细描述投融资信息系统如何帮助分析师更快、更好地完成资本流动分析。

资本流动分析不仅需要关注投融资信息,还需要关注企业新建业务线情况。投融资信息主要表现为投融资的事件和金额,而企业新建业务线情况则包含企业新建子企业、企业设立独立部门、企业人员扩张等情况。一个完整的投融资信息系统需要包含以下 3 个模块。

- **投融资信息模块**：负责分析不同企业市场投融资事件和投融资金额，主要数据来源于专业的投融资信息收集网站。
- **子企业信息模块**：负责分析企业创建子企业的事件和子企业注资金额，主要信息来源于企业信息查询网站。
- **人员招聘模块**：负责分析企业人员扩张的情况，主要信息来源于招聘网站和企业信息查询网站。

热门产业一般同时具有投融资金额大、新增企业多和人员扩张快这 3 个特点。热门企业也基本表现出人员扩张快的特点。这 3 类信息的完整收集和分析能够辅助分析师更加全面地完成资本流动分析。

投融资信息系统的建设有以下 3 个难点。

- **企业信息的标准化**是指投融资信息系统中每个企业都需要有独立编码，通过企业编码的映射让 3 个模块的信息能够唯一映射到一家企业。企业信息的标准化编码需要人工维护和管理，避免出现错误和重复编码，同时需要使用机器校验逻辑。
- **企业信息与产业信息的映射**是指将企业信息自动化映射到产业供应链的不同环节，并且通过系统自动化的方式，按分析师的要求将企业信息自动标签化，方便后续分析。
- **采集信息的唯一性**是指在实际数据收集过程中存在大量信息指向同一个信息源的情况，这时汇总信息后要做过滤，保证信息的唯一性，否则会导致信息严重失真。为了保证数据准确，收集的信息的唯一性需要同时经过机器审核和人工审核。

投融资信息系统的建立依赖于企业拥有较强的自然语言处理的技术能力，一般企业并不需要花费大部分的技术力量去建立这个系统。如果企业所处产业的参与者数量并不多，可以通过工作外包形式，用 Excel 或者无代码平台人工录入这些信息，并完成这些信息的简单可视化展示。企业需要有一定空余技术资源再考虑独立开发标准的投融资信息系统。

3.2 宏观数据库

2.4 节和 2.5 节介绍了大量的宏观数据指标的收集和分析，为了保证宏观数据能够随用随查，企业一般需要建立宏观数据库。宏观数据主要来源于国家统计年鉴和各省的统计年鉴，企业可以将关注的宏观指标录入系统中并进行可视化展示。

宏观数据库分为以下两个模块。

- **数据录入模块**：主要具有针对新一期数据的录入和针对过往数据的订正功能。导入数据常用的方法为将固定样式的 Excel 表格导入系统，系统通过解析 Excel 表格的内容，将对应数据存储到数据库中。宏观数据库数据导入样式如表3-1所示。

表 3-1　宏观数据库数据导入样式

指标编码	省市范围	指标名称	年份和月份/年份	指标值
AX00001		GDP	202201/2022	
AX00002		第一产业规模		
AX00003				
AX00004				

注：省市范围以省市名称和编码作为标准，"00"和"全国"代表全国范围，系统会自动解析映射。指标名称随系统导出，不导入检验。月份/年份系统自动按长度进行校验区分。

- **数据可视化模块**：主要以表格形式展示过往的宏观数据指标，需要同时展示不同年份的数据，也可使用趋势图等形式。宏观数据库数据可视化样式如表3-2所示。

表 3-2　宏观数据库数据可视化样式

指标编码	省市范围	指标名称	年份	年份和月份	年份同比	月份同比
AX00001		GDP	2022	202201		
AX00002		第一产业规模				
AX00003						
AX00004						

通过数据录入和数据可视化模块，分析师可以很方便地查询历年的宏观数据，降低临时查询数据花费的时间成本，加快项目进程。在宏观数据库的维护中，需要注意部分宏观指标在后续年份会进行修正，为了保证数据的准确性，在录入新一期数据时，需要校验过往数据与系统中的数据是否一致。

3.3　网络舆情系统

现实环境瞬息万变，一个技术发明、一个公共事件都会影响产业发展，每隔几个月调整一次产业判断的工作方式已经很难适应新时期的产业环境。在现代企业竞争环境下，随着时间的推移，初始的判断在企业经营中的重要性会越来越低，对现有环境变化的感知能力会越发重要。构建快速响应、快速迭代等动态能力是企业发展的长期要求，也是企业竞争优势的起点，企业需要一套能够自动捕获分析产业信息的系统。网络舆情系统就是这样一种能够全面、快速地对产业信息变更进行跟踪的有效技术方案。

网络舆情系统会采集网络信息，并自动抽取出与产业相关的信息进行展示和分析。网络舆情系统一般有两个作用：一是帮助企业快速了解产业的动态；二是帮助企业快速发现对企业不好的舆论导向。不同企业可以利用网络舆情系统进行不同的商业应用，如金融企业的投资决策和企业风险监控。在产业市场分析中应用网络舆情系统主要是为了快速了解产业信息动态。网络舆情系统的底层架构与搜索引擎类似，都是通过互联网技术获取网络信息。

常规网络舆情系统架构分为以下 3 层。

- **数据层**：负责主要社交平台、新闻媒体、专业门户网站、自媒体和其他信息源的抓取和存储。
- **算法模型层**：负责通过各类算法对信息源进行分析，主要包含无效信息剔除，元信息、摘要信息、分类信息、实体信息抽取，敏感信息标记，相似文章标记，情感倾向标记，观点聚类，风险识别等内容，主要技术是自然语言处理和机器学习技术。
- **产品层**：主要提供相关舆情的产品服务，包含舆情监控、领域舆情报告、媒体画像等内容。

网络舆情系统能够很好地满足企业快速而全面收集产业信息的要求。企业不需要自建这方面的能力，市场上有专门提供这类服务的企业，企业可以付费采购相关服务。网络舆情系统可以对产业按小时或者按天进行动态跟踪，通过技术手段筛选新技术、新模式、新的消费者需求，将其从海量的信息中抽取出来，能有效提高分析师对产业环境的敏感度。

大多数分析师在日常工作中对产业环境变化不敏感，笔者认为有以下 3 点主要原因。

- **没意识**：关注业务发展，不关注产业环境变化。
- **没时间**：日常工作陷于业务需求分析中，时间、精力不够。

- **没能力**：系统化能力不足，收集信息需要花费大量时间。

网络舆情系统通过系统化的处理，可以将每日信息主动推送到商业分析师面前，能够有效地提高分析师的环境信息获取效率。

3.4 VOC 系统

在解答第 2 章中的 13 个问题的过程中，商业分析师经常需要对企业人员、消费者进行访谈调研。调研形式包含问卷调研、电话访谈、地面访谈和深度面对面访谈等。在访谈过程中沉淀了大量的信息资产，如果对此类信息资产放任不管，就会造成企业资源的极大浪费。为了提高日常访谈效率和后续信息资产的管理效率，企业需要一套 VOC（消费者的声音，Voice of Customer）系统，VOC 系统独立于企业消费者服务反馈系统，是一套主动调研消费者声音的系统。

VOC 系统架构包括以下 4 个部分。

- **信息管理**：主要是对消费者、专家、企业信息的管理。消费者信息包含年龄、性别、职业等，也包含其与企业的交互行为数据。专家信息包含年龄、性别、职称、从业经历、收费要求、收款账号等。企业信息包含企业主营业务、注册时长、盈利情况、财务表现等。对这些信息进行有效管理，可以极大降低后续分析项目的初始信息收集难度。
- **通道管理**：主要是指与消费者接触的通道管理，通道包含短信、应用推送、公众号推送、电话等，方便分析师在收集信息时选择合适的通道进行触达。
- **问卷和量表管理**：主要是对具体调研形式和内容的管理，包含普通问卷、量表、应用集成问卷的管理、信息收集和分析工作。
- **知识库管理**：主要是对过往收集的信息的规范化管理。建立分析企业、内部部门、分析项目等不同颗粒度的档案管理。这部分针对信息进行标签化管理，帮助分析师建立高效地管理已有知识的能力。

VOC 系统可以搭配投融资信息系统和网络舆情系统使用，将企业网络舆情信息沉淀在 VOC 系统中，就可以针对企业建立包含企业基本资料管理、企业舆情动态监控、企业量表趋势图绘制和企业评级体系的系统。这也是 VOC 系统常见的使用场景。

3.5 常见问题解答

问题 1：分析和产品化的重要性怎么评估？在什么情况下需要上线产品化方案？

回答：商业分析的核心是分析，产品化只是通过技术手段让信息收集更加快速和高效，但最终落地点仍然是分析。不是只有建立线上系统才能被称为产品化，使用任何能够提升分析效率的工具和方法都可以被称为产品化。进行本地的 Excel 表格管理和良好的文档管理也可以被称为产品化。可以在日常工作中逐步积累这些工具和方法，并在企业有空余技术力量时再上线产品化方案。

问题 2：很多产品我是第一次听说，产品化的确能够提高商业分析的效率，但在企业中如果一个项目只是为了提高分析师的工作效率，很难立项，该如何更好地推进这类项目立项呢？

回答：在很多商业分析部门推动项目立项时，都会遇到这类问题，商业分析项目结果很难直观地用收入来衡量，商业分析项目的投入产出比相对难以衡量。这类项目的立项需要采用"游击战"的策略，将整体产品功能化整为零，通过将零碎的功能融合到业务需求中逐步构建能力，最后基于积累的能力完成产品化整合，这是笔者采用的主要立项方法。

第三部分
如何稳健地抓住机会点

企业建立稳固的生存基础靠的是抓住发展机遇，而要实现持续生存靠的是内部管理带来的差异化能力。机遇就是消费者需求和产业供给之间的矛盾，企业若能抓住产业矛盾的解决时机，就能建立稳固的生存基础。在保障生存问题得以解决后，企业通常会拥有相对充足的资金，大多数企业的做法是为闲置资金寻找增值渠道，开始多元化发展。然而，这种做法可能会导致企业出现业务线多、人员规模扩张、组织流程复杂等问题，严重的话，可能会造成企业倒闭。满足消费者需求和分配企业资源是商业分析的重大命题。

第三部分将以业务经营视角观察消费者需求被满足的过程。本部分内容不严格区分面向企业消费者业务和面向个人消费者业务，而将其统称为业务。面向企业消费者业务和面向个人消费者业务的底层方法论是一样的，优秀的面向企业消费者业务早早就明确自身的核心竞争力是帮助服务对象更好地服务个人消费者。

本部分内容分为以下 7 章。
- 第 4 章主要描述营销管理的基本理论和分析方法。
- 第 5 章主要描述营销管理指标体系和"四率二度"。
- 第 6 章主要描述商业模式设计的基本内容和商业模式背后的企业能力要求。
- 第 7 章主要描述财务管理指标体系。
- 第 8 章主要描述供应管理的基本内容。
- 第 9 章主要描述供应管理指标体系和 IPO 方法。
- 第 10 章主要描述本部分涉及的业务分析数据产品。

第三部分讲的是分析师在日常工作中最常接触到的内容，描述了企业构建 VRIN

能力的核心路径，读者需要重点理解。其中营销管理、商业模式设计和供应管理被称为"业务三件事"；营销管理指标体系、财务管理指标体系和供应管理指标体系被称为"业务三张表"。做好"三件事与三张表"是业务稳健发展的基础。

指标体系是通过数值统计方法对业务进行抽象，其与业务过程的关系类似于真实世界与地图的关系。无论地图多么精密，也无法完全描述真实世界的复杂性。因此，指标体系的设计应服务于业务发展，而不是追求自身的完整性。在具体指标跟踪过程中，我们不应过分追求指标的全面提升，而应结合 VRIN 能力进行必要的取舍。

第 4 章

营销管理与收入最大化

业务是指企业内部某些生产经营活动或资产的组合，该组合一般具有投入、加工处理过程和产出能力，能够独立计算成本或所产生的收入，但不具备独立法人资格。业务具备以下 3 个要素：

- 业务能够形成投入到产出的闭环；
- 业务能够独立计算成本和收入；
- 业务是企业内部的一个组织。

这 3 个要素非常重要，尤其是第二个要素。很多大企业至今无法准确核算业务单元的投入和产出。在市场经济的基础上，任何资源的获取和使用都需要支出成本费用，业务归属于具体企业，而企业经营多个业务线，难免会通过管理手段而非市场手段进行业务资源的调配，造成业务支出和产出核算上出现较大的偏差，影响最后的业务结果判断。[1]业务分析的第一个原则是**业务分析的基础是用市场化的机制衡量所有合作，减少管理手段对数据造成的干扰**。企业需要建立内部结算

---

[1] 真实案例（匿名处理）：甲企业有 A、B 和 C 这 3 个业务线。A 维护着一个 App，App 同时提供 B 和 C 两个业务资源位。经过几年的运营，B 和 C 大概有 20% 的收入来自 A 运营的 App，并且比例逐渐增大，而 A 的增长陷入瓶颈。经过内部计算，A 业务亏损严重，管理层决定减少 A 业务的投入。经过拆解，发现 A 业务的主要成本来源于 App 的运营，并且 App 对 A 贡献的收益一直稳定不变，反而其他渠道收入一直增长，因此管理层决定减少 App 的运营费用，最后必然影响了 B 和 C 的增长。B 和 C 的运作依赖于 A 运营的 App，App 运营又强依赖于 A 的供给，App 运营的成本归属于 A，B 和 C 不需要为这些资源付出额外成本，这就是组织对业务的干预现象。A 的收入确认上缺少了 B 和 C 应该支付的费用，让决策出现很大的误差。

机制①，保障市场化机制的运作。

经济学假设企业经营的目标是追求最大利润（利润最大化），长期追求企业价值最大化。业务作为企业的一个独立结算单元，其目标是追求长期最大利润。业务是通过为消费者提供需求解决方案，追求长期利润最大化的组织。关键词是"长期利润最大化"，"长期利润最大化"的意思是需要均衡短期利润和长期生存的VRIN能力建设，不能因为短期目标放弃能力建设，也不能为了能力建设让企业持续亏损。这就是业务分析的第二个原则：**业务经营是平衡的结果，不能单一追求短期目标，也不能过度强调能力建设**。业务分析需要通过数值优化的方法做好平衡，保障长期生存的可能。平衡的标准源自对边际效益的测算。

企业利润是一个结果指标，受收入和成本的双向影响，并不能直接给业务经营带来太多的决策指导价值。分析师在分析过程中需要将利润最大化过程转化为收入最大化和成本最小化两个过程，通过控制这两个过程，最终达到利润最大化的目标。

- **收入最大化**是指企业在与消费者进行交换的过程中最大化地获取消费者的货币支出份额，对应的业务管理过程包含营销管理和商业模式设计。
- **成本最小化**是指企业在与消费者进行交换的过程中最小化企业的货币支出，对应的业务管理过程为供应管理。

在收入最大化和成本最小化过程中，分析师还需要关注企业的资金流动，控制企业的资金风险，保障企业生存基础。这就是隐藏在收入最大化和成本最小化过程背后的**风险最小化过程**，对应的业务管理过程为财务管理。由于财务管理属于专业的财务岗位工作，分析师不需要过多掌握，能基于财务数据搭建财务管理指标体系，通过财务管理指标体系进行日常监控就已经满足基本的工作需求了。

营销管理、商业模式设计和供应管理是分析师经常打交道的3个环节，也是商业判断和经营判断的主要输出环节，分析师需要掌握对应的业务理论知识和相关的分析方法。分析方法可分为以下两部分。

（1）业务设计过程中原始的假设判断方法，这部分内容与业务理论强相关，本书会将其与业务理论融合呈现。

（2）业务运作中对原始假设判断的验证和经营过程中的风险控制说明，这部分内

---

① 之所以如此强调内部结算的重要性，是因为只有正确的口径才能带来正确的判断。在业务研究环节，设计合理的口径并且推进落地是比分析工作更具价值的事情。机制设计比分析工作更加重要，很多企业的判断失误不是因为分析思路和过程有问题，而是因为底层机制有问题。

容将会以指标体系呈现，指标体系旨在通过全面观察和监控来发现业务风险。

本章将以收入最大化为目标的营销管理过程作为切入点进行详细说明。

4.1 4P理论

消费者需求可简单归纳为"买得到主观意识中质量好、服务好、价格低的产品和服务"，其中"买得到"代表业务需要具备强大的分销渠道，"主观意识"代表业务需要具备较强的传播能力，"质量好、服务好"代表业务需要具备满足消费者需求的产品设计和量产能力，"价格低"代表业务定价需要低于消费者对产品的价值判断。

1953 年，美国市场营销专家尼尔·博登（Neil Borden）创造了"市场营销组合"这一术语，指出市场需求在某种程度上受到所谓"营销变量"的影响。1960 年，营销学大师杰罗姆·麦卡锡（Jerome McCarthy）教授在《市场营销学基础》(*Basic Marketing: A Managerial Approach*)中提出了 4P 理论，并将这些营销变量归纳为 4 个要素：产品（product）、价格（price）、渠道（place）、传播（promotion）。这 4 个要素再加上策略（strategy），就是营销管理学领域著名的 4Ps 模型。1967 年，"现代营销学之父"菲利普·科特勒（Philip Kotler）在其畅销书《营销管理》(*Marketing Management*)中确认了以 4P 理论为核心的营销组合方法。

麦卡锡的 4P 理论建立在计划、组织、领导和控制这 4 个核心原则之上。

- **计划**是指制定具体目标并制定达成这些目标所需的步骤和计划。
- **组织**是指将目标和计划转化为具体的行动，并分配责任和资源。
- **领导**是指通过激励和指导员工，帮助员工达到最佳状态并完成任务。
- **控制**是指对组织的运作进行监控和评估，以确保其正确地实施计划并达到目标。

这 4 个核心原则强调了管理者在策划过程中扮演的重要角色，也决定了 4P 理论是从管理决策的角度来分析市场营销问题的。从管理决策的角度看，影响企业市场营销活动的因素分为两大类：一是不可控因素，如产业市场分析中的宏观环境、微观环境等；二是可控因素，如产品、品牌、价格和广告等。4P 策略就是对各种可控因素的归纳。

- **产品策略**是指企业通过向目标市场提供符合消费者需求的有形或无形产品来实现其营销目标。
- **价格策略**是指企业通过制定价格和变动价格等方式来实现其营销目标。
- **渠道策略**是指企业通过选择分销渠道和组织产品流通的方式来实现其营销目标。

- **传播策略**是指企业通过利用信息传播手段激发消费者购买欲望、促进产品销售的方式来实现其营销目标。

4P 理论主张通过企业可控资源的组合来实现营销目标,而随着供大于求的时代到来,消费者导向的理论(如 4C 理论、3R 理论等)开始出现。但这些理论主要是对 4P 理论的完善和细化,4P 理论仍是对营销组合最简洁明了的诠释。本书挑选两个常见的理论进行补充说明。

4C 即**消费者**(customer)的需要与欲望、消费者需求满足的**成本**(cost)、消费者购买的**便利性**(convenience)和与消费者**沟通**(communication)。4C 理论强调企业应该把追求消费者满意放在第一位。企业生产的产品必须满足消费者需求,降低消费者的购买成本,并在研发时充分考虑消费者的购买力,充分关注消费者购买过程中的便利性,最后还应以消费者为中心实施有效的营销活动。

4C 理论站在消费者角度看待营销目标,4C 理论的提出进一步明确了企业营销策略的基本前提和指导思想——追求消费者需求的满足,但是实际操作层面仍然需要以 4P 理论为主。

3R 即消费者**保留**(retention)、**相关销售**(related sale)和消费者**推荐**(referrals)。3R 理论认为消费者忠诚度比市场规模对利润有更大的影响,因此,企业的营销重点应该放在如何保留消费者,如何让他们购买相关产品,如何让他们向亲友推荐企业的产品,所有的一切最终落实到如何提高消费者的满意度和忠诚度上。

- **消费者保留**是指通过与消费者建立长期关系,保留现有消费者并取得稳定收入。
- **相关销售**是指老消费者在购买企业的新产品时,对价格不是很敏感,利润率往往比较高,这也是交叉销售的理论基础。
- **消费者推荐**是指老消费者对企业产品的忠诚引发其对身边人进行推荐,其理论基础是"消费者宣传的可信度和效果要比企业自身的广告强得多"。消费者推荐过程也催生了净推荐值等分析指标。

3R 理论主要集中于销售形式,包括强调对老消费者的关注,是对 4P 理论在操作层面上的补充。

4P 理论仍然是最具实操意义的营销管理理论,也是分析师必须掌握的分析工具。针对营销管理目标实施 4P 分析需要经过以下 5 个步骤。

(1)**消费者细分**:主要通过 STP 分析工具,解决卖给谁的问题。

(2)**产品策略**:主要分析如何基于消费者需求设计产品,解决卖什么的问题。

（3）**价格策略**：主要分析产品如何定价，解决卖多少的问题。

（4）**渠道策略**：主要分析产品分销渠道如何配置，解决在哪里卖的问题。

（5）**传播策略**：主要分析产品如何宣传推广，解决怎么让消费者知道的问题。

满足消费者需求的解决方案有多种，但对具体企业来说，在有限资源下存在最适合自身发展的方案。企业资源的不同也代表着发展路径不同，不同业务在 4P 策略的选择上有不同的倾向性，如以传播为主的业务、以渠道为主的业务等。分析师在确定解决方案时不能照搬，需要进行分析推导。"别人做什么我们就做什么，最后抄成四不像"是大多数企业的问题。

在 4P 分析输出方案与消费者需求保持一致的前提下，企业能以较低成本支出得到最大收入。如何利用企业现有资源使企业收入最大化是营销管理分析的价值点之一。STP 是业务分析的基础，也是战略设计的核心。战略的目标问题本质上是消费者需求问题。业务最大的问题不是资源不足，而是将资源分散到消费者所有需求上。业务分析的第三个原则也是最重要的原则：**压强原则**。压强是作用力与受力面积之间的比值。在资源不变的情况下满足消费者所有需求，等同于在作用力不变的情况下增大受力面积、降低了整体压强，难以形成突破；而聚焦在一个垂直需求才能形成更大的压强进行破局。业务分析的目标是找到利用企业现阶段资源最有可能形成突破的消费者细分市场，从而降低业务失败的概率。

4.2 通过 STP 分析寻找最适合的市场

没有哪个产品能够满足消费者所有需求，业务分析需要重点考虑有限目标消费者群体的有限需求特征，消费者细分是业务分析的起点。虽然消费者需求是独特的，但是在庞大的人口基数下，每种需求特征都具备一定的市场空间。通过寻找契合企业能力且有利可图的市场空间开展业务，这就是市场细分的目标。

市场细分概念是美国市场学家温德尔·史密斯（Wendell Smith）于 1956 年提出来的，后经菲利普·科特勒进一步发展和完善形成了一套成熟的 STP 理论。STP 分析包含市场细分、确定目标市场、市场定位 3 个步骤。前两步主要是对消费者需求的分析，市场定位主要服务于业务差异化竞争的设计。

（1）**市场细分**：根据消费者需求特征的不同，可以将市场分为若干个不同的消费者群体。

（2）**确定目标市场**：结合企业能力，选择要进入的一个或多个细分市场。

（3）**市场定位**：在目标市场消费者群体中形成一个印象，这个印象即为定位。

传统的 STP 分析缺乏对企业自身能力和行业竞争情况的说明，很多情况下即使目标市场很有潜力，但企业缺乏相应的人才、技术等资源，也很难在该目标市场上定位成功。为了优化 STP 分析，需要补充企业能力分析和市场竞争者分析[①]。完整的 STP 分析项目流程分为以下 4 个阶段。

（1）**调查/收集阶段**：主要是通过针对已有消费者的分析，参考行业划分标准或者参考企业内部其他业务对消费者的模型标准，建立假设的市场细分方案。本阶段交付物为项目管理表和假设的市场细分方案。这个过程偶尔会使用聚类技术[②]进行消费者分组。

（2）**消费者问卷与消费者访谈阶段**：主要是通过问卷确定消费者的需求特征，包含购买动机、购买决策人、购买价格、决策流程等；并结合内部消费数据、收入数据等确定不同消费者群体的需求特征。本阶段交付物为确认的市场细分方案。利用内部历史数据，逻辑上可以测算每个消费者的利润率，但真实情况是日常营销等成本费用很难准确分摊到每个消费者，真实利润率很难准确计算，所以多数项目采用消费收入数据替代。

（3）**目标市场确定阶段**：主要是针对确认的目标市场，输出消费者的统计特征和行为特征，以及消费者的业务需求、服务需求、价格需求等。本阶段的交付物为确定的目标市场。

（4）**产品设计与传播方案确定阶段**：按照最后的市场细分方案，确定产品设计和传播方案，这一内容在 4P 理论中得以体现。

STP 分析的主要方式为消费者访谈或问卷调研，这类分析方式需要重点关注样本选择问题，例如在北京选择样本和在内蒙古选择样本会得到不同的结论，在城区和郊区选择样本得到的结论也不一样。在做问卷调研前，需要做好样本的筛选和设计，目前没有好的通用方案能够用于问卷样本设计的有效性判断，只能按单个案例校验。问卷调研的前提是假设消费者知道自身需求是什么，但这个假设通常不太成立。结合过往调研经验来看，大多数消费者不知道自身需求是什么，他们只能提出大概的方案。为了保证需求特征分析的准确性，一般在问卷调研基础上会对消费者进行一轮深度访谈，通过深度访谈进一步明确消费者需求。

完整实施 STP 分析项目是以月为单位的，这是否与 OODA 循环追求快的原则相

---

① 通过引入企业能力分析和市场竞争者分析，选择出的是最有可能形成竞争优势的市场，而不是最大的市场。
② 聚类技术通过统计学习寻找行为一致的消费者，根据行为一致性进行市场细分。

违背？笔者的答案是"快不是指迭代的时间短，而是指完成正确的事情花费的时间短"。OODA 循环需要的是又快又好，一个完整的 STP 分析项目产出可以成为后续几年的指导纲要，分析师需要多花点时间在上面，以减少后续返工，**把事情一次就做好的时间成本和财务成本都是最小的。**

4.2.1 选择符合企业优势的市场细分方法

市场细分是指企业按照某种标准将市场上的消费者划分成若干个消费者群体，不同群体之间的需求存在着明显的差别。一场营销活动包括细分一个市场并选择一个细分市场作为企业的目标市场，设计正确的产品、价格、促销和分销系统组合，可以满足细分市场内消费者的需求。

传统市场细分主要按照地理位置、人口特征、使用方式、价值观/生活方式和态度这几种类型进行细分（本书补充了消费者需求特征细分方式[①]），并且结合细分市场去做有针对性的消费者调研。市场细分是为后续的 4P 策略设计服务的，商业分析师需要了解不同市场细分方式对后续 4P 策略设计的作用，不同市场细分方式对 4P 策略设计的影响如表 4-1 所示。

表 4-1 不同市场细分方式对 4P 策略设计的影响

市场细分方式	例子	产品策略	价格策略	渠道策略	传播策略
地理位置	一线城市和二线城市等	0	1	1	1
人口特征	年龄、性别、收入和受教育程度	0	1	0	1
使用方式	费用支出、决策过程和使用场景	0	1	1	0
价值观/生活方式	价值观与生活方式（value and lifestyle，VALS）系统[②]	0	1	0	1
态度	积极、消极和不关注	0	0	0	0
消费者需求特征	价格、可获得性和品质等	1	0	0	1

注：1 代表有正向影响，0 代表无影响。

---

① 在消费者需求特征细分方式中，一个消费者可以在不同场景中表现出不一样的需求特征，这种细分方式与现实环境一致。这种细分方式通过增加问卷信息量而减少问卷数量。为了追求问卷的有效样本，建议对回答问题者提供一定现金激励。

② VALS 系统是由美国斯坦福国际研究院创立的一种观察消费者价值观和生活方式的分类系统，通过人的态度、需求、欲望、信仰和人口统计学特征来观察并综合描述消费者。

依据场景的不同,市场细分方法分为单一变量法、主导因素排列法、综合因素细分法、系列因素细分法等,分析师可以依据实际案例进行选择。

- **单一变量法**是指根据市场营销调研结果,把影响消费者需求最主要的因素作为细分变量,从而达到市场细分的目的。
- **主导因素排列法**是指通过一个因素对市场进行细分,如按性别细分化妆品市场,这种方法简便、易行,但难以反映复杂多变的消费者需求。主导因素排列法与单一变量法的区别在于主导因素排列法会寻找第二个辅助因素进行二次细分。
- **综合因素细分法**是指用影响消费者需求的两种或两种以上的因素对市场进行综合细分,例如生活方式、收入水平、年龄3个因素可将女性服装市场划分为不同的细分市场。
- **系列因素细分法**是指当细分市场所涉及的因素是多项的,且各因素之间有一定的顺序时,可由粗到细、由浅到深地对市场进行逐步细分。

根据过往项目经验,笔者建议在表4-1中选择两种能覆盖全部策略的市场细分方式,用综合因素细分法进行市场细分,消费者需求特征为必选项。这种方案主要是为了避免使用单一变量导致目标市场过大,影响后续的竞争实力和组织能力判断。然而,如果确实存在决定性因素,那么建议使用单一变量法。一般不建议选择超过3个因素,因为因素过多会导致市场过于细化,市场空间太小,当然也可以在以两个因素进行细分的前提下,针对特定的市场选择第3个因素进行二次细分。

除消费者需求特征维度之外,另一个维度需要依据业务特性和企业能力选择。如果企业线上分销渠道优势明显,就可以选择使用方式+消费者需求特征进行市场细分;如果企业传播能力强,就可以选择VALS系统+消费者需求特征进行市场细分。确定细分市场假设后,下一步就需要确定细分标准是否有效。有效的市场细分具备以下4个特点。

- **可衡量性**:企业选定的细分市场的购买力和规模能被衡量。
- **可盈利性**:企业选定的细分市场容量足以使企业获利。
- **可进入性**:企业选定的细分市场与企业自身状况相匹配。
- **差异性**:企业选定的细分市场在观念上能被区分并对不同的营销组合因素有不同的反应。

本节结合一个奶茶店(后文均以"假想茶"为例)市场细分案例进行说明,如案例 4-1 所示。

案例 4-1　假想茶的市场细分

通过产业市场分析报告，投资人愿意以业务投资的方式，在奶茶产业的零售端发展一个具体业务，业务名称为"假想茶"业务。这时候摆在分析师面前的第一个问题就是业务怎么设计。项目组希望通过一个 STP 分析项目收集信息、判断细分消费者需求，同时有针对性地开发产品、推出营销方案。

奶茶业务作为线下服务实体，除消费者需求特征外，地理位置的影响相对比较大，所以这里选择消费者需求特征与地理位置作为细分维度。设计问卷并回答以下 5 个问题。

（1）消费者的使用场景是否与特定地点强相关？
（2）消费者是否具备非常容易识别的人口统计学特征或者其他特征？
（3）消费者对价格是否敏感？
（4）消费者是否有独特的价值取向？
（5）消费者是否有明确的购买动机与购买理由？

项目组有针对性地在不同地区投放问卷，从而了解消费者相关需求，问卷内容包含消费者年龄、性别、职业、收入和文化水平等基本信息，购买决策流程等内容。其中，购买决策流程包括：问题认知，消费者买奶茶的动机是什么；信息收集，消费者主要信息来源是哪些；方案评价，哪些是关键决策因素、不同因素的权重属性、消费者对价格和优惠的敏感度如何；购买决策，消费者购买奶茶是否会受到他人态度的影响；购后行为，消费者是否会复购，是否会传播。

通过问卷调研，项目组发现在学校、居民区、商业综合体和写字楼的环境下，消费者的需求特征随着环境的变化表现出不一致的倾向。其中，写字楼的消费者关注可获得性和品质较多，商业综合体的消费者更关注品质和便捷性，学校的消费者更关注价格，中高端居民区的消费者比低端居民区的消费者更加关注品质。

结合问卷调研信息，项目组对消费者的使用场景（以写字楼为例）做出如下刻画。

> 写字楼的奶茶消费者主要集中在一线、二线、三线城市；消费者人群属性主要为女性、白领；消费者年龄集中在 25～45 岁；消费者主要在吃午饭、下班后这两个时间段购买奶茶；存在拼单等现象，因此除实用属性外，奶茶还具备社交相关属性；消费者价格承受能力高，可以接受 30 元以上价位的奶茶；消费者对送达时长敏感但送达时长不是核心要素；消费者最关注的是口味，对奶茶甜度、材料比较敏感，但是无法区分材料好坏；消费者不喝奶茶主要是对奶茶热量、脂肪含量比较敏感；消费者乐于分享，包括对不好产品的分享。
>
> 目前消费者主要对口味的稳定和丰富、材料的新鲜、低奶茶热量、低脂肪含量有较大诉求。按整体一线、二线城市女性白领人口数量乘以消费频次乘以预估奶茶购买比例乘以品质需求特征的百分比的方法进行计算，项目组预估整体细分市场规模在 50 亿～60 亿元，且毛利率水平较高，有较大获利可能。

通过问卷调研，如果分析师发现初始假设细分方案不可行，那么可以依据已经收集的问卷信息重新进行市场细分，这也要求问卷设计需要尽量全面。全面的问卷信息收集也代表收集成本较高，项目前期通过行业专家确定业内较好的细分方案对控制成本有很大帮助。从案例结果来看，细分方式满足有效市场细分标准。通过问卷调研评估每个细分市场的消费者需求特征和大概的市场规模，在排除规模较小或者无法营利的市场后，就需要结合企业自身能力选择合适的目标市场。

4.2.2 有的放矢地选择好目标市场

为什么要选择目标市场呢？因为不是所有细分市场对企业都有吸引力，任何企业都没有足够的人力资源和资金满足整个市场的所有需求或追求过大的目标，只有扬长避短，找到有利于发挥本企业现有资源的目标市场，才能获取最大的利益。菲利普·科特勒认为目标市场是合格可用市场的一部分（对特定产品感兴趣、能获得收入、能够获得产品并且具备特定资格的市场），企业应该开发这部分市场。选择目标市场，企业应明确为哪一类消费者服务，满足消费者的哪一种需求，这是企业在制定市场策略时需要明确的。

在选择目标市场时，需要结合市场竞争者分析和企业能力进行分析，目前有以下 5 种主流的市场细分策略。

- **市场集中化**：企业选择一个细分市场，集中力量为之服务，主要手段为企业集中力量获取目标市场的市场地位和声誉，但企业会面临较大的经营风险。
- **产品专门化**：企业集中生产一种产品，并向所有消费者销售这种产品，主要手段为企业集中力量在垂直产品上获取极高声誉，但是一旦出现替代品或消费者偏好转移，企业就将面临巨大威胁。
- **市场专门化**：企业专门服务于某一特定消费者群体，尽力满足他们的各种需求，主要手段为企业专门为这个消费者群体服务，并建立声誉，但是一旦这个消费者群体的需求和特点突然发生变化，企业就要承担较大风险。
- **有选择的专门化**：企业选择几个细分市场，各个细分市场之间很少有联系，但都对企业有一定的吸引力。这种策略能分散企业经营风险，但资源分散使企业很难在目标市场中获取较高的市场地位和声誉。
- **完全市场覆盖**：企业力图用各种产品满足各种消费者群体的需求。除非企业拥有极大的资源储备，否则不建议企业采取这种策略。

本节沿用假想茶的案例进行目标市场的选择说明，如案例 4-2 所示。

案例 4-2　假想茶目标市场的选择

首先需要对项目组进行资源分析，了解整个项目团队构成。项目团队构成需要多元化人才，有互联网技术人才，也有机械工程人才，还有资深的供应链专家。项目团队有较强的自动化和信息化能力，但是不具备相关行业经验，不了解开店流程和合规流程。

通过问卷信息了解到目前白领消费者主要选择"鹿角巷""茶百道"等奶茶品牌，市场竞争激烈，但整体供给水平仍有提升空间。项目处于初创阶段，完全无差别的竞争策略对项目来说是不现实的。除写字楼白领市场外，其他市场相对依赖于价格竞争，初创企业不具备供应链上的价格优势，因此放弃其他市场，以写字楼白领市场作为主要服务市场。该市场目前竞争压力较小且具备获利空间。

消费者主要需求是奶茶好喝、口味丰富且保持稳定。项目资源支持通过引入奶茶领域的专家来区域化设计奶茶口味，并且将口味参数标准化，通过机器自动化生产，在口味上保持稳定。另外，可以依赖互联网进行材料溯源，保障材料信息的透明度和安全性。这两项能力能够在现阶段市场中形成一定的优势。

适合初创项目的策略是市场和产品集中化，利用压强原则做好市场突破。目标市场选择的核心在于企业能力与消费者需求之间的适配程度。在确定目标市场后，企业就需要寻找消费者主观印象中的差异化定位。

4.2.3　寻找消费者主观印象中的差异化定位

定位理论[①]是由美国营销学家艾·里斯（Al Ries）和杰克·特劳特（Jack Trout）在 1972 年提出的，其含义是企业根据竞争者现有产品在市场上所处的位置，针对消费者对该类产品某些特征或属性的重视程度，为企业产品塑造与众不同的、让人印象深刻的形象，并将这种形象生动地传递给消费者，从而让该产品在市场上确立适当的位置。定位理论是差异化战略在传播策略操作层面的诠释，是由产品管理转向消费者心智管理的理论。

产品的发展经历过 3 个时代：一是以科学生产，提升产品生产效率为主的生产时代；二是以市场管理，抢占空白市场和争夺渠道资源的市场时代；三是以消费者管理，用广告传播等占领消费者心智的品牌时代。定位理论发展在品牌时代，主要表现是在市场环境中大企业瓜分了大多数市场，小企业要想生存下去就需要避免在主流消费领域与大企业直接竞争，在大企业尚未涉足的领域建立起新的品类，并且把这个品类和自身品牌牢牢地绑定在一起，建立起品牌的"护城河"。

定位理论有以下两个假设。

- 第一个假设是市场竞争激烈。这主要表现为 3 个特点：第一是产品或服务足够丰富，消费者的需求被各种形式的产品或服务所满足，所谓的"空白市场"越来越少；第二是流通半径足够大，全球经济一体化使竞争的产品范围和地理半径前所未有地扩大；第三是信息资源充分流通，互联网的诞生和飞速发展扩大了消费者的选择范围。
- 第二个假设是长期效应。定位理论追求的是长期效应。从短期来看，定位理论的作用可能与企业期望的相反。

市场定位项目的具体实施流程有以下 4 步。

（1）分析市场外部环境，确定竞争对手，分析竞争对手的强势领域和在消费者心中占据的位置。

（2）避开竞争对手在消费者心中占据的强势领域，或利用其强势领域中隐藏的某

[①] 读者如果想深入研究定位理论及改版后的新定位理论，建议去阅读《定位》这本书。

些弱点，以此为突破口确立企业的优势位置。

（3）为市场定位寻求一个可靠和稳定的信号，以此确保该市场定位能获得消费者的认可。

（4）将市场定位整合到企业内部运营流程中，特别是传播流程中。

定位理论是战略层面的理论框架，需要整合企业资源，并对企业流程进行改造，分析师很少涉及这部分的流程改造。分析师更加关注执行层面的具体定位方法，目前常见的定位方法有以下 8 种。

- **产品特色定位**。如果产品的某一个特征能为目标市场提供重要的利益，那么它就能成为市场定位的基础，如"蓝瓶的钙，好喝的钙"。
- **产品利益定位**。如果某一消费者利益是由产品的某些特性产生的，那么它就能成为市场定位的基础，如 Kindle 的护眼宣传。
- **使用时机定位**。如果产品的使用契合某种特殊使用场景，那么它就能成为市场定位的基础，如脑白金送父母的场景。
- **使用者类型定位**。如果产品针对的是某一细分市场，吸引的是某些特殊使用者，那么它就能成为市场定位的基础，如母婴用品。
- **与竞争品牌对比定位**。如果产品能与市场某些强势品牌进行对比或者能够找到强势品牌忽视的点，那么它就能成为市场定位的基础。这种定位方法通常有两种：一种是宣传自己的产品是参考名牌产品设计的或采用相同生产工艺设计的，如代工（original equipment manufacturing，OEM）产品以与名牌产品是同一生产线为宣传点；另一种是寻求被竞争者忽略的"缝隙"，突出宣传产品在这一方面的特色，如美团外卖宣传的"送啥都快"。
- **产品类别游离定位**。如果产品能够和市场主流产品形成明显的差异，那么它就能成为市场定位的基础。采用这一定位方法，要强调自己品牌"不是什么"，如无糖饮料的宣传。
- **价格定位**。价格是市场的指挥棒，也是品牌的一个特征。用价格来定位可以视为产品特色定位的一个特例。低价定位策略也被认为是产品利益定位策略，高价定位策略可将高价与高质量联系起来。
- **综合定位**。综合以上方法来定位市场。虽然综合定位可以满足消费者多种需求，但是综合定位存在一个弊病，那就是如果使用不当，就会导致企业无法塑造清晰的品牌形象。

市场定位的分析流程与产业市场分析并没有本质区别，都是为了寻找现阶段消费者的主要矛盾，并且避开现有优势参与者的竞争优势领域来寻找机会。

定位理论是产业市场分析在传播策略上的延续，市场定位方法大多数都基于差异化战略。定位理论的核心做法是开创新品类，但随着企业的发展，品类的多样化会导致供应成本增加，成本控制会成为核心矛盾。本节沿用假想茶案例进行说明，如案例4-3所示。

案例4-3 假想茶的市场定位

项目组不仅能够解决女性白领消费者对口味稳定性、材料敏感性的需求痛点，而且可以按需自动化生产奶茶，并追溯每杯奶茶的材料和生产过程。但此类产品在宣传上并不能与竞争对手形成绝对的差异，考虑到产品设计中的核心要素为设计师，项目组可以采用产品利益定位方法，将奶茶的定位由原来的店员调配的奶茶变成设计师设计、机器生产的奶茶。业务传播主打该奶茶由高端设计师设计，通过机器生产将设计师调配的奶茶稳定地交付给消费者，并且支持全流程的材料溯源，期望能够形成配方奶茶品类。

STP分析项目主要解决的是"卖给谁"的问题，最后交付的是目标市场的营销传播方案，方案包括消费者预期的价格、产品需求特征等内容。基于STP分析项目，企业基本能够完成产品的概念化设计，形成一个抽象的产品需求。如果想将此抽象的产品需求转化为具体的产品，那么就需要设计产品策略、价格策略、渠道策略和传播策略。

4.3 产品不仅包括参数还包括服务

产品是指让消费者注意、获取、使用或者消费，以满足消费者欲望或其需要的任何东西。大多数人认为产品是可见的内容，这个观点比较狭隘。产品是消费者需求解决方案，解决方案不仅是可用的实物或者流程，服务也是重要环节。产品应该是消费者需求满足过程的全流程体验的集合，不仅包括交付的实物内容，也包括售中服务、售后服务等。在大多数情况下，企业实物产品偏向于同质化，真正的差异性往往表现在服务领域。例如，在相关的产品参数基本类似的情况下，如果某品牌承诺10年包修，就非常有竞争性。产品之间的竞争不仅是产品性能的竞争，也包含产品信息说明、定价、服务等内容的竞争。产品一般可以分为以下 5 个层次。

（1）**核心产品**：消费者获得的基本服务或利益，是产品最基本的部分。

（2）**形式产品**：核心产品借以实现的形式，包括品质、样式、特征、商标和包装等。

（3）**期望产品**：消费者在购买产品时期望得到的与产品相关的属性和功能。

（4）**延伸产品**：消费者购买形式产品和期望产品时，附带获得的各种利益的总和，包括说明书、安装服务、维修服务、送货服务和技术培训服务等。

（5）**潜在产品**：现有产品包括所有附加产品在内的、可能发展成为未来最终产品的产品。潜在产品体现了现有产品可能的演变趋势和前景。

以热水器为例，核心产品就是加热水的功能，形式产品就是包装、体积和样式等，期望产品就是企业宣传的其他功能，延伸产品就是 10 年包修服务，潜在产品是未来的升级系列或者配件升级等。要想做好的产品设计，除了关注基础的核心产品功能的设计，更需要关注的是整个服务流程的设计，毕竟参数对比容易产生竞价现象，服务对比容易产生溢价现象。

除了概念设计，还需要明确具体的产品交付形式，一般将产品分为以下两种类型：一种为**有形产品**，特指实物产品，如电视机、杯子等；另一种为**无形产品**，无形产品又可以分为服务类产品和软件类产品。其中，**服务类产品**通常是为满足消费者的需求，产品提供方和消费者在接触时产生的活动以及产品提供方内部活动所产生的结果，如医疗、运输、教育等。**软件类产品**是由信息构成的，并且可以以方法、记录或程序的形式存在，如计算机程序、字典、信息记录等。

随着网络时代和信息时代的到来，产品形态开始融合，大多数产品是实物、软件和服务的结合体。典型的案例是手机这个产品，除了手机这一实物，还包括保险、售后等服务，当然也包括操作系统、应用商城等软件，无法想象没有操作系统的手机如何让消费者使用。随着万物互联的时代到来，有形产品和无形产品之间的边界会越来越模糊，会有越来越多的产品同时具备有形和无形两种形态的解决方案，产品形态的竞争会弱化，产品价值主张的竞争会强化。

价值主张是指对消费者来说什么是有意义的需求，是对消费者真实需求的深入描述。价值主张是为了满足消费者具体需求的解决方法。本书参考 Strategyzer 联合创始人亚历山大·奥斯特瓦德（Alexander Osterwalder）的畅销书《商业模式新生代》中的内容来说明价值主张。

《商业模式新生代》中罗列了以下 10 种价值主张。

- **创新**：创造一种从未有过的产品或者服务。例如移动电话代替固定电话、智能机代替功能机、火车代替马车。
- **性能优化**：在原有产品或者服务的基础上提升性能。例如增加手机存储空间、提升网络速度等。
- **设计优化**：在原有产品和服务的基础上提升设计体验。例如戴森吹风机的特色设计。
- **价格优化**：以更低的价格提供相同的产品。例如微信方案替代短信方案。
- **操作体验优化**：让产品使用更加方便或者让操作更加简单。例如华为手机的"碰一碰"功能。
- **增加可获得性**：帮助消费者获取之前没办法获取的东西。例如电子商务的众多商品。
- **定制类服务**：针对某些消费者提供定制的产品和服务。例如装修设计的定制服务。
- **外包服务**：替消费者完成某些工作,让消费者专注于高价值的工作。
- **缩减成本/增加收益**：帮助消费者缩减成本或者直接提供解决方案。例如SaaS、营销解决方案、咨询服务等。
- **风险控制**：帮助消费者减少风险或降低风险成本。例如保险、法律顾问等。

产品策略是以STP市场定位为基础,以独特的价值主张为指导原则,对产品性能参数和服务体验流程进行设计的过程。不同产品形式具有不同的设计流程。在设计过程中可以借鉴价值工程和价值分析的方法,提高产品设计效能,这两种方法将在第8章中详细说明。

本节沿用假想茶案例进行产品策略说明,如案例4-4所示。

案例4-4 假想茶的产品策略

奶茶的产品设计细节非常多,很难从0开始,在非核心要素上直接借鉴竞争对手的产品设计是一个很好的设计思路。

基于STP分析项目结论,假想茶的产品差异化设计的关键词和价值主张介绍如下。

(1)**产品差异化设计的关键词**：设计师设计、味道稳定、材料可溯源、生产过程可见。

> （2）**价值主张**：口味设计优化与材料风险控制。
>
> 针对价值主张，做出以下5个方面的差异化设计。
>
> （1）包装：增加二维码，支持扫一扫查询制作过程。
>
> （2）质量：通过机械化参数化生产，保证每一杯的口味是一致的。
>
> （3）材料：挑选优质供应商，保证在物流基础上提供最新的生产原材料。
>
> （4）销售人员素质：统一话术、统一服饰等。
>
> （5）配套产品：提供材料和生产流程信息化查询功能。

在产品非核心能力设计上进行借鉴是短、平、快的设计方式。其优点有3个：第一，能够有效利用消费者已经形成的体验感知和行为路径，这也是大多数电商网站外观都差不多的原因；第二，可以通过放大产品差异化元素的设计方法将消费者的视角聚焦在产品的差异性上；第三，也是最重要的一点，就是能够将有限的注意力集中到差异化竞争力的构建上。在非核心能力方面不追求差异化，是为了在核心能力方面更好地追求差异化。

根据过往收集的消费者反馈，目前大多数互联网产品处在功能过剩、服务不足的阶段。**功能过剩**是指大量的功能没人使用。**服务不足**的意思是消费者反馈问题多集中于使用流程不清楚、活动流程不清晰上，这让企业花费大量的客服资源去为产品设计问题兜底，增加了人力成本。产品设计不仅包含功能设计，更加重要的是使用感受、说明和售后等内容，前期设计如果多考虑这些内容，不仅可以提升消费者的使用体验，而且可以有效降低成本。可以通过设计产品来满足需求，需求的满足过程也是产品价值交换过程，有交换过程就需要有定价。

4.4 定价需要基于市场策略而不仅仅是基于成本

价格是交易时买方所需要付出的代价或价款。在经济学中，价格是产品价值的货币表现，而产品价值是消费者主观意愿的表现。对相同产品来说，不同消费者愿意支付的货币价格是不一样的。从逻辑上来说，针对不同消费者的差异化定价是最理想的定价方法，但在真实情况下针对不同消费者的差异化定价可能会被定义为"大数据杀熟"。产品价格由两部分价值决定，一个是产品价值，另一个是货币本身的价值。消费者对产品价值的判断核心依赖于供求关系。在供不应求的情况下，消费者对产品的价值判断就会提高；而在供过于求的情况下，消费者对产品的价值判断则会降低。

分析价格策略的本质是分析供求关系和货币价值。货币价值在外贸行业非常敏感，短期汇率的波动直接决定了企业的利润，货币价值不受企业控制，但考虑成本和收入时需要考虑这个要素。供求关系分析的目的是在产品已经定型的基础上，在竞争环境下，增加消费者需求量。达到这一目的一般有以下 3 种方法：

- 通过降低价格提升竞争力；
- 通过差异化的价格机制模糊消费者的价格判断；
- 通过支付方式的变化减少消费者短期支出。

价格是市场的指挥棒，为了获取更大的市场份额，企业会采用降价的方法，但效果却千差万别。以"双 11"为例，价格机制的方法在服饰等消费品上的效果就非常好，能够带来销量的爆发式增长，但是在食盐等生活必需品上的表现就较差，这主要受产品的需求价格弹性影响。

需求价格弹性表示在一定时期内一种产品的需求量变动对该产品的价格变动的反应程度，具体表现为在一定时期内当一种产品的价格变化百分之一时所引起的该产品的需求量变化的百分比，通常用价格弹性系数 E_d 来表示。

$$E_d = (\Delta Q/Q)/(\Delta P/P)$$

其中，Q 表示一种产品的需求量；P 表示该产品的价格；ΔQ 表示需求量变动的差值；ΔP 表示价格变动的差值。

根据需求价格弹性系数的大小，可以将需求价格弹性划分为五类。

- **完全无弹性** $E_d = 0$：不管价格如何变动，需求是不变的。
- **缺乏弹性** $0 < E_d < 1$：价格波动对需求影响较小。价格变动1%，需求变动小于1%。
- **单位弹性** $E_d = 1$：这一类产品价格变化时将使需求量同等程度地反方向变动。
- **富有弹性** $E_d > 1$：这一类产品价格变化时，引起的需求量变动较大，如果价格变动为1%，那么需求量变动将超过1%。
- **无限弹性** $E_d = \infty$：这一类产品价格变化时，引起的需求量变化巨大。

产品在不同阶段可以表现出不同的需求价格弹性，产品的需求价格弹性对价格策略的影响是巨大的，如富有弹性和无限弹性的产品，采取降价策略能够快速地打开市场，而完全无弹性的产品的销量受价格影响不大。影响需求价格弹性的因素主要有以下 3 个。

- **替代品的相近性**：一种产品与其替代品越相近，该产品的需求就越富有弹性。
- **产品支出占收入的比例**：对一种产品的支出占收入的比例越大，该产品的需求就越富有弹性。

- **价格变动的时间长短**：产品价格变动的时间越长，该产品的需求就越富有弹性。

商业分析师在制定价格策略前需要先明确产品的需求价格弹性，明白价格机制对销量的影响。价格策略可分为市场目标设计、收费模式设计、定价机制设计3个环节，其中市场目标设计是关键。

市场目标设计主要是指企业想通过何种策略获取市场份额，主要考虑产品的质量和价格两个因素，两个不同的因素决定了产品的市场目标策略。将产品质量和价格分别按高、中、低3个层次细分出产品质量-价格九宫格，每一格对应的是不同的市场策略，产品质量-价格九宫格如表4-2所示。

表4-2 产品质量-价格九宫格

产品质量	价格		
	高	中	低
高	溢价策略	高价值策略	超值策略
中	高价策略	中等价值策略	优良价值策略
低	低质高价策略	虚假经济策略	经济策略

- 溢价策略、中等价值策略和经济策略属于平衡性策略。由于消费者需求是多样化的，市场上会同时存在注重质量型（溢价策略）、注重价格型（中等价值策略）和均衡型（经济策略）三类消费者。典型市场为电器市场，同时存在高端品牌、平价品牌、白牌。
- 高价值策略、超值策略和优良价值策略属于进攻性策略，通过下调价格获取更多的市场份额，新品上市时为了快速获取销量经常采用该策略。
- 高价策略、低质高价策略和虚假经济策略属于撤退性策略，业务在竞争中处于劣势且决定退出市场的情况下，通过下调产品质量获取最后收益，常见于新老产品交替期，这是老产品退出市场前的主要策略。

不同的市场策略代表了不同的市场目标，产品定价方法需要契合市场目标，现实环境下很难通过高溢价的方式快速扩大市场规模，也很难在低质高价策略下维持较大的市场份额，需要依据产品阶段和企业市场目标选择对应的价格策略。确定市场目标后，下一步就需要针对具体产品设计符合市场目标的收费模式。由于产品和服务形式的不同，市场上存在较多收费模式，主要有以下7种。

- **实物销售收入**：主要是通过出售实物产品获得的收入，如售卖手机、图书等，常规情况下这种销售模式会造成使用权的转移。
- **服务使用费**：主要是消费者使用某种具体的服务产品导致的费用，如医疗服务，通常为一次性服务。
- **会员费**：通常是通过向消费者销售某种持续服务的权限来实现，如视频网站会员等。
- **租赁费用**：在一段时间内转移特定资产使用权所产生的费用，如共享单车、共享充电宝。
- **许可使用费**：主要是向消费者授予某种资产的使用权所产生的费用，一般这种资产受版权保护，如专利使用费。
- **佣金费用**：一般情况下特指中介服务产生的费用。
- **广告费**：主要是广告服务产生的费用。

企业可以针对不同的消费者群体设计不同的收费模式，如大家熟知的理发店就同时具备会员费和服务费两种收费模式，这也体现了业务的多样性和定价的复杂性。理想的定价模式应该和消费者的价值认知绑定以实现差异化定价，但目前在技术和伦理上都比较难实现，更多情况下定价需要结合企业内外部因素进行，这就涉及定价机制设计。

一般的定价机制分为固定价格机制和浮动价格机制，浮动价格主要涉及多方谈判，广告竞价模式是典型的浮动价格机制。本节不展开讨论，读者有兴趣可以自行查询了解。

目前常用的定价方式主要有以下 7 种。

- **竞争定价法**。竞争定价法是指根据市场同类产品的零售价格，反向计算出厂价格的方法。这种定价方法与企业成本费用脱节，不一定能保证企业获得期望的利润，常见于白牌产品[①]。计算公式如下：

产品出厂价格 =（同类产品市场基准零售价格 ± 产品质量或规定差价）×
（1 - 零批差率）×（1 - 批进差率）

零批差价是指同一产品在同一市场、同一时间内零售价格与批发价格之间的差额，零批差价与零售价格之比被称为"零批差率"。

批进差价是指同一产品在同一市场、同一时间内批发价格与出厂价格之间的差

---

① 简单来说白牌产品是指一些小厂商生产的没有牌子的产品。白牌是相对品牌而言的。

额。批进差价与批发价格之比被称为"批进差率"。

- **成本加成定价法**。成本加成定价法是指按产品单位成本加上一定比例的利润制定产品价格的方法。大多数企业按成本利润率来确定所加利润的大小。成本加成定价法忽视产品需求弹性的变化，不能迅速适应市场的变化，典型案例为特斯拉定价方法。计算公式如下：

产品价格 = 单位成本 + 单位成本 × 成本利润率 = 单位成本 ×（1 + 成本利润率）

- **撇脂定价法**。撇脂定价法是指在产品生命周期的最初阶段把产品价格定得很高，以求最大利润、尽快收回投资的定价方法，常见于创新药等稀缺性产品。
- **限定式定价法**。限定式定价法是指市场占有者意识到高利润会吸引其他潜在进入者，通过牺牲一些短期利润，适当降低价格，使市场不具有很强的吸引力的定价方法，常见于需求弹性较小的产品。
- **损失领导者定价法**。损失领导者定价法是指企业以某种或几种产品作为廉价品，亏本销售，吸引消费者，带动系列产品、相关产品销售，以获取最大利润的定价方法，常见于超市促销。
- **市场导向定价法**。市场导向定价法是指根据市场需求状况和消费者对产品的感觉差异来确定价格的定价方法，也叫需求导向定价法。
- **渗透定价法**。渗透定价法是指在产品进入市场初期时将其价格定在较低水平，尽可能吸引更多的消费者的定价方法。

传统定价方法包含竞争定价法和成本加成定价法，其价格都融合了市场目标策略。在确定市场目标策略的基础上采用的价格策略主要也是竞争定价法和成本加成定价法。一个完整的定价流程需要经过需求价格弹性分析、市场目标设计、收费模式设计和定价机制设计这4个环节，保证价格策略与企业目标的统一。价格策略直接决定企业财务模型的合理性，后续需要通过及时监控财务表现数据对价格策略进行优化和修改。本节沿用假想茶案例的价格策略来说明，如案例4-5所示。

案例4-5 假想茶的价格策略

针对假想茶业务，如何确定产品的价格呢？本案例结合消费者调研和竞争定价法进行说明。价格策略分析问卷包含以下5个问题。

（1）什么要素是消费者觉得最重要的？

（2）什么收费方式是最有吸引力的？

(3) 什么价格水平是合理的?

(4) 什么折扣和优惠是最吸引人的?

(5) 产品的经营成本和产品价格目标是多少?

相对高价的、富有弹性的奶茶需求,低价促销策略应该更有效。对消费者来说,口味和材料质量是最重要的两项,单次付费接受程度比较高,将一杯奶茶价格定为 35 元左右是可接受的。折扣越大越好,但是次卡优惠形式是可以接受的。一杯奶茶的预估材料成本在 4~5 元,加上场地租金、营销费用、技术成本等,一杯奶茶成本总体在 20~25 元。

基于收集到的信息,结合单店盈利的判断,项目组采用成本加成定价法,将奶茶均价定在消费者到手 30 元一杯,保证基本的利润水平。但为了在运营过程中拥有对价格进行敏感度测试的空间,项目组最终将价格定在 35~40 元一杯,通过优惠券等方式去测试消费者对不同价格的敏感度。

日常工作中通过优惠券进行价格敏感度测试是一种常用的价格调整方法,通过价格和需求关系分析,计算能获取最大收益的价格需求平衡点。

4.5 基于产品阶段选择渠道策略

企业的目的是销售,当有了产品和价格策略后,就需要考虑如何将产品规模化销售给消费者,这个过程被称为渠道策略选择。渠道又称分销渠道[1],指的是产品通过一定的网络(代理商或经销商)卖向不同的区域,从而实现销售的目标。曾经在国产手机圈中有一句话"得渠道者得天下",2016 年,OPPO 和 vivo 靠着多年的线下渠道经营,率先在乡镇铺开市场,完成手机销量的快速突破。华为紧随其后,快速铺开线下渠道。依靠强大的线下渠道,华为汽车业务在上线后快速起量,渠道的价值由此可见。

美国营销协会对渠道结构的定义是"企业内部的组织单位和企业外部的代理商或经销商、批发商与零售商的结构"。渠道层级结构如表 4-3 所示。其中 0 级销售渠道

---

[1] 分销渠道和传播渠道是两个概念,二者的服务目标不同,分销渠道以直接销售为目标,传播渠道以间接销售为目标,服务于消费者,帮助消费者了解其产品。笔者不认为同时存在品牌传播和直接销售都具有较高投资收益率(rate of return on investment,ROI)的渠道,在选择具体渠道时,需要充分考虑二者的区别。

被称为直接渠道,其他销售渠道被称为间接渠道。一般将 1 级销售渠道称为短渠道,将 2 级、3 级销售渠道称为长渠道。这种划分形式是以渠道的层级进行划分的,分析师还可以根据渠道每一层级同类型中间商的数量来划分渠道的宽度结构。

表 4-3 渠道层级结构

渠道级别	渠道结构
0 级销售渠道	生产者→消费者
1 级销售渠道	生产者→零售商→消费者
2 级销售渠道	生产者→批发商→零售商→消费者
3 级销售渠道	生产者→代理商→批发商→零售商→消费者
3 级销售渠道	生产者→批发商→中间商→零售商→消费者

渠道的宽窄是相对而言的,若生产者选择较多同类销售渠道经销其产品,则这种产品的营销渠道被称为宽渠道;反之,则被称为窄渠道。根据宽度结构的不同,大致有下列 3 种营销渠道类型。

- 高宽度营销渠道指的是生产者通过尽可能多地选择批发商、零售商经销其产品所形成的渠道。高宽度营销渠道能扩大市场覆盖面、使某产品快速进入新市场,在追求可获得性和消费者便捷性方面是较好的选择。消费品中的便利品(如方便食品、饮料、毛巾、牙刷)和工业品中的作业品(如办公用品),通常使用高宽度营销渠道。
- 中宽度营销渠道指的是生产者按一定条件选择少数几个同类销售渠道经销产品形成的渠道。中宽度营销渠道能有效地维护生产者品牌信誉,建立稳定的市场和竞争优势,追求规模和品质控制的平衡。这类渠道多适用于消费品中的选购品和特殊品、工业品中的零配件等。
- 独家营销渠道指的是生产者在某一地区市场只选择一家批发商或经销商经销其产品所形成的渠道。独家营销渠道有利于控制市场,强化产品形象,适用于对服务控制和品牌控制有高标准要求的产品。

渠道策略主要是依据市场目标设计合适的渠道层级和宽度。渠道层级越多,就越难协调和控制渠道,渠道管理问题(如"串货乱价"等问题)也会越多,严重的会直接影响业务的价格策略,进而影响业务发展。渠道管理问题一直是品牌商的核心难题,渠道管理分为两个阶段:渠道选择和渠道维护。

渠道选择主要是指通过多维度的分析选择和品牌匹配的渠道,企业每个业务都要结合自身品牌情况选择和搭配渠道组合。选择渠道时要回答以下 5 个问题。

（1）**产品和渠道的匹配度**：主要涉及产品价值主张和渠道的价值是否相关，企业不应该主动把奢侈品放在电商平台售卖。

（2）**消费者和渠道的匹配度**：主要涉及消费者需求特征和渠道能力是否适配，企业不应将高质量诉求与"路边摊"环境匹配在一起。

（3）**渠道的分销规模**：渠道为销售服务，分销规模决定了渠道的能力。

（4）**渠道成本费用**：主要考虑渠道的获利情况，如果渠道的费用过高，那么对生产成本要求就很高。

（5）**渠道关系是否可控**：主要考虑是否存在短期风险和长期合作关系。

这 5 个问题的回答构成了渠道选择分析框架。分析师需要结合专家问卷调查和实地调研进行信息收集，一般以五分制的量表呈现最终结果。渠道评分表示例如表 4-4 所示。其中，综合得分由各渠道的得分乘以相应权重得出。

表 4-4 渠道评分表示例

	产品匹配度得分	消费者匹配度得分	渠道规模得分	渠道成本得分	渠道关系得分	综合得分
品牌 App	5	5	1	4	5	3.76
直播平台	3	3	3	2	3	2.71
……						

企业在不同阶段关注的重点不一样。在新产品投入市场的前期，为了目标人群的产品体验，企业对渠道规模不会有太多要求，对消费者匹配度和产品匹配度要求会更多，分析师可以适当提高产品匹配度和消费者匹配度的权重。在产品推广期间需要逐步增加销售额，可以将渠道规模的权重提高，选择销量较大的渠道。

渠道策略贯穿产品上市到退市全过程。对已有渠道网络的维护也是企业的一项重要工作，一个好的渠道网络能够在新产品上线时快速推广产品，并且能够将消费者需求的变化快速反馈到产品的设计和生产环节。

互联网的出现和发展使线上渠道的重要性逐步提升，几乎所有企业都会设立线上官方直销渠道。对企业来说，线上官方直销渠道的销售成本主要来自引流成本或线上店铺的运营和维护成本；对消费者来说，线上官方直销渠道是可信度高、风险小的购买渠道，从该渠道购买的产品的质量能够得到保证。本节列出现阶段常见的渠道，并对渠道评分表进行完善，常见的渠道如表 4-5 所示。同时结合假想茶案例进行渠道策略的说明，如案例 4-6 所示。

表 4-5　常见的渠道

	线上渠道	线下渠道
直接渠道	品牌官网；品牌 App；品牌微信小程序；第三方电商直营店	实体店；销售人员直销
间接渠道	第三方分销小程序；第三方分销店铺；直播主播	线下综合商超；第三方销售人员推广

> **案例 4-6　假想茶的渠道策略**
>
> 结合渠道评分表，假想茶在产品导入期的渠道策略如下所示。
>
> 第一步：在产品导入期前期，以店铺直销为主，优先保障微信群运营；通过入群领券等形式积累消费者，并优先做好口味的设计和调整。
>
> 第二步：调整好口味后，入驻美团外卖和饿了么，并开始逐步放量，在稳定消费者口碑的基础上，尝试进行基于位置服务（location-based service，LBS）广告投放。
>
> 第三步：开发小程序，运营私域流量，形成连锁后再考虑开发 App。

渠道策略主要解决消费者在哪里买、企业在哪里卖的问题，利用渠道评分表进行渠道筛选可以有效地进行渠道维护，后续需要基于真实的渠道运营数据反向优化产品 - 渠道适配表格，用真实数据表现替代专家意见和问卷分析。做好渠道策略后，最后一步要解决怎么让消费者知道的问题。

4.6　整合营销

品牌和渠道哪个更重要？这一直是一个热门话题，也间接说明品牌的重要性。渠道策略解决怎么卖得好的问题，而品牌策略解决怎么好卖的问题，二者相辅相成，缺一不可。品牌是传播学上的概念，本节主要介绍传播相关内容，4.7 节将结合组织学内容讲述传播策略中的核心概念（品牌）的几个假设。

科特勒在最初提出的 4P 理论中，并不看重所谓的传播概念，只简单地将其都归于 promotion 之中。但在《营销管理》中，科特勒已经意识到整合营销传播（integrated marketing communications，IMC）的重要性，专门介绍了 IMC，并强调了应用 IMC 的重要性。

IMC 的中心思想是以通过企业与消费者的沟通满足消费者需要为价值取向,确定企业统一的促销策略,协调使用各种不同的传播手段,发挥不同传播工具的优势,从而使企业在实现高效传播的同时实现低成本化。整合营销被视为市场营销的未来发展方向,IMC 有 3 个核心内容:第一,以消费者为中心;第二,通过多种营销手段建立消费者对品牌的忠诚度;第三,整合不是简单的加法,而是有机的联系,贯穿其中的是内在的逻辑链,只有这样才能保证策划的信度和准确性。

整合营销的核心是用一个声音说话(Speak With One Voice),即消费者听到的都是一样的声音。整合营销通过渠道、人员、内容、营销目的和其他方面的整合,将独立的营销活动整合起来,以产生协同效应。同时,通过流程整合,可以减少内部摩擦成本,提高营销效率。整合营销按整合难度可分为以下 7 类。

(1)**认知的整合**:要求营销人员认识或明确营销传播的必要性。

(2)**形象的整合**:确保营销信息与媒体信息的一致性。一致性一方面指广告的文字与其他视觉要素之间的一致性,另一方面指不同媒体上投放素材的一致性。

(3)**功能的整合**:根据不同的营销目标,分析不同的营销传播方案的优劣势,完成营销传播要素的整合。

(4)**协调的整合**:通过各种手段确保人际营销传播与非人际营销传播的高度一致。

(5)**基于消费者的整合**:在了解消费者需求的基础上锁定目标消费者,在对产品进行明确的定位后,才能开始营销策划。

(6)**基于风险共担者的整合**:除目标消费者外,整合其他共担风险的经营者。

(7)**关系管理的整合**:整合营销战略之外的其他战略,如制造战略、工程战略、财务战略、人力资源战略等。

实现 IMC 的根本目标是提升营销传播效果,同时控制营销传播的费用。整合营销不仅是营销,还涉及企业战略、组织和文化,这也决定了整合营销是一个长期持续发展但不可能完成的目标。整合营销项目涉及组织内部协同、利益相关方协同,但现实环境中简单的组织内部协同在绝大多数企业中都是大问题。整合营销是一个企业可以追求的目标,但是需要对落地效果有一定的预期,很多时候不是项目设计有问题,而是项目执行过程中组织出现问题。

整合营销策略的主要实施流程可分为以下 6 步。

(1)**建立数据库**。整合营销策略的起点是建立数据库。数据库是记录消费者信息的名单，含有每个消费者或潜在消费者的有关营销数据，包括历史数据和预测数据。

（2）**选择目标市场**。结合STP分析流程确定目标市场和市场定位，并根据消费者或潜在消费者的行为信息将其分为3类——本品牌的忠诚消费者、其他品牌的忠诚消费者、游移消费者，并依据3类消费者在品牌认知、信息接收方式和渠道偏好等方面的差异，有针对性地开展各项营销活动。

（3）**进行接触管理**。凡是能够将品牌、产品类别和其他市场相关信息传输给消费者的方式、渠道、行为都是接触通道，如媒体广告、店内推广、产品包装、消费者的口头交谈等。

（4）**制定营销战略**。在以上步骤的基础上，依据数据库提供的营销数据，制定明确的营销战略，并将其与企业战略和企业的其他业务相结合，实现企业层次的营销整合。

（5）**选择营销工具**。在营销战略的指导下，根据消费者的需求和欲望、消费者愿意付出的成本、消费者对购买便利性的要求，以及消费者的沟通方式确定具体的营销工具，并找出关键工具，将其与其他营销工具整合。

（6）**进行沟通整合**。依据消费者信息，对不同行为类型的消费者分别确定不同的传播目标，使用不同的传播工具，如广告、人员推销等，并根据实际情况将多种工具结合使用，以形成协同力量。

整合营销策略的主要实施步骤和STP分析项目流程基本类似，方法论、分析内容也都差不多，使用者需关注它与其他理论不一样的地方，"用一个声音说话"是整合营销的核心。

企业在整合营销过程中需要针对不同类型的消费者分别确定不同的传播目标和传播工具，传播工具按形式可以分为以下4种。

- **人际传播**：个人与个人之间的信息交流，也就是由两个个体系统相互连接组成新的信息传播系统。传播形式包含私信、面对面交谈、座谈会、演讲等。
- **组织传播**：组织成员之间、组织内部机构之间、组织与社会环境之间的信息交流和沟通，简单来说就是企业对内、对外的发声。传播形式包含展览、公益活动、企业庆典等。
- **大众传播**：通过大众媒介交流信息的过程，是沟通的一种主要形式。传播形式包含电视、广播、书籍、报刊等。
- **网络传播**：以多媒体为终端、以光纤为通道，将个人和组织连接在一起并能与"个人化"受众互动沟通的信息交流形式，简单理解就是互联网上的各种内容平台。传播形式包含自媒体、内容网站、UGC 平台等。

传播的目的是传递信息、进行沟通，精确传播使目标受众了解相关资讯。但是不同的传播类型在具体表现方面的差异会比较明显，传播工具需要依据传播范围、传播目标精准性、传播精准性（是不是没有干扰信息的出现）、反馈时效这 4 个维度进行评估，并结合具体传播目标进行选择。不同传播类型的传播效果如表 4-6 所示。

表 4-6　不同传播类型的传播效果

传播类型	传播范围	传播目标精准性	传播精准性	反馈时效
个人传播	狭窄	精准	不精准（有个人理解偏差）	及时
组织传播	中等	一般	精准	相对滞后
大众传播	较广	不精准	精准	相对滞后
网络传播	最广	不精准	不精准（有大量干扰信息）	及时

没有哪个渠道能够同时满足传播范围广、传播目标精准性高、信息干扰少和反馈及时这 4 个要求，这就决定了分析师在分析时需要依据项目目标搭配使用传播渠道，在项目不同阶段选择合适的传播渠道目标。结合过往投放数据分析结果来看，大众传播渠道仍然是最高效的传播渠道。本节沿用假想茶案例进行传播策略说明，如案例 4-7 所示。

案例 4-7　假想茶的传播策略

结合传播策略分析内容，假想茶在产品导入期的传播策略可总结为以下 4 点。

（1）统一对外宣传语：好的设计师、可追溯的生产流程。

（2）宣传前期通过设置利益点（如返券）等方式，将产品传播给更多消费者，并将消费者吸引到微信群中。

（3）持续在微信群中进行宣传，并且通过设计拉新活动实现以人带人的效果。

（4）在城市连锁经营规模下，尝试与本地媒体（本地电视台、微信公众号等）合作，开展全城营销活动。

传播的目的是让消费者对产品形成记忆点，结合定位理论，让消费者对产品或企业形成独特的价值主张。很多企业关注广告播放量等指标，这种指标可以简单地通过增加投入进行控制。但是，"播"是为了"传"，"传"才是传播的核心，所有传播策略应该追求消费者主动帮企业宣传，这就涉及第 5 章中净推荐值的概念。传播中最重要的概念被称为品牌，4.7 节将针对品牌进行说明，以补充传播策略相关内容。

4.7　品牌是信号投资，是一种声誉现象

品牌是指消费者对某类产品及产品系列的认知程度。品牌的本质是品牌拥有者的产品、服务或其他相对于竞争对手的优势能为目标受众带去同等或高于竞争对手的价值。科特勒认为"品牌是销售者向购买者长期提供的一组特定的特点、利益和服务"。在不同学科领域中，品牌[①]的定义不同，但可以明确品牌的核心是降低消费者的决策成本，品牌成因在不同学科领域中有不同的解释，本节主要参考信号理论中品牌的成因。

在很多经济学的理论中，会假设理性是无限的、信息是完备的、竞争是充分的。在这种情况下产品和价格在销售时必然是匹配的，但必须承认现实环境中信息是不对称的，信息不对称会引发投机行为（以次充好行为）。当消费者认为会发生投机行为时，会拒绝购买高价产品，造成劣币驱逐良币的现象，进而导致市场失灵[②]的情况发生。如何解决这些问题呢？高质量的商家需要一种信号[③]帮助消费者区分不同类型的产品，"七天无理由退货"就是很好的例子，不同质量的产品实行退货的成本是不一样的，低质量的产品实行退货成本过高，会拒绝采用这个政策，因此，退货政策可以有效区分不同质量的产品。售卖高质量产品的商家可以采用一种有效的信号沉淀投资，例如精美包装、优质服务、高额的广告投资，从而提升"卖不出去的"成本，在售卖低质量产品的商家跟进成本投入的同时，也提升了消费者心理预期，让消费者愿意支付更高的价格。

这些对信号的投资现象被称为声誉现象，因为这些与产品本身无关的沉淀投资让高质量的产品价格高于其边际成本，这种高额利润可以被解释为对声誉投资的回报，也可以被视为降低消费者的决策成本带来的溢价。依据信号理论，品牌其实是一种声誉现象，它反映了在信息不对称的情况下，拥有信息的一方可以通过一种信号表明自己的能力。

[①] 在现实环境中，品牌有多种用法，本书主要选用3种：第一种指产品的生产企业；第二种指具备高价值、高溢价能力的符号或者产品；第三种指工作岗位。读者需要结合上下文理解。

[②] 市场失灵是指市场在配置资源方面无法达到最佳状态。一般来说，导致市场失灵的因素有垄断、外部因素、公共物品和不完全信息等。

[③] 信号是解决信息不对称问题的一种方式，还有一种方式是多边惩罚机制，简单来说是承诺关系中一方违约时，其他各方今后都不会相信违约者，不再跟其交易，即对其实施集体惩罚。

品牌是一种声誉现象，组织学的制度学派认为声誉是一种等级制度，声誉构建在产品和人们的行为差异上。行为差异必须被人们所承认，即人们必须共享这些评价产品的标准。等级制度需要被大家承认，否则只能成为"小群体行为"。声誉现象可以解释产品的情感性利益，即通过独特的价值主张在虚拟的品牌世界构建品牌的等级制度，通过现实和虚拟的等级制度绑定形成品牌消费者的稳定性。

本节引入美国斯坦福大学社会学系教授周雪光在其著作《组织社会学十讲》中提到的对声誉现象的 2 个理论命题、7 个实证假设，读者通过了解学习这些内容，可以有效地提升对品牌制度的理解，并能反向优化传播渠道的选择和投放工作。

理论命题 1：合法性基础和声誉市场的关系。声誉的分布和有效性取决于一个领域中合法性基础的开放程度。合法性基础的开放程度越小，通向理性、自然的门槛越高，限制性越强，这就意味着人们提出合乎情理的主张从而得到社会承认越困难。那么统一的声誉市场越容易产生，声誉制度也越稳定。理论命题 1 的主要困难在于如何测量不同领域中合法性基础的开放程度。组织学从参与数量、参与方式、评价的多元化、参与程度 4 个方面，分别提出了 4 个实证假设。

- 实证假设 1：在一个社会领域中，如果参与评价一种产品或行为的人或机构越少，那么这一产品或行为的声誉就越容易产生、越稳定。
- 实证假设 2：有关产品或领域的信息的加工过程越长，评价鉴赏能力越需要通过后天学习获得，那么这一产品或领域的声誉就越容易产生、越稳定。
- 实证假设 3：一个领域中的评价机构或标准越多、差异性越大，统一声誉市场就越难产生，声誉就越不稳定。
- 实证假设 4：声誉制度的有效性与领域的参与性有着非线性关系。起初参与性提高有助于增强声誉制度的有效性，但过高的参与性会减弱声誉制度的有效性。

理论命题 2：组织能力与声誉分布。不同领域中声誉的分布和有效性与领域内部的组织能力有着正相关关系。针对这一命题，组织学分别从符号资源[①]的概念、意义、社会冲突程度和需求方的组织程度出发，依次提出以下 3 个实证假设。

- 实证假设 5：符号资源的集中化导致合法性基础的狭窄化，从而有助于声誉制度的产生和稳定。
- 实证假设 6：社会冲突越激烈，符号资源就越会被用于加强群体间的边界。因

---

① 符号资源是一种受到社会认可的，能够长期积累的荣誉、名声、精神、特殊性等以符号方式存在的稀缺性资源。

此，多元分离的声誉市场就越容易产生。

- **实证假设 7**：需求方的组织程度越高，声誉制度越容易产生；需求方的变异程度越大，声誉市场越多元，声誉制度就越没有效力。

声誉市场依赖于标准或符号资源，而标准需要建立在需求环境冲突不激烈的基础上，依赖相对较少或者组织程度高的评价方。2 个理论命题、7 个实证假设对分析的建议是：对于新兴产业，品牌的构建需要优先建立标准，构建产品等级的合法化基础；而在成熟行业，品牌的构建需要对传统标准进行模糊化处理，打击或者从其他维度建立标准，这也是定位理论和差异化战略的适用范围。成熟行业建立品牌需要企业在新工艺、新原料、新功能上形成差异，并扩大差异化的宣传。

2 个理论命题、7 个实证假设可以对品牌传播过程提出以下 3 点建议。

（1）精心挑选领域：声誉制度在有些领域十分重要，如乘车市场，而在有些领域中，声誉制度则可有可无。

（2）减少评论者：因为开放环境难以形成统一的评价标准，所以应尽量减少评价者数量，如可以人为提高评价门槛、引入高级别协会标准或者其他形式，以弱化自然评价效能。

（3）依赖现有的协会或者奖项标准：在现有标准中有组织地形成突破，如奖项等。

依据上面几个实证假设，可以通过评论者数量、标准是否统一和组织程度 3 个维度对品牌渠道进行量化评分。依据品牌目标寻找适合的品牌渠道，不同品牌渠道在 3 个维度的不同表现如表 4-7 所示。

表 4-7 不同品牌渠道在 3 个维度的不同表现

	评论者数量	标准是否统一	组织程度
电视广告	无	不统一	高
专业排行榜单	少	统一	高
社交平台	中	不统一	中
直播平台	少	不统一	高
电商平台	多	不统一	低

例如在电商平台的开放环境中，会引入大量的评论者，而自然评论者基本是无组织性的，这也导致"刷评价"是低质量产品对抗高质量产品的一种低成本对抗手段。然而这种对抗手段严重影响市场公平性，是一种违法犯罪行为。按理论推演电商平台

很难形成声誉现象，通过观察也能发现电商平台这么多年也没有孵化出多少个品牌，这是一个非常值得注意的现象，第 6 章将从商业模式角度描述这种现象可能的原因。将电商定义为分销渠道，而不是传播和品牌渠道是一种相对准确的做法。分销渠道以销售为目标，那传播渠道的目标是什么？本节引入品牌资产这个概念进行说明。

品牌资产是产品或服务的附加价值。它体现在消费者对有关品牌的想法、感受和行动的方式上，同样它也体现在产品的价格、市场份额和盈利能力上。品牌资产是品牌的名字与象征相联系的资产的集合，它能够增加通过产品或服务提供给消费者的价值。品牌资产的主要内容包含品牌名称、广告语、品牌故事、产品包装、品牌符号等。其中，对品牌名称的投资是品牌投资的首要任务，品牌的价值量化主要体现在财务报表中的商誉部分。

从品牌的角度来讲，营销传播是让品牌资产逐步增值的过程。品牌资产主要用知名度和认可度来衡量。知名度代表单位样本内有多少人知道该品牌和它的价值主张。认可度代表有多少人对该品牌有正向评价或者会协助进行二次传播。品牌资产与企业业务的生命周期强相关，在企业业务快速增长时，品牌资产也应该同步增长，而当企业业务进入生命周期末期或者需要放弃品牌前，可以采用产品质量 - 价格九宫格中的高价策略、低质高价策略、虚假经济策略，将品牌资产价值变为 0 是最有利于企业的做法之一。品牌是实现市场目标的一个手段，而非市场目标。从商业分析角度来看，企业应在具备稳定盈利点的基础上，基于自身核心竞争力和市场需求综合判断是否使用品牌工具。判断标准是通过企业核心竞争力能否在空白市场组织起稳定的等级制度。

至此，营销管理理论和分析方法的内容告一段落，本章主要描述营销管理的 STP 分析和 4P 分析流程，通过目标市场选择设计有针对性的产品，并基于业务发展的不同阶段，选择不同的定价策略、渠道策略和传播策略。在确定企业目标市场和定位后，有针对性的 4P 策略也会被随之确定，结合长期竞争优势的 VRIN 能力要求，企业的团队结构也可以基本确定。营销管理分析是企业最重要的事项之一，STP 理论和 4P 理论相辅相成，共同作用于营销管理环节。营销管理分析服务于企业的"收入最大化"目标，是日常经营分析工作的主要环节之一。

有假设判断就需要进行验证，除了在业务上线后通过真实的消费者数据进行后置验证（第 5 章内容），基于互联网的竞争对手业务数据分析也是一种常用的方法（第 10 章内容）。业务上线前的假设验证判断，一方面可以降低决策错误的概率，另一方面可以在业务前期有效降低试错成本。

第 5 章将详细说明营销管理指标体系相关内容，通过内部经营数据对营销管理的假设判断进行验证。

4.8 常见问题解答

问题 1：我是一名运营人员，部分日常工作是针对营销活动选择目标人群，然后基于点击率和购买率分析投放效果，不同人群包[①]的投放效果差异极大且不稳定，针对这个问题有什么解决方法吗？

回答：企业一般都拥有消费者管理和接触能力，并且都会利用 RFM 等模型对人群进行标签化。结合过往的数据反馈，营销响应率较高的都是购买金额较高的消费者，而且这些消费者转化率也高，这种情况也能直接验证 3R 理论的有效性。通过对日常活动的分析和总结，企业很容易就可以形成针对不同活动的稳定人群包，最后不同人群包的数据也能保持基本稳定。现实环境中投放效果差异明显，其核心原因是投放人员考核标准主要是最后的成交额，因此，接触的人群越多，效果也越好。最理想的情况是每次都能触达全部人群，但是营销活动对消费者的接触频次是有限制的，这种行为可能导致高价值消费者接触到低价值活动，影响整体投放效果。优化人群包的触达效果就是在固定推送频度的前提下，考虑营销活动设计与营销目标匹配的精准性问题，这是需要从全局看待的。

问题 2：如何看待"有一半的广告费是浪费的，至于浪费在哪里不知道"这句话？

回答：从细分市场理论来说，广告集中接触目标受众，相同销售目标对应的费用就会减少，浪费也就可以避免，所以互联网上可以定向选择人群和及时反馈效果的广告形式大受欢迎。但这个结果是被误导的，消费者价值是主观且随着环境变动的，企业需要培养一些目前没有购买力，但是在需要的时候可以直接购买产品的潜在消费者。从数据来看，消费者曝光次数与消费者对业务的好感度呈现明显的正相关关系，针对潜在消费者投放的广告可以认为是对预期的信号投资。目前来看，广告费用似乎是一种浪费，但是从长期来看，这些费用可以带来新的增量消费。问题 2 中的这句话是典型的混淆传播渠道和分销渠道的说法，传播的价值更多在于吸引关注，提高品牌声量，在成本收益可控的基础上，长期重复、广覆盖的消费者传播才是广告的正确"玩法"。

[①] 人群包是指在日常营销活动中依据不同条件筛选出的营销人群清单明细。

问题 3：问卷完整回答率低怎么办？

回答：问卷设计有七大原则，此处不详细说明，感兴趣的读者可以自行搜索了解。笔者仅强调问卷是给调研对象填写的，在设计问卷时需要考虑调研对象认知水平，用尽量简单的词语让调研对象能够理解。问卷并不是学术论文，调研对象能够读懂是关键。在这个标准下，"说人话，干人事"是非常重要的。

问题 4：商业分析追求严谨的论证，但现阶段企业尤其是互联网企业追求快速试错，这两者是否矛盾？

回答：严谨的论证和快速试错不是非此即彼的问题，严谨的论证只是通过花费时间成本降低判断错误的失败成本，快速试错则相反，具体如何选择视企业资源能力而定。从成本角度来说，一次性把事情做对、所花费的成本是最小的。

问题 5：我是个分析师，我观察到很多企业讲究消费者体验，注重跟踪满意度和净推荐值指标，我想知道分析消费者体验的目标是什么？

回答：消费者体验的定义有很多，这个问题先按"体验就是消费者预期"这个定义来解释。在这个定义下什么是好的体验？简单来说就是超过消费者预期。预期是什么？预期就是"买到主观意识中质量好、服务好、价格低的产品"。预期依据每个人主观意识的不同而不同，不存在绝对的判断标准。企业能做的就是满足好细分市场的消费者的共同预期，这代表着消费者体验应该具有针对性。另外，优化体验是有成本的，这个成本可以用现有利润来覆盖，也可以用消费者支付的额外费用来覆盖，从这个角度来说，体验就有两种作用：一是获取超额利润；二是消费者留存，消费者留存的目标也是获取超额利润。结合品牌信号理论，可以认为优化消费者体验就是为了获取超额利润，有针对性地对部分消费者进行超预期的设计。结合这个目标再回顾现阶段的消费者体验分析，如果这类分析不涉及财务相关测算，就可以认为分析消费者体验的价值不大。

第 5 章

营销管理指标与"四率二度"

STP 分析和 4P 理论主要服务于业务设计阶段。在业务设计阶段,分析师需要通过严格的市场调研和营销管理分析,建立相对准确的业务框架。这个业务框架是概念意义上的假设,分析师需要通过数据和信息对假设进行验证。本章详细描述日常工作中常用于营销管理假设准确性验证的营销管理表,以及如何通过"四率二度"构建完整而全面的营销管理指标体系。

现实生活中没有人能保证判断绝对正确,这就需要企业在经营过程中具有快速修正能力。营销管理表又称营销管理指标体系,其作用主要有两个:一是通过内部数据去验证业务设计之初的市场选择和假设判断,包含目标消费者人群、产品属性、产品价格、渠道相关假设验证;二是通过日常经营数据的跟踪,基于企业目标监控风险,并通过数据分析方法寻找解决方案。营销管理表是结果数据的呈现,数据自身无法形成假设判断,只能验证判断的有效性,而营销管理假设是一个标尺,一个解读营销管理数据的标尺。**这也是营销评估的第一个原则:以营销管理假设为前提,用营销管理数据辅助校验。**

产业市场分析和营销管理分析的主要手段是问卷调研和桌面分析,这类信息的收集相当耗费时间和精力,这就决定很少有企业能够持续性地去收集处理这些信息。在日常工作中,通常以季度或者半年为周期,通过发放新一轮的问卷和桌面分析来收集数据,并在此基础上进行深入的分析,更新分析结论。依据 OODA 循环流程要求,企业需要更快、更好地完成从观察到行动的闭环,就需要依赖其他稳定而高效的数据源进行分析。

在数据库技术出现之前,企业数据都是通过人工进行管理的。随着网络和数据库技术的发展，企业才开始具备数据持久化并且快速处理数据的能力。而随着分布式文件系统、分布式计算框架等大数据技术的出现，企业具备了多样化数据源的整合和处理能力，并且具备实时处理数据能力。数据库技术的出现让分析师具有稳定的数据源。据过往分析项目总结，企业中存在以下 7 种稳定的数据源。

- **业务数据源**：记录消费者的订单、账号、评价、退款、收藏和购物车等数据。
- **消费者日志**：记录消费者在网站或 App 经历过的每个页面和每个动作。
- **服务数据源**：记录消费者与服务人员的交互过程的数据。
- **财务数据源**：记录资金流转的数据。
- **供应链数据源**：记录产品生产、仓储、物流等数据。
- **营销接触数据源**：记录消费者通过企业营销活动接触到的数据，如短信、消息推送等数据。
- **企业拓展的其他数据源**：外部采购的数据源或者爬虫获取的数据源。

营销管理表的数据就来自上述数据源，不同的数据源服务不同的分析需求，没有一个独立的数据源能够满足所有的分析需求。大多数的指标需要跨数据源进行对比，如转化率这个指标需要结合消费者日志和业务数据源的订单数据进行匹配，才有可能被计算出来，所以多数据源之间的数据质量比较是非常重要的事情。**这也是营销评估的第二个原则：准确的数据源是基础，准确的数据才能带来准确的结论。**遗憾的是目前大多数企业的数据治理根本无法保证数据的准确性，其中也包含大型互联网企业。

有数据源后就可以进行统计，那什么类型的统计指标对日常分析更有意义呢？例如 GMV、消费者数等指标反映了消费规模，属于数量型指标，这类指标并不能提供任何分析价值。相较于数量型指标，比率型指标更具备判断和决策意义，如增值率、转化率、投诉率等。**这也是营销评估的第三个原则：关注更具判断和决策意义的比率型指标**[①]。

一个完整的营销管理指标体系设计过程可分为以下 3 步：

（1）回顾业务设计的假设判断和业务具体的执行动作；

（2）了解数据源质量，明确指标的统计误差；

（3）构建指标体系。

---

① 比率型指标的计算公式通常为 $a = b/c$，其中 b 一定是 c 的一部分的指标被称为率，b 不一定是 c 的一部分的指标被称为比。例如支付转化率 = 当天下单且当天支付人数 / 当天下单人数，由于分子一定是分母的子集，所以将其称为支付转化率。万求比 = 统计周期内的咨询量 / 统计周期的订单量×100 000，由于统计周期内求助的订单不一定是在统计周期内产生的，所以将该结果称为万求比。后文将以这个指标展开介绍。

"四率二度"是笔者综合业务发展、品牌传播等内容提炼出来的营销管理指标体系的设计框架，能够较为全面地反映企业营销管理现状。

5.1 四个层次和六类指标

一般如何评价一个人的身材呢？身高、体重等单一指标都不太合适，需要结合头身比、体重指数这类的比率型指标，才能更好地进行评价。这也表示评价第一是多维的，第二需要看结构或比例。分析师评价业务是否满足消费者需求也是一样的，需要多维度地观察。笔者通过过往工作经历，提炼出一套服务于营销管理指标体系的设计框架。"四率二度"主要依据业务结果、消费者体验、消费者满意、市场认可4个层次构建6类指标集合，其中，在业务结果层次，主要观察业务增长率指标；在消费者体验层次，主要观察流程转化率指标；在消费者满意层次，主要观察消费者回访率指标和逆向发生率指标；在市场认可层次，主要观察业务知名度指标和业务认可度指标。

观察这6类指标能够全面地了解企业经营的数据表现现状，常用的数据展示方法为雷达图。企业不应该追求这6类指标的同时优化，基于压强原则和VRIN模型，企业应该追求1项（最多2项）指标的帕累托最优[1]。

业务发展从需求出发，企业希望短期内消费者能够得到良好的体验并完成业务成交闭环，希望长期上消费者能够持续购买并协助宣传推广，这是很朴素的业务诉求，也是"四率二度"的出发点。"四率二度"在不同环节具备不同的使用价值。

- 业务增长率代表业务经营结果，主要表示业务发展的快慢。
- 流程转化率代表产品供需匹配流程的效率，主要表示消费者使用流程是否顺畅。
- 消费者回访率代表消费者接受度，主要表示消费者持续使用的情况。
- 逆向发生率代表交付质量，主要表示服务质量或交付质量是否满足消费者需求。
- 业务知名度代表传播能力的综合表现，主要表示市场传播的效率和目前市场的地位。
- 业务认可度代表消费自增长的可能性，主要表示消费者对品牌的认可度。

其中，业务增长率、流程转化率、消费者回访率和逆向发生率被称为"四率"，主要用于评价解决方案的交付能力。业务知名度、业务认可度被称为"二度"，主要用于评价业务的增长潜力。通过这6类指标，分析师能全面地关注业务经营过程的效率。

---

[1] 帕累托最优指在没有使其他指标变坏的前提下，至少让一个指标变得更好。

"四率二度"是消费者视角下的指标体系的设计框架，是通过消费者的行为评估企业经营活动 6 个方面的效果，每个方面都包含很多指标。在企业不同的发展阶段，需要依据业务目标选择相关指标进行跟踪，指标的选择具有动态性。下面结合案例对指标选择动态性进行说明，如案例 5-1 所示。

> **案例 5-1 指标选择的动态性说明**
>
> 某电商平台在过去几年持续加大商家的广告投入，并且投入大量费用做域外广告推广，但在流程或者价格上的设计极度复杂，消费者经常无法计算价格。在客服模块中，用大量的机器人客服替代人工客服。结果就是业务知名度有较大提升，逆向发生率和业务认可度方面却出现较大问题。请问这个结果应该评价为好还是坏呢？
>
> 事实上，应该结合企业现阶段目标对结果进行评价。如果对企业来说，上市企业财报和竞争宣传是那个时间段的主要目标，这就是好事情。不同阶段的目标也需要服务于企业长期生存这个大前提，在判断结果好坏之前，要先判断目标的合理性。只有在目标合理的基础上做分析才有意义。

企业短期目标会随着时间的推移而发生变化，分析师需要根据价值判断标准去判断目标的合理性。由于不同产品形态的流程和交互形式不同，因此"四率"依据不同的业务形态设计的具体指标也不太一样。为了方便读者理解，本章将互联网业务（线上业务）和非互联网业务（线下业务）的"四率"分开说明。由于线上业务数据源较为全面，本章介绍"四率"时以线上业务为主，"二度"在不同业务形态上的指标基本类似，本章不进行区分。

5.2 发展才是硬道理

规模经济效应是多数业务的基本规律。规模越大，单位成本越低，单位收益会越高。所以大多数业务会优先追求业务规模的增长。衡量业务规模增长的指标是企业重点关注的指标，但规模的增长量属于数量型指标，并不具备决策意义，分析师需要优先关注规模的增长率。

在学习业务增长率之前，分析师需要先明确同比、环比、定基比等概念。

- **同比**指报告期水平与上年同期水平之比，表明现象的相对发展速度。

- **环比**指报告期水平与前一时期水平之比，表明现象逐期的发展速度。
- **定基比**指报告期水平与某一固定时期水平之比，表明现象在较长时期内总的发展速度，也可以用复合增长率来替代。

这3种指标都反映了增长速度，但适合场景不同。如果业务具有周期性，即在年度有淡旺季区别，一般采用同比进行分析。如果业务在部分周期出现了异常情况，如经济危机等，需要找一个固定时期进行对比，这时候就使用定基比进行分析。如果业务不具备周期性，并且目标是逐月提升的，这时候就可以考虑环比分析。

规模是企业天然的追求，除了收入规模，在业务发展阶段线上业务还追求消费者规模、销售规模和消费者交互深度这3类规模目标。线上业务早期追求消费者规模，部分业务估值主要参考消费者的绝对数量。与销售量绑定的业务现金流，是企业的生命线指标，与收入规模呈现明显的正相关关系。以停留时长或者访问页面数等为代表的消费者交互深度指标在以广告为主要收入来源的业务上具备极大的吸引力。这3类规模指标的增长率是业务增长率的关注重点。

消费者规模指的是与企业发生一次及一次以上产品或服务交易的消费者数量。线上业务定义的消费者主要是指在网站或者App上与业务产生交互的账号，大多数场景下账号数量与真实消费者数量存在差异，例如一个真实消费者可能有多个账号。在手机环境下，部分App会以手机设备数作为统计基础，各个企业指标口径不一致很难进行对比。对于消费者规模类指标，主要关注以下6个指标的同比和环比趋势，具体指标如指标说明5-1所示。

> **指标说明5-1 消费者规模类指标**
>
> （1）**累计注册消费者数**：截至某个统计周期末的账号数量。累计注册消费者数评估有多少人曾与企业进行交互，它是一个随着时间递增的数据，这个数据没有实际意义，在日常工作中主要使用目标人群渗透率指标替代。
>
> （2）**新增注册消费者数**：统计周期内新增的账号数量。该指标一般是业务大规模投放期间的核心监控指标，主要用于监控投放效果，在业务前期具有较大意义，长期来看意义不是很大。
>
> （3）**活跃消费者数**：统计周期内登录过的账号数量。消费者活跃是商业活动的起点，活跃消费者数持续增长是业务增长的根本，属于中长期监控的核心指标。在累计注册消费者数达到一定规模（如100万）的基础上，活跃消费者数与累计

注册消费者数的比值就是常用的累计消费者活跃率。累计消费者活跃率指标主要评估累计注册消费者的有效性。反向指标有流失消费者占比、沉默消费者占比，长期来看这类指标等同于累计消费者活跃率。

（4）**付费消费者数**：统计周期内产生付款行为的账号数量。付费消费者数是核心的商业指标，付费消费者数的增长同时代表产品被消费者接受的倾向性。

（5）**首次付费消费者数**：统计周期内产生第一次付款行为的账号数量。这也是一个重要的商业指标，让消费者首次付费的难度高于让消费者二次付费的难度。

（6）**会员 / 高价值消费者数**：统计周期内企业按一定标准划分出来的满足一定条件的账号数量。现阶段互联网私域运营盛行，会员成为企业营销的起点，一个业务如果能够积累一定规模的忠诚消费者，就能保证销售规模，会员和高价值消费者的作用显而易见。会员指一批持续消费的消费者，并不是一个功能产品。

随着企业信息基建的完善，企业会逐步构建消费者分层体系，如基于 RFM 构建高价值消费者标签，并跟进高价值消费者占比等指标。但笔者建议少用这类指标，原因有两个：第一，这类指标不够直观，属于复合指标，夹杂了太多消费者行为，不够聚焦；第二，复合指标一般没有明确的决策动作，好看但不好用。

销售规模主要是指与交易相关的数量和金额。对于销售规模类指标，主要关注销售量和销售额，并关注其同比和环比趋势，具体指标如指标说明 5-2 所示。

指标说明5-2　销售规模类指标

（1）**销售量**：处于消费者支付成功状态的订单数。销售量指标存在父子订单的概念，例如对于一个组合套餐的购买，系统后台会形成多笔订单，这时有些业务使用父订单作为计算口径，有些业务使用子订单作为计算口径。在营销管理中两个计算口径没有优劣之分，只要以相同计算口径计算同比、环比即可，但计算口径不同对供应管理的影响较大，分析师需要依据场景进行选择。

（2）**销售额**：消费者支付的金额，销售量乘以人均付费金额就等于销售额。销售额在不同业务形态下的定义不太一样，目前企业常用指标是交易额或交易总额，但是这类数据很容易造假。例如，当天购买当天退款的交易金额也被计算进交易额。这类指标需要结合退款的比例来衡量。除了交易额或交易总额，笔者日常工作中偏向于使用销售流水指标，3 个指标口径如下所示。

交易额（gross merchandise volume，GMV）：GMV 是电子商务平台常用的一种称呼，但是不同平台的 GMV 计算口径不一样。例如，有些平台会加入生成订单未付款部分，有些平台会加入退款部分，有些企业会计算平台优惠券部分，有些企业则会扣除优惠券部分。目前业内没有统一的计算口径，两个不同企业的 GMV 基本没有对比的意义，只能对比增长率。

交易总额（gross transaction volume，GTV）：GTV 是没有扣除退货等收入抵减项的原价交易总价值，在优惠力度很大的情况下，使用这个口径的数据可能会失真。一般中介类平台（如美团、贝壳找房等）会使用 GTV 作为衡量指标。

销售流水：消费者支付的交易额剔除当天退款的金额，主要衡量实际入账的金额，计算公式为销售流水＝当天的入账金额－当天的出账金额，即销售额－退款金额。

销售额和销售量增长能够近似衡量企业的收入增长情况，企业的商业目标是让消费者持续付费，以销售为主导的付费指标的优先级需要高于消费者规模类指标的优先级。

消费者交互深度主要是指消费者在统计时间内与产品交互的时长或者次数。交互次数越多，消费者曝光越多，接触广告的可能性就越大。这类指标在内容型或者广告型业务中使用得比较多。对于消费者交互深度类指标，主要关注人均在线时长和人均访问天数。人均访问天数是异化版的人均在线时长指标，它不考虑消费者的单次访问时长，而是考虑消费者访问的天数，消费者一天来一次就记录一次，两个数据会呈现一定的正相关性。分析师需要关注消费者交互深度类指标的同比和环比趋势，具体指标如指标说明 5-3 所示。

> **指标说明5-3 消费者交互深度类指标**
>
> （1）**人均在线时长**：统计周期内消费者在网站或者 App 的平均停留时长。在线时长代表消费者在企业网站或者 App 逗留的时间，时间越长代表网站的吸引力越大。当然这不是绝对的，如果大多数消费者卡在支付环节上，那么这个指标的意义就不大，日常分析可以聚焦于跟踪消费者在内容页或者产品页的在线时长，也可替换为人均内容页访问页面数等指标。
>
> （2）**人均访问天数**：统计周期内消费者在网站或者 App 的平均访问天数。人均访问天数一般是指固定时间段内消费者平均访问天数，这个指标不考虑每次访问的

时间和深度，但是会考虑交互的频次。例如，消费者只是看了一下首页就走了，也会计入人均访问天数中，它与人均在线时长各有优缺点。

消费者规模、销售规模和消费者交互深度是常用来衡量业务增长结果的指标，这些指标能反映业务发展的速度，结合业务设计预期，可以判断是否符合先前假设。对于面向 B 端的业务（如广告业务），消费者规模应该以商家为统计标准。双边市场业务需要同时计算 B 端和 C 端的消费者数量。增长率指标一般作为结果指标展示而非过程指标，它能反映现状，但并不能提供决策建议。分析师更应该关注拥有明确优化动作的过程指标，如**流程转化率**。

5.3 关注每一个环节的流失漏斗

漏斗分析是互联网业务常用的分析方法，各种商业数据产品基本都有集成漏斗分析的产品功能，漏斗分析主要服务于分析页面跳转环节的消费者流失情况，方便针对性地进行页面和流程优化。漏斗分析的输出物是流程转化率。

流程转化率指消费者在体验网站或者 App 过程中各个环节的流失或者转化情况。流程转化率指标需要基于业务流程图进行设计，不同业务流程的转化率指标是不一样的。本节以简化版电商交易流程来辅助说明，简化版电商交易流程如图 5-1 所示。

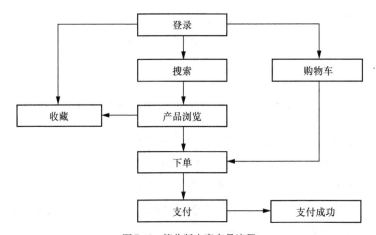

图5-1　简化版电商交易流程

在图 5-1 中，下单环节之前有多个分支存在，一条严谨的转化链路是"登录—下单—支付—支付成功"，这样能够保证指标的分子是分母的子集，对应的统计指标分别为登录下单转化率、下单支付转化率和支付成功率这3个访问转化链路指标。另外一条完整的路径是从产品浏览到最后的支付成功，即产品转化链路。大多数分析师在计算流程转化率时喜欢分别计算分子和分母，然后将数值相除，这种习惯非常不好。以从产品浏览到下单环节为例，下单环节的数据中存在购物车路径数据，直接将下单数据与产品浏览数据相除是一种错误的做法，同时也是一种危险的做法。原因有两点：一是没办法发现数据质量问题；二是当业务流程更新时，会引入其他干扰数据，造成数据质量进一步变差。正确的做法应该是通过上下环节的明细清单比对排除分子中不属于分母的部分，更严格的做法是通过日志上下文信息明确上一环节是产品浏览环节。梳理业务流程是做漏斗分析的必选过程，是后续设计指标口径和校验数据质量的基础。

在访问网站的过程中，消费者每一次访问都会生成一个拥有有效期的会话标记，消费者访问行为通过会话标记可以切分成多个小片段。如果分析师认为每个小片段的消费者需求是不一样的，那么设计指标时就需要将小片段作为分析的最小颗粒度；如果分析师认为每个小片段的需求是一样的，那么设计指标时就需要以消费者作为分析的最小颗粒度。由于需求假设不同，流程转化率存在消费者视角和会话视角两种口径。

消费者视角下的流程转化率指标如指标说明5-4所示。

指标说明5-4　消费者视角下的流程转化率指标

（1）**登录下单转化率**：下单消费者数/登录消费者数。

（2）**下单支付转化率**：发起支付消费者数/下单消费者数。

（3）**支付成功率**：成功支付消费者数/发起支付消费者数。

结合上文可以得出：

成功支付消费者数 = 登录消费者数 × 登录下单转化率 × 下单支付转化率 × 支付成功率。

会话视角下的流程转化率指标如指标说明5-5所示。

指标说明5-5　会话视角下的流程转化率指标

（1）**登录下单转化率**：发起下单的会话数/消费者登录的会话数。

（2）**下单支付转化率**：发起支付的会话数/发起下单的会话数。

（3）**支付成功率**：成功支付的会话数/发起支付的会话数。

与从登录到支付成功链路的逻辑类似，在产品转化漏斗下也存在不同的口径。在消费者访问多个产品时，如果分析师认为消费者对每个产品的需求是一致的，设计指标时就需要以消费者作为最小颗粒度计算产品的转化率；如果分析师认为消费者在每个产品上的需求是不一样的，设计指标时就需要以产品和消费者作为最小颗粒度进行处理。

消费者视角下的产品流程转化率指标如指标说明 5-6 所示。

指标说明5-6　消费者视角下的产品流程转化率指标

（1）**产品访问消费者数**：访问过产品详情页的消费者数，其中需对消费者ID排重[①]。

（2）**产品下单转化率**：访问过产品详情页且执行下单操作的消费者数/访问过产品详情页的消费者数，其中需对消费者ID排重。

（3）**下单支付转化率**：访问过产品详情页且执行下单操作并发起支付的消费者数/访问过产品详情页且执行下单操作的消费者数，其中需对消费者ID排重。

（4）**支付成功率**：访问过产品详情页且执行下单操作并支付成功的消费者数/访问过产品详情页且执行下单操作并发起支付的消费者数，其中需对消费者ID排重。

产品和消费者视角下的产品流程转化率指标如指标说明 5-7 所示。

指标说明5-7　产品和消费者视角下的产品流程转化率指标

（1）**消费者访问产品页面数**：访问过产品详情页的页面数，其中需对消费者ID、产品ID排重。

（2）**产品下单转化率**：访问过产品详情页且执行下单操作的消费者产品数/访问过产品详情页的消费者产品数，其中需对消费者ID、产品ID排重。

（3）**下单支付转化率**：访问过产品详情页且执行下单操作并发起支付的消费者产品数/访问过产品详情页且执行下单操作的消费者产品数，其中需对消费者ID、产品ID排重。

（4）**支付成功率**：访问过产品详情页且执行下单操作并支付成功的消费者产品数/访问过产品详情页且执行下单操作并发起支付的消费者产品数，其中需对消费者ID、产品ID排重。

---

① 排重是指将多条重复记录统计为1的操作，即消除重复记录的数据。

在产品流程转化中，产品和消费者视角比消费者视角更加严格。例如一个消费者访问 5 个产品，在消费者维度下分母为 1，在产品和消费者维度下分母为 5。分析师需要注意：要保证下单时产品 ID 和消费者 ID 的对应关系，即消费者购买的产品 ID 一定需要在访问行为中出现。

流程转化率的口径强依赖于对消费者习惯的假设，不同的假设带来不一样的口径，如果需要消费者快速找到产品、支付并退出的短平快链路，建议采用产品和消费者视角，这是因为该视角下的优化目标是尽量让消费者更快地找到产品。如果希望消费者长时间逗留或者需要消费者点击广告，那么建议分析师采用消费者视角，这个视角对消费者访问页面数不敏感，只要最后有订单成交即可。流程转化率的指标设计核心是业务流程的梳理和消费者习惯的假设，不同假设下的指标口径不一样，没有标准的答案。依据不同场景的业务流程，分析师可能还需要关注搜索转化率和收藏转化率等指标。

除了流程转化率，分析师还需要关注一个指标：跳失率（bounce rate）。跳失率是指消费者通过入口进入，只访问了一个页面就离开的访问次数占该页面作为入口的总访问次数的比例。跳失率是流程转化率的对照指标，常用于评估着陆页面的设计情况。

5.4 留存率上升5%，利润率将上升75%

企业都希望消费者持续访问且持续购买产品，在 3R 理论中说到"消费者的留存率每上升 5%，企业的利润率将上升 75%，吸引一位新的消费者所花的费用是保留一位老消费者的费用的 5 倍以上"。消费者回访率高除了代表消费者满意，也代表着销售额增加和营销成本下降。分析消费者回访率在现代商业中至关重要。

在了解消费者回访率前，读者需要先明白消费者生命周期概念。消费者生命周期主要是指消费者从开始接触产品到离开产品的整个过程。消费者生命周期分为以下 5 个阶段。

- **导入期**：消费者获取阶段，市场中的潜在消费者转化为实际消费者。
- **成长期**：消费者注册登录并激活账号，消费者已经开始体验产品的相关服务或功能，体验过惊喜时刻。
- **成熟期**：消费者深入使用产品的功能或服务，并贡献较多的活跃市场、广告营收或付费金额。

- **休眠期**：消费者在一段时间内未产生价值行为。
- **流失期**：消费者超过一段时间未登录和访问产品。

消费者生命周期产生的价值被称为生命周期价值（life time value，LTV）。按照消费者生命周期的基本定义，企业除提高消费者的客单价外，还可以拉长消费者的成熟期，让消费者持续回访和重复购买。LTV 大于消费者获取成本（customer acquisition cost，CAC）是业务正常发展的前提，关注消费者回访率的意义就在此。具体来说，主要关注消费者的两个行为：一个是访问行为，另一个是购买行为。购买口径下的消费者回访率也可以被称为复购率。消费者回访率指标的定义非常多，需要基于业务阶段或者消费者结构分别处理。

访问行为指消费者与企业网站或 App 交互的行为，基于业务形态和业务阶段的不同，有以下 5 个消费者回访率指标，如指标说明 5-8 所示。

指标说明 5-8　消费者回访率指标

（1）**注册消费者第 n 天回访率**：消费者注册后第 n 天重复访问的比例。这类指标常见于每天都需要访问的产品，如游戏、短视频 App、内容型 App。常见指标为次日回访率、7 日回访率和 30 日回访率，这类口径适用于产品刚刚上线或者大规模推广产品时使用，这时候每天新消费者的占比较大，跟踪新消费者的回访具有较大的意义，且这类指标适合高频业务，尤其是消费者每天登录的场景。

（2）**注册消费者 n 天内回访率**：消费者注册后第 1 天到第 n 天内访问的比例。该指标常见于非高频应用，如教育类应用等。常见指标为 7 日内回访率、30 日内回访率，属于按时间递增的指标，需要搭配人均访问天数使用。

（3）**活跃消费者 n 天回访率**：当天访问的全量消费者，在次日、7 日、30 日的访问比例。该指标常见于成熟高频网站。这类指标主要用于业务成熟阶段，该阶段新消费者占整体消费者比例较低且消费者习惯基本成熟。

（4）**活跃消费者 n 天内回访率**：当天访问的全量消费者，在 n 天内的访问比例。该指标常见于成熟低频网站，使用场景与活跃消费者 n 天回访率类似。

（5）**DAU/MAU 口径**：每日活跃消费者数除以月度活跃消费者数。由于不同月天数不同，一般以 DAU 除以 30 天的 MAU 进行替代。该指标代表消费者访问的频率。30 天 DAU 之和除以 30 天的 MAU 代表这 30 天内的人均访问天数。

上述每个指标都能反映消费者回访情况，但有一个共同的缺点。在活动期间，数据会大规模上涨，这类指标变化会比较大。例如，企业一旦做了营销活动，新消费者大量涌入，消费者目标性都很强，要么参与完活动就不再登录，要么为了活动持续来访，导致注册消费者回访率指标数据波动非常明显。一般会用自然访问渠道的注册消费者回访率来代替，因为自然访问渠道受推广活动的影响较小，数据会比较客观，其他指标处理方式类似。

相较访问行为的消费者回访率，企业更需要关注已购买产品的消费者复购率。购买是指消费者真实付费完成产品交易，不包括 0 元订单。复购率指标也可以按照访问消费者区分周期，如新老消费者复购率。但通过长期观察数据发现，在消费者首次购买后，新老消费者后续的行为差异不大，在一般情况下，复购率不需要区分新老消费者。另外，由于购买行为的低频性，复购率的计算很少使用固定时间点，特殊产品除外。复购率指标如指标说明 5-9 所示。

> **指标说明5-9 复购率指标**
>
> （1）**购买消费者 n 天内复购率**：当日购买消费者在购后 n 天内复购的比例。需要注意每个消费者的周期是一致的，如果要计算 7 天内复购率，1 号购买的消费者的复购统计周期为 2～8 号，2 号购买的消费者的复购统计周期为 3～9 号，依此类推。
>
> （2）**购买消费者周期复购率**：周期内购买的消费者在下个周期的复购率。需要注意消费者的周期是不一样的，这个指标受周期影响比较大，一般需要通过拉长实际周期模糊短期内结构的差异导致的数据波动。企业常用 90 天、365 天等时间周期进行分析。
>
> 前一个指标适合短周期的跟踪，后一个指标适合长周期的跟踪，交易相对高频用第一种口径，相对低频用第二种口径。

无论是业务增长率、流程转化率还是消费者回访率，数值越大，就代表消费者对企业越满意，但这类指标有一个共同的问题——容易受到营销活动的影响，企业可以通过补贴等方法刺激消费者复购。通过营销或者约定投放策略，可以提高上述 3 类指标的数值，典型案例为 App 买量行为，这种行为可以带来大量活跃的消费者，也可以提高 GMV，但是需要花费大量的成本去维护。为了避免这种情况的发生，企业除了对数据进行风险识别外，还需要关注消费者逆向行为数据。

除消费者回访率外，消费者流失率也是要监控的指标，1 减去消费者回访率就是消费者流失率,两个指标都可以作为消费者满意度的代表性指标,具体选什么指标依据分析师偏好而定。

5.5 关注消费者问题反馈

理想的交易是消费者看完产品详情页后直接购买、确认收货并给出好评。但是在现实环境中,由于传播信息不明确或产品质量问题,经常会产生退款、投诉等行为,这类行为统称为逆向行为。逆向行为主要体现在交付环节的质量问题上,是过程管理中需要被重点关注的指标集合。消费者投诉或者咨询较多的问题代表了现阶段产品与消费者的主要矛盾,是产品优化的主要信息来源之一。

逆向行为除了会导致收入损失,严重的还会导致消费者逆向传播扩散行为,对其他消费者和品牌资产造成影响,降低逆向行为发生率对企业提升消费者复购率和销售收入有较大助力。按照线上消费者行为,逆向行为主要分为投诉、退货/退款、咨询这 3 类。

投诉是指权益被侵害者本人对涉案组织侵犯其合法权益的违法犯罪事实,有权向国家有关机关主张自身权利。如果投诉问题没办法在企业内部解决,那么消费者就可能通过第三方的媒体进行扩散,严重的会直接投诉到相关执法单位。针对投诉行为,优先关注万笔订单投诉比指标,通过投诉量与订单数的比例评估消费者满意情况。但由于投诉行为与订单行为很难在同一天发生,因此日常数据跟踪还需要关注 n 天内投诉率指标,具体指标如指标说明 5-10 所示。

指标说明5-10 投诉类指标

(1)**万笔订单投诉比**:统计周期内投诉量/统计周期内订单数 × 10 000。投诉量以投诉工单计数,一个工单代表一个投诉问题的全流程。由于投诉行为属于小众行为,选用万笔订单投诉比加大数值便于观察。

(2)**n 天内投诉率**:统计日期后 n 天内产生的投诉订单/统计日期内产生的订单。该口径约定一个订单完成履约后不会发生投诉问题的时间,以这个时间为周期进行数据统计。15 天内投诉率指标的计算公式为 15 天内投诉率 = 15 天内发生投诉的某天订单量/某天订单量×100%,这个数据在 15 天后才会稳定,数据会延迟 15 天。

投诉行为建议主要采用万笔订单投诉比指标进行跟踪。

退货/退款行为对收入数据影响较大，日常分析以两个指标为主：第一个是退款金额比；第二个是 n 天内金额退款率。具体指标如指标说明 5-11 所示。

> **指标说明5-11　退货/退款类指标**
>
> （1）**退款金额比**：退款金额占当天销售额的比例，这个指标在大型促销活动前后不太稳定，需要进行人工排查，日常情况下相对稳定，退款订单比指标类似。
>
> （2）**n 天内金额退款率**：统计日期支付 n 天内产生的退款金额/统计日期支付金额，主要计算1天、7天、15天等周期的退款率。n 天内金额退款率需要延迟 n 天计算，在大型促销活动时也会高很多，金额退款率比退款金额比更能直观反映活动效果。

退货/退款行为建议主要采用 n 天内金额退款率指标跟踪，但如果是当天交付的业务（例如奶茶业务），一般使用退款金额/订单比的口径。

投诉、退货/退款问题等通过连线服务人员得到解决的行为都可以被称为咨询行为。此外，咨询行为还包括对产品信息的问询、对发货和优惠的问询等。咨询是一个宽泛的概念，是产品信息或者流程不满足消费者需求预期的体现，咨询比例高会拉高产品的服务人员成本，需要通过产品手段降低这个比例。常用的指标是万求比，计算公式为"统计周期内的咨询量/统计周期内的订单量×10 000"。

除了上面 3 类行为指标，日常分析工作还需要针对不同逆向流程进行统计，如催发货率、催退款率等。逆向行为指标也是依据流程设计的，对不同产品可以总结出对应的逆向流程合集，并有针对性地进行排序，按优先级进行处理。一般优先关注投诉率、退款率等有重大影响的指标，当数值基本稳定时，再关注万求比。

逆向行为是交付质量问题的表现，逆向行为指标的提高不一定是产品本身有问题，也可能是宣传和产品不匹配导致的与消费者预期不符问题。针对不同流程的环节设置对应的逆向行为指标，可以有效地避免增长转化等正向指标掩盖业务的问题，从其他角度对业务进行调整。

5.6　视频技术让线下业务拥有更多数据

由于技术限制，过往线下业务很难统计访客行为数据，即转化率这类的指标很难计算。传统线下业务主要评估成交金额和坪效相关指标。随着科技水平的发展，线下业务可以通过摄像头技术统计到店的人数或者店外的人流量等指标，做到统计指标与线上业务类似。线下业务早期都是人工记账，随着技术的发展，收银系统、会员系统、第三方支付系统逐步完善，企业可以收集到越来越多的数据。尤其是摄像头技术的发展，有助于确定每个消费者在某个产品前的停留时间，给线下业务提供了更多的数据来源。

下面重点介绍线下业务中特有的几个指标，如指标说明5-12所示。

> **指标说明5-12　线下业务中特有的指标**
>
> （1）**人流量**：通过摄像头统计每天经过门店的人的数量，由于线下门店的人流量基本固定，增长率会相对比较稳定。
>
> （2）**进店人数**：通过摄像头统计每天进入门店的人的数量，这个指标有助于优化门店布局、品牌宣传等。进店人数/人流量是常用于评估门店装修的指标。
>
> （3）**门店会员**：很多门店（如理发店）需要长周期蓄客，会推荐消费者充值、办理会员卡或者提供一种优化的会员权益，门店的会员数量可以代替线上的注册消费者数量。
>
> （4）**坪效**[①]：统计单位面积的销售产值，由于线下业务场所面积有限，为了优化产品布局等内容，坪效是评估整体门店效能的核心指标。

由于数据采集难度问题，很长时间内一直无法专门针对线下业务进行完整的统计分析。随着线上和线下融合发展的趋势，很多业务会将线下当作体验中心，引导消费者线上成交。这时候如何区分线下消费者和线上消费者来源是一件很重要的事情，精准的数据划分有助于准确地评估线上、线下渠道的效能，也能够带来更加准确的判断。而这类判断标准涉及营销管理在不同维度的归因分析，是日常处理起来十分麻烦的事情。

5.7　知名度与信任度正相关

业务知名度（也被称为品牌知名度），主要是指消费者认知品牌的程度。品牌知名度越高，消费者在特定需求场景中优先想起这个品牌的可能性越大。有分析报告表

---

① 坪效是非常重要的指标，它不属于营销管理表。为了方便说明线下业务指标，将坪效放在本节。对应的线上业务指标有店效、坑产等，可用于描述资源环境的效能。

明，在消费者心中品牌的知名度与对品牌的喜爱程度大体一致，而人们对某一品牌的喜爱程度是影响其购买决策的重要因素。日常生活中消费者会对耳熟能详的品牌抱有一定的信任感。

品牌知名度是传播的业务结果，主要采用问卷调研方法进行数据收集。问卷收集需要保证调研对象是随机抽取的，避免由于样本选择问题影响数据统计的准确性。品牌知名度可由**再认度**和**回忆度**来测定，而回忆度又可分为**辅助回忆度**和**无辅助回忆度**。具体指标如指标说明 5-13 所示。

指标说明5-13　品牌知名度指标

品牌知名度各指标的统计以问卷结果为主，计算方式为问卷中各个选项的被选择次数/总选项数，具体的选项条件会在各指标中详细说明。

（1）**再认度**：先提示消费者要测定的品牌或广告，然后提问是否知道这个品牌，并把消费者回答以百分比来表示。例如，你有没有听说过手机里面华为这个品牌？消费者回答是或者否即可。

（2）**辅助回忆度**：在有品牌提示的情况下，能够鉴别那些听说过的品牌，辅助回忆度以百分比来表示。例如，你在买手机的时候，销售员问你知道如下哪些品牌：a. 华为 b. 小米 c.vivo d.OPPO。这就是选择题类型，将多个品牌一起进行展示，也可以用于竞争分析。

（3）**无辅助回忆度**：在不提示品牌的情况下鉴别记忆中的品牌，无辅助回忆度以百分比来表示。例如，你在买手机的时候，销售员问你了解哪些品牌？这就是填空题，如果目标品牌出现在选择中，那么分子 +1。

无辅助回忆度可以依据答案的顺序和答案的个数演化出另外两个指标。

第一无辅助回忆度：无辅助回忆度问题答案次序在第一的品牌回忆度，如果目标品牌出现在答案的第一位，那么分子 +1。

唯一无辅助回忆度：无辅助回忆度问题答案当且仅当只有一个答案的时候的品牌回忆度，如果目标品牌出现在答案的第一位且只有一个答案，那么分子 +1。

第一无辅助回忆度与销售强相关，可以作为业务知名度的主要监控指标。人有记忆曲线，第一无辅助回忆度要求企业持续不断将业务曝光在消费者面前，这也决定了频繁进行广告投放是传播的正确做法之一。

通过这些指标的组合，品牌知名度可以分为如下 4 个等级，品牌知名度等级说明如表 5-1 所示。

表 5-1 品牌知名度等级说明

品牌等级	再认度	辅助回忆度	无辅助回忆度	第一无辅助回忆度	唯一无辅助回忆度
白牌	低	低	—	—	—
知名品牌	—	—	中	—	—
寡头品牌	—	—	高	高	—
垄断品牌	—	—	高	高	高

由于信息传播效率和产品形式的不同，不同业务依赖的重点资源不太一样。传播速度快且差异化程度低的产品需要重点关注品牌知名度，依赖的重点资源为资本；传播速度快且差异化程度高的产品重点关注关键核心竞争力的宣传，追求消费者的认可度；传播速度慢的产品重点关注逆向发生率和复购率。由于互联网行业信息传播速度快且服务差异化很难体现，所以知名度是其核心指标。通过资本助力传播，形成短时间、高频率、广覆盖的传播方案，可以快速提高品牌知名度，进而获取大规模的消费者，最终在形成细分市场后赚取超额利润是互联网企业常用的手段，这也是企业需要大量融资的根本原因。品牌知名度的作用在互联网业务体现得淋漓尽致。

提高品牌知名度不需要消费者了解品牌价值，主要体现在传播范围和效率两方面，主要有如下 3 种方式：

（1）高频率的持续性广告曝光、媒体展示；

（2）用容易联想记忆的俗语替代平铺直叙的广告内容，加快信息传播；

（3）承诺效果或者利益点，加强定位。

业务知名度是否越高越好？并不是。俗话说"好事不出门，坏事传千里"，无法保证产品质量时，尽量减少广告投放，因为一次爆发的舆论事件对业务来说可能就是致命的打击。在保证产品质量的前提下，业务知名度才有意义，当产品质量不能满足消费者需求时，业务知名度越高，对业务的伤害就会越大，业务知名度和产品质量应该匹配。

5.8 企业和消费者关系在第几层

除是否具有付费因素外，企业与消费者的交互行为和人与人之间的社交并没有本质区别，一般人际关系需要经历如下 4 个阶段。

(1) 认可阶段：交往对象知道你是什么人，也了解你的基本背景，愿意和你建立关系。

(2) 推荐阶段：交往对象愿意推荐你去他的社交圈，将你介绍给他的新朋友认识。

(3) 忠诚阶段：交往对象能够在做选择时，坚定地选择你这一方。

(4) 维护阶段：交往对象在你犯错的时候可以容忍你，并且和你共同维护你们的关系。

和人际关系一样，企业（品牌）与消费者的交互关系也需要经历 4 个阶段，也被称为品牌认可的 4 个层次。

(1) 第一层是品牌满意：消费者对品牌的产品价值主张是满意的。

(2) 第二层是品牌推荐：消费者愿意推荐品牌的产品到他的社交圈。

(3) 第三层是品牌忠诚：消费者在相同需求下偏向于选择品牌的产品。

(4) 第四层是品牌信仰：消费者在产品出现问题的情况下愿意维护品牌，消费者与品牌形成利益共同体。

除了促进销售，品牌的目标还有品牌忠诚。让消费者持续进行交互，提高品牌认可度也是企业的长期目标之一。品牌认可度指标主要通过问卷调研得到，但随着互联网技术的发展，线上系统能够跟踪更多消费者的真实动作，通过对线上消费者行为的跟踪，可以挖掘更加真实、客观的数据指标，弥补问卷调研的缺点。在日常工作中，应优先选取线上数据进行跟踪。

基于品牌认可的 4 个层次，分别设计如下内容进行跟踪。

品牌满意又称消费者满意度，通常通过一个简单问题来衡量消费者对品牌的满意程度，具体指标如指标说明 5-14 所示。

指标说明 5-14 消费者满意度指标

消费者满意度问卷形式一般有以下 3 种类型。

(1) 0-1 制：你喜欢这个品牌吗？回答"是"或"否"。

(2) 10 分制：你给这个品牌或产品打多少分？1～10 分。

(3) 5 分制：你对这个产品和品牌是否满意？非常满意 5 分，满意 4 分，一般 3 分，不满意 2 分，非常不满意 1 分。

消费者满意度计算方式为总分除以问卷数。

0-1 制能够明确表达消费者意愿，但是对具体的满意程度表现不明显。由于不同的人对 10 分制的理解不太一样，对于同样的 7 分很难判断其是满意还是不满意，10 分制使用得较少。5 分制又称消费者满意指数（consumer satisfaction score，CSAT），是衡量消费者满意度比较常用的指标。这几个指标呈现明显正相关关系，选择哪个都可以，付费率和回访率也能部分反映品牌认可情况。

品牌推荐是指消费者愿意主动向其他相关人员推广品牌，愿意为品牌提供支持。品牌推荐是以消费者信任为基础的，这个行为需要消费者承担一定的人际风险，能达到这一层的业务基本都让消费者体验过惊喜时刻。以下两个指标可以衡量品牌推荐度，如指标说明 5-15 所示。

指标说明 5-15　品牌推荐度指标

（1）**净推荐值**（net promoter score，NPS）：该指标由美国贝恩咨询公司的弗雷德里克·赖克尔德（Frederick Reichheld）设计并发布。净推荐值是一种通过测量消费者的推荐意愿，从而了解消费者的忠诚度的方式。净推荐值通过一个简单问题来衡量消费者对产品或服务的体验与评价。例如，"请问你有多大意愿将我们的产品/服务推荐给你的亲朋好友？10 分表示'几乎一定会'，0 分表示'绝对不会'，请问你打几分？"，即让消费者根据愿意推荐的程度打分，并根据打分情况来区分以下 3 种消费者。

推荐者（打分在 9～10 分）：对品牌具有极高忠诚度的人，他们会继续购买并推荐给其他人。

被动者（打分在 7～8 分）：对品牌总体满意但并不狂热，将会考虑其他竞争对手的产品。

贬损者（打分在 0～6 分）：对品牌并不满意或者对企业完全没有忠诚度。

净推荐值计算公式为净推荐值 =（推荐者数/总样本数）×100% -（贬损者数/总样本数）×100%。

（2）**推荐率**：消费者主动分享产品功能到社交媒体或者其他媒体的比例，计算公式为推荐率 = 推荐消费者数/活跃消费者数。一般推荐率数值较小，日常工作中可以计算万人推荐数，即每一万个活跃消费者中使用推荐功能的消费者数量。

净推荐值体现的是意愿而不是情感，相应问题对消费者来说更容易回答，相比于消费者满意指数，这个指标更为直观。净推荐值直接反映了消费者对企业的忠诚度和

购买意愿，在一定程度上可以反映企业当前和未来一段时间的发展趋势和持续盈利能力。不同行业的净推荐值判断标准是不太一样的，一般净推荐值在 50% 以上代表消费者对品牌的感觉较好，净推荐值在 70%～80% 则证明品牌拥有一批高忠诚度的消费者。净推荐值是衡量消费者意愿的指标，但意愿和实际行动会有较大的差异。相较于净推荐值，推荐率指标有如下优点：第一，推荐是消费者客观发生的行为；第二，推荐率可以每天统计，数据产出周期短。推荐率的缺点也非常明显：容易受分享等活动影响，指标表现不太稳定。在使用推荐率指标做跟踪时，需要避免开展"推荐拉新"等活动。净推荐值和推荐率可以结合起来看，一般两者呈现明显的正相关关系。

品牌忠诚具体表现为消费者会持续购买品牌的产品，同时也表明品牌消费在消费者消费中的份额逐步加大，衡量品牌忠诚度的指标主要有钱包份额和消费者费力指数（customer efforts score，CES），如指标说明 5-16 所示。

> **指标说明 5-16　品牌忠诚度指标**
>
> 　　消费者对企业产品的净推荐值和推荐率高，不代表对其他产品的推荐度就低，消费者意愿没有排他性。净推荐值指标很难与销售额建立明显的关系，但是消费者对某个品类的消费金额分配就具备明显的排他性，例如 100 元可以用来买这个品牌的产品，那么就不能用来买其他品牌的产品，计算这个品牌占消费者需求品类的钱包份额就具备了明显的意义。由于很难直接让消费者回忆具体品类的消费金额和每个品牌消费金额的占比，需要采取其他相对主观的反馈数据计算钱包份额。
>
> 　　（1）**钱包份额**：消费者在某一个产品上花费的钱与其总开销的比率，消费者在对某个品类的需求中品牌占据的钱包份额越多，表明消费者对这个品牌忠诚度越高。一般有两种方式可计算钱包份额。
>
> 　　一种是简单的钱包份额算法。通过一个简单的问题——"如下×××品牌在你的×××消费中占比是多少？A. 71%～100% B. 50%～70% C. 30%～50% D. 10%～30% E. 10% 以下"计算 A 和 B 选项在问卷中的占比。
>
> 　　另一种是钱包分配法则。钱包分配法则是美国营销计量公司副总裁蒂莫西·凯宁汉姆（Timothy Keiningham）通过分析得到的经验公式。通过公式可以计算出每个品牌的经验钱包份额（非真实份额），计算过程可分为以下 3 步。

第一步：确定分析的产品品类中消费者使用的品牌数量。

第二步：对消费者进行调查，掌握他们对各个品牌的满意度得分，将这些分数转化为排名，如果相同则取中间值（第一名和第二名相同都取1.5）。

第三步：套用公式计算钱包份额。计算公式为钱包份额 = [1 − 排名/（品牌数量 +1）] × (2/品牌数量)。

（2）**消费者费力指数**：该指数也是通过一个简单的问题（"你在多大程度上同意表述'商家高效地解决了我的问题'"）来收集消费者对品牌产品的使用评价。该问题采取了7分制，从"非常不同意打1分"到"非常同意打7分"，分数越高代表费力度越低，消费过程越轻松。计算公式为消费者费力指数 = 总得分/总样本数量。

消费者费力指数理论认为一个产品能更高效地解决消费者需求，消费者就会持续性使用该产品。相较于消费者费力指数，笔者更建议使用钱包份额作为衡量品牌忠诚度的指标。

当前暂无很好的指标可以衡量**品牌信仰**，企业主要需要避免逆向舆论事件的发生。当企业出现突发事项的时候，一般会同时出现以下3类角色。

- 贬低者：会贬低品牌。
- 旁观者：不发表评论。
- 维护者：会维护品牌并且持续使用。

随着自然语言处理技术的发展，采集与对突发事件的正向评价和反向评价相关的数据成为可能，分析师可以通过挖掘社交媒体话题信息，借鉴净推荐值的设计思路，将正向维护者数量与逆向贬低者数量的差值作为品牌信仰衡量指标，这也是网络舆情系统的第二项能力，但企业仍然需要避免逆向舆论事件发生。

消费者对品牌认可就可能愿意帮助品牌进行推广，企业将被动接受传播者转化为主动分享者。这能够有效地降低品牌营销费用，并且逐步提升品牌市场份额，品牌认可度是业务持续性发展的基础。消费者分享行为需要消费者主动发起，而不应该是受到利益吸引发起的。企业需要的是高质量的消费者，而不是为了小利益传播的工具。净推荐值、消费者满意指数和消费者费力指数并称消费者体验的三大指标，主要通过问卷调研进行数据收集，指标的有效性受限于问卷形式。随着互联网产品工具的完善，可以将三大指标的数据采集集成到产品体验流程，将问卷内容聚焦化且轻量化，一方面可以缩短消费者填写问卷时长，另一方面可以提高主动回答的比例，使数据更加可靠。

5.9 "四率二度"优化追求帕累托最优

"四率二度"是营销管理的评估和修正框架,这套框架能够平衡业务短期目标和长期目标。在业务发展的不同阶段,会重点追求某方面指标的增长,但某方面指标增长的代价不应是其他方面指标下降。"四率二度"框架追求在大多数指标不变的基础上,重点指标的帕累托最优。如果业务增长率提高以消费者投诉率提高为代价,那么就不代表业务经营能力的提升,也不代表商业判断的成立。企业不应追求"四率二度"全面开花,本质原因仍然是资源有限,应遵循压强原则,构建差异化的 VRIN 能力。在保持其他指标在合理范围内的基础上,追求少数指标的快速突破是业务低风险运作的正确选择。

"四率二度"框架可以通过数据源系统的同步,利用大数据计算平台,定时生成对应的报表,提高数据指标的生成速度和稳定性是 OODA 循环的要求。其中**业务增长率、流程转化率、消费者回访率、逆向发生率**等数据源属于业务数据源,业务数据源同步到大数据计算平台的难度不大,是分析师常用的数据源,也是容易实时或者按 $T+1$ 天生成的指标集合。**业务知名度**需要通过问卷收集数据,得益于 VOC 系统中问卷工具的完善,企业可以借助线上问卷,利用 API 方式让数据回流到数据系统。业务认可度可以通过线上产品的改造,将问卷融合到产品流程中,并通过数据回流到数据系统。信息化和数据生产的自动化流程,有助于大量减少人工处理的工作量,让数据计算以离线任务的方式进行,至少保证 $T+1$ 天的数据可视化。

"四率二度"以指标的形式存在,但只有指标没有维度没办法成为数据体系。维度(dimension)是事物或现象的某种特征,常见的维度有时间、地域、性别等。指标(metric)是用于衡量事物发展程度的单位或方法,常见的指标有支付金额、会话数等。依据 4P 理论,企业需要构建以下 5 种维度的数据体系。

- **产品维度**:按产品进行观察,包括品类、包装、口味、门店等细分维度。
- **价格维度**:按价格进行观察,通过将价格分层,查看不同价格区间的数据表现。
- **分销渠道维度**:按分销渠道进行观察,包括线下经销商、线上电商平台等细分维度。
- **传播渠道维度**:按传播渠道进行观察,包括不同媒体的数据表现等。
- **消费者维度**:按消费者进行观察,包括新老消费者或各类消费者画像维度。

原则上每一个维度都可以细化到"四率二度",但由于数据基建和工作量等问题,一般只对"四率"进行维度细分，对"二度"进行全盘跟踪，这也形成通用的营销管理表产品体系，具体可分为以下两种表。

（1）总表：业务管理大盘表。

（2）附表：产品管理表、渠道管理表、传播管理表、品牌管理表。

有了维度和指标后就需要对产品进行可视化，对应业务分析中的营销管理指标体系、财务管理指标体系、供应管理指标体系的可视化产品被称为商务智能系统（将在第 10 章进行详细说明）。商务智能系统是分析师经常接触的数据系统，是日常工作中获取提前计算完成的指标数据的主要渠道。

本章主要介绍通过"四率二度"框架，构建常态化的数据跟踪体系，结合营销管理判断，做好常态化修正工作。营销管理指标体系是分析师最常接触到的数据表。分析师通过对不同维度的数据趋势细分对比，可以验证营销管理初始假设是否正确。如果现实中的数据表现不符合营销管理假设，就需要依据营销管理指标体系数据表现重新进行 STP 分析与 4P 分析。

营销管理理论、分析方法、指标体系的内容到此结束。基于 STP 分析与 4P 分析，为目标人群设计具有针对性的策略是企业通用做法，但市场是公平的，非 VRIN 能力极其容易被复制进而让企业失去竞争优势。如何基于企业能力设计一套具备差异性且复制难度较大的商业模式就是接下来十分重要的问题。商业模式是营销管理细节的补充，二者配合使用。

5.10 常见问题解答

问题 1：日常工作中跟踪的指标是越多、越细越好吗？

回答：人的信息处理能力是有限的，指标越多，判断的复杂性就越强。建议在"四率二度"每种类型的指标中选择 1～2 个跟踪，并针对现阶段重点指标进行详细拆解。如果付费转化率是现阶段的核心，可以重点跟踪"付费转化率 = 访客数 × 下单率 × 支付率"公式中的指标。日常工作中分析师要关注重点，并且保证数据的全面性，需要的时候有地方查询即可。

问题 2：怎么看待"商业分析师的工作内容就是解答数据为什么升、为什么降、为什么不升不降"这句话？

回答：这是商业分析岗位只能接触数据而不涉及业务逻辑假设的环境现状导致的

无奈结果。数据无法形成假设,如果不接触业务逻辑和消费者,单纯对数值进行细分分析,最后的确只能解答数据为什么升、为什么降、为什么不升不降等问题。

问题 3:我发现有的企业的客服人员权限很大,而有的企业的客服人员基本没有什么权限,体验数据缺乏实际应用场景,怎么看待这个现象?

回答:出现这种现象的原因是不同企业的管理思路不同。现实环境中有两种管理思路:一是关注正向结果的管理思路,二是关注逆向过程的管理思路。关注正向结果,以结果数值目标层层下压,让其他职能为目标让步是大多数企业的管理做法,这种管理做法的结果大多是企业数值目标完成得非常好,但伴随而来的是企业风控和消费者满意基本不存在,容易出现贪腐、造假等问题。关注逆向过程讲究的是过程沉淀,关注日常的能力建设、对消费者需求逐步满足的过程。这类企业业务增速可能并不快,并且需要有较强的定力,但其拥有较强的战斗力。两种思路做法不同,基本很难兼容,企业目标不同,选择的管理思路也不一样。

问题 4:我是一个偏向消费者分析的分析师,日常工作中经常观察消费者画像的变化情况,但是不明白做消费者画像的意义是什么,尤其是在做消费者分层时确定忠诚消费者后就不知道怎么落地了。这一个问题该如何解决?

回答:所有的数据都是结果呈现,消费者画像数据也是结果呈现。结果数据最主要的作用是验证假设和预测。消费者画像数据第一个作用是验证细分市场选择的假设判断,第二个作用是基于现有的画像数据,为新产品或者市场定位错误的产品提供调整依据。此外,很难对画像数据做更多的要求。在日常工作中,大多数分析师容易陷入一个误区,认为通过对画像数据的整理分析形成一个忠诚消费者的口径,让业务方按这个口径提高忠诚消费者的比例的做法是符合企业目标的,这种误区究其根本仍然是犯了将价值判断直接作用在事实上的错误,现阶段消费者结构是在企业所有产品和服务共同作用下形成的,如果想对已形成的消费者结构进行优化,需要对整体产品结构进行调整,这就不仅仅是数值结果改变,而是企业经营目标和策略改变。某企业规定了年消费金额超过 10 000 元的消费者为忠诚消费者,并且要求业务人员提高这类消费者的比例,最后带来了两种不好的结果:一是在有限的资源下,重点服务有消费潜力的消费者,其他消费者体验变差;二是捆绑销售其他产品或通过降价方式提高产品购买率。这两种做法都容易造成数值结果与企业目标的背离。

第 6 章

商业模式与企业能力要求

2014年左右是大众创业的热门时期，市场上资金充足，能够支撑大量的业务试错。在那几年，"商业模式"是热点词汇，同时是大家都讲但都讲不清楚的一个词，目前产业也没有对"商业模式"的共识定义。本章从商业发展历史来介绍这个词语的内涵，寻找可以替代的定义清晰的词组进行说明。

随着生产力和存储技术的发展，人们有了剩余资源，通过剩余资源的交换来获取所需，这是商业的开端。刚开始仅仅存在物物交换形式，产品种类较少，产品的信息仅仅存在于交易双方。随着生产力的进一步发展，社会化分工逐步开展，尤其是货币的出现，让商人这种特殊的职业出现。最初，商人主要是移动的，古代称呼为"行商"，他们带着多种产品流动售卖，这时候产品的种类和信息的交换规模相比点对点的物物交换得到了扩大。接着，出现了固定的商铺售卖产品，固定商铺的产品种类和信息比行商更丰富，这种有固定商铺的商人在古代被称为"坐贾"。随着商铺规模逐步扩大，出现了现代大型超市的雏形。

"行商坐贾"模式形成后，两种革命性的技术出现，使商业的范畴快速扩大。

（1）纸张的规模化生产。由于"行商坐贾"需要摆放产品，受空间所限，能够摆放的产品种类非常有限，在这种模式下，坪效就成为非常重要的产品选择指标。为了优化坪效，会将产品数量控制在一定的范围。随着纸张的规模化生产，形成了产品的第一次数字化。通过在纸上记录产品的规格或者打印照片等行为，将纸质宣传材料推广给消费者，消费者需要的时候到店购买或者托人购买成为可能，很多产品就不需要摆放在门店中，可销售的产品种类就进一步丰富，目录销售模式初现雏形。因此，纸张的规模化生产促进了产品信息的传播。

（2）**互联网技术的成形**。纸张是物理载体，虽然纸张相较于门店承载的产品种类更多，但还是有承载的上限。互联网技术成型后，一个网站理论上能承载的产品信息是无限的，对产品的第二次数字化就正式开始了，消费者可以直接在网络上选择想要的产品，然后产品通过物流等形式送到消费者手上。因此，互联网技术的发展极大地提升了产品的信息储备水平。

商业的发展是由产品生产力和信息交换能力的逐步提升而驱动的，并且随着信息交换能力的进一步提升，产品的私有信息会逐步透明，产品趋于同质化，企业陷入价格竞争。为了避免陷入低质量的价格竞争，有些企业通过提供差异化的信号（包括免费、试用等营销方式），获取差异化的竞争优势，而其中成功企业的经验也成为商业模式的经典案例。笔者认为商业模式是指企业通过自身核心能力的不同，在竞争激烈的市场环境下，为追求持续的竞争优势而主动选择的差异化营销模式。

差异化营销模式是企业能力不同的体现，也带来了不同的盈利模式。商业模式分析的核心是商业模式蕴含的能力要求和对应的盈利模式分析。盈利模式指企业的收入结构、成本结构以及相应的目标利润，对应的公式也很简单：利润 = 收入[①] − 成本[②]。

企业的目标是长期利润最大化。利润是盈利模式的结果体现，收入获取和成本控制是盈利模式的核心管理过程，不同的收入获取和成本控制过程也伴随着不同的经营风险。**收入获取、成本控制、经营风险、能力要求**是商业模式分析的关键词。在上述关键词的指导下，可以建立商业模式的分析框架。

- **收入**。收入 = 消费者规模 × 人均贡献收入。收入的增长受两个变量共同驱动，一个是**消费者规模**，另一个是**人均贡献收入**。不同商业模式都是优先通过一个变量进行突破，然后逐步提高另一个变量。而消费者规模也代表着需求量，价格是影响需求量的关键要素，这也决定了价格感知是商业模式设计的核心。
- **成本**。成本 = 固定成本[③] + 可变成本。固定成本是指成本总额在一定时期和一

[①] 收入是企业为消费者提供产品和服务过程的经济利益的货币表现。
[②] 成本是企业为消费者提供产品和服务过程所费资源的货币表现。
[③] 固定成本只有在一定时期和一定业务量范围内才是固定的，如业务量的变动超过这个范围，固定成本就会发生变动。固定成本的高低是相对概念，并不是绝对概念。例如，互联网企业服务器投入大于面包店，我们不能就说互联网企业是重资产模式，面包店是轻资产模式。在现实环境中，重资产模式没有明确的定义，我们只能通过比较来理解。

定业务量范围内,不受业务量增减变动影响而能保持不变的成本。变动成本指支付给各种变动生产要素的费用,这种成本随产量的变化而变化。固定成本投入占比高的模式被称为重资产模式,固定成本投入占比低的模式被称为轻资产模式。在商业模式设计中,如何规划资产运作模式是一个核心问题。重资产模式和轻资产模式一直是互联网讨论的热点,主要表现在经营风险的比较上。

- **风险**。任何模式都具备风险,对商业来说,除了经营利润,还需要衡量杠杆对经营的风险。杠杆代表企业在销量增长或下降时,影响利润的程度,既表示企业经营良好情况下带来的正杠杆效应,也表示企业受竞争影响规模下降带来的负杠杆效应。杠杆主要以经营杠杆系数[①]指标来衡量。经营杠杆系数指息税前利润(earnings before interest and taxes,EBIT)的变动率与销量变动率的比值。经营杠杆系数体现息税前利润变动和销量变动之间的关系,经营杠杆系数越大,经营杠杆作用和经营风险越大。企业如果没有固定成本,那么所有成本都是变动的,经营杠杆系数就等于1。由于固定成本的存在才造成息税前利润变动率高于销量变动率的现象,一般来说重资产模式的经营杠杆系数高于轻资产模式,这也代表着重资产运营利用杠杆的效益大于轻资产运营。经营杠杆系数一般用于在利润为正的情况下对企业风险进行监控。[②]
- **能力要求**。商业模式往往伴随着风险,有风险就需要风险控制,有风险控制需求就需要企业具备相应能力。商业模式的发展过程也是企业控制风险的过程,商业模式的难以复制性往往依托于企业控制风险的 VRIN 能力不同。

本章主要是通过分析经典的商业模式案例,利用商业模式分析框架,尝试探讨商业模式的能力要求。商业模式分析是对营销管理分析的补充,是在通用 STP 分析和 4P 分析框架下对不同企业持续性竞争优势的分析。通过对比商业模式能力要求和企业现有能力,补齐企业不足之处是商业模式分析的目标。价格是市场的指挥棒,本章内容以价格为主线,结合企业案例,总结商业模式背后的企业能力要求。

6.1 消费者用时间和信息付费的免费模式

免费模式主要是指企业通过大量售卖价格为 0 元的产品,快速扩大消费者规模,

---

① 经营杠杆系数高低只反映企业的经营风险大小,不能直接代表其经营成果的好坏。
② 经营杠杆系数在利润为负的情况下,可以依靠绝对值提供一定的参考价值,但作用并不大。

并且以其他形式获取利润的方式。现阶段国内几大互联网企业基本都是以免费模式开始发展的。例如，腾讯的社交软件、百度的免费搜索、360 的免费杀毒等。从商业诞生以来，免费便是一种有力的促销手段，免费产品的转化率是一分钱产品的数十倍，免费和付费的差异性在转化率方面体现得淋漓尽致。随着互联网的发展，免费模式好像成为一种正确的逻辑，这是一种极度危险的信号。由于企业的目标是获取盈利，产品的开发需要成本，如果无法从正常销售中获取利润，那就需要想一想：消费者本身是否已经成为产品？

在假设产品质量和服务基本同质的基础上，本节应用分析框架对免费模式与常规付费模式[①]进行对比说明，如说明 6-1 所示。

说明 6-1　免费模式分析说明

（1）收入模型

消费者规模：免费消费者的规模增长快。

人均贡献收入：免费消费者人均付费金额为 0 元。

（2）成本模型

固定成本：免费模式的转化率远高于常规付费模式，产品的固定成本稳定，单位销量的营销成本比常规付费模式低。

变动成本：软件复制费用基本为 0，实物产品变动成本一致。

（3）风险

消费者规模增长带来利润的负向增长。

免费模式本身没有收入，但又存在固定成本。企业需要有足够的储备资本才能让业务稳定运转，为了降低经营风险，企业在应用免费模式时，其重心基本都放在分析额外收入上，企图挖掘更多可能的收入点。免费模式的额外收入点包含广告、增值服务、金融服务和其他消费者付费。

- **广告**指网站的所有者提供了一些内容和服务来吸引访问者，通过在其网站上加入广告投放者的推广素材，从而收取广告费、获取利润。典型案例为谷歌，

---

① 付费模式指的正常商家卖一单赚一单的模式，如果一个产品的正常价格是 1 元，那么商家按 0.9 元的价格售卖的模式被称为平价模式，商家按 1.1 元的价格售卖的模式被称为品牌模式，商家按 1 元的价格售卖的模式被称为常规付费模式。

从 2021 年谷歌的财报数据中可以发现，谷歌 81.2% 的收入来源于广告，广告收入主要来源于 AdSense 和 AdWords 广告产品。与大多数免费产品不太一样，谷歌的主要产品体验和效果明显高于其他参与者。通过免费提供高质量的产品，谷歌获取了大量网络行为数据，并且通过大数据计算，匹配第三方的广告投放计划，从而提升广告的效果，以此获取大额的收入。

- **增值服务**指根据消费者需要，为消费者提供超出常规服务范围或者采用超出常规的服务方法提供的服务，如提供"免广告"、解锁一些新的功能等形式。典型案例为百度网盘，2020 年，百度网盘的用户规模突破 7 亿，百度网盘 App 市场占有率高达 82.9%。在占据足够的市场优势后，百度网盘便开始寻求商业化变现，先后推出了付费会员、付费超级会员、看广告得下载券等多项增值服务。在消费者开通会员甚至超级会员后，下载速度会立马飙升。

- **金融服务**指为消费者提供借贷、理财、保险等服务。免费模式可以积累大量的消费者数据，在风险控制要求较高的金融领域可以提供较好的风险控制模型，使得在这类模式中提供金融服务成为可能。目前市面上很多 App 都提供金融服务的入口，有些是本企业的金融产品，有些则是第三方金融产品。典型案例为支付宝，2020 年 8 月 25 日，支付宝的母公司蚂蚁科技集团股份有限公司向上交所科创板递交上市招股说明书（申报稿）。招股说明书显示，金融服务收入占蚂蚁集团收入的比例超过了 60%。

- **其他消费者付费**指一部分人免费使用产品，另一部分为此支付费用的一种模式，这种模式在线上和线下都非常流行。例如婚恋网站一般对女性消费者免费，男性消费者付费；又如招聘网站一般对求职者免费，企业招聘者付费。因此，免费使用产品的消费者信息在本质上是付费使用产品的消费者的产品。

免费模式的本质是交叉补贴，其思路是通过有意识地免费提供一种产品，达到促进销售其他产品的目的。现阶段互联网产业宽口径下的广告收入占互联网整体收入比例达到 80% 以上，广告模式的主要盈利产品就是消费者的数据。消费者数据具有很强的规模效应，数据越能全面、精准地刻画一个消费者，广告、金融服务转化率就越高，因此，免费产品天然具有数据收集的需求。为了保证数据时效性和多样性，企业会花费大量费用在消费者的拉新和维护上，在免费模式下，消费者的信息收集导致变动成本会成为企业前期最大成本支出。除增加额外收入、减少亏损外，降低消费者信息收集成本是免费模式降低经营风险的重要方法,这就要求免费产品需要有较强的宣传推广能力。

免费模式以消费者数据为主要产品,但不代表所有产品都能使用免费模式。以广告为例,广告模式成立需要同时满足两种条件,一是数据信息和种类多,二是数据有效性强,这两种条件对免费产品提出以下4个要求:

(1)产品能满足的消费者需求的覆盖范围广;
(2)消费者使用产品的频次多;
(3)消费者数据的精准性高;
(4)消费者的付费能力强。

第一个和第二个要求决定了小众的互联网产品比较难通过数据进行变现,结合需求层次理论,满足前两个要求的需求一般都属于生存需求,如衣食住行、娱乐、沟通交流、信息获取等需求。

第三个和第四个要求是广告付费方的要求,付费方为了保证广告效果,就需要广告平台具备对消费者意图的准确刻画能力,并且需要广告对象具备一定的消费能力。不满足第三个要求是大多数免费产品无法形成广告规模化的原因,这时候比较好的做法是将数据共享给大平台,通过数据融合让大平台协助变现,这就是 AdSense 的逻辑。不满足第四个要求是大多数劣质产品无法形成规模化收入的原因,如果免费产品能力明显落后于付费产品,就有可能被付费产品通过促销方式将高消费能力的消费者转移,导致免费产品消费者的付费能力较差,进而影响广告付费方的付费意愿。不是所有的免费产品都能够变现成功,好的免费产品的体验一般都不弱于甚至强于付费产品,这样才能持续吸引更多的具备消费能力的消费者。

从免费模式的案例中总结[①]来看,应用免费模式的企业至少需要具备以下4种能力:
(1)不弱于付费产品提供商的产品研发能力;
(2)强大的渠道推广和传播能力;
(3)充足的资金储备;
(4)强大的信息处理和数据变现能力。

免费模式是消费者用时间和自身信息作为付费条件的模式,企业通过这些信息的

[①] 在免费产品的广告模式中,可以将对消费者信息的投资视为变动成本投资。这类模式的经营杠杆率低,企业需要尽可能地增加消费者规模和消费者停留时长,这也是互联网产品的常用做法。由于经营杠杆率低,只有消费者规模形成存量规模后,盈利才会比较稳定。

二次收费盈利。免费模式的成功概率很低,但是高风险意味着高回报,成功应用免费模式的互联网企业极易形成细分市场垄断[①],垄断收益能进一步提高模式收益。关注收益的前提是避免风险,为了降低免费模式的风险,企业在前期需要大量融资,保证能够持续经营到盈亏平衡。在现实环境中,不会仅对免费产品设置一种变现模式,大多数情况下同时存在广告、增值服务和金融服务等模式,这也是为了降低风险。但过度变现会逐步影响消费者体验,最后造成消费者流失,免费模式下平衡商业化和消费者体验是保障企业长期生存的核心。

6.2 用补偿心理实现高转化的试用模式

试用模式[②]指通过试用装或试用期等方式,先让消费者免费体验产品,然后让消费者决定是否购买的模式,常见于专业软件服务和长周期使用的实物业务(如化妆品、车辆)。传统销售模式是先让消费者对产品产生兴趣,付费后才能体验完整产品和服务,付费后发现货不对板的成本由消费者承担,无形中也提高了消费者决策成本。而试用模式通过让消费者提前免费体验完整产品和服务,通过产品和服务本身吸引消费者付费。

试用模式是主要利用心理学上的互惠原理设计的商业模式。互惠原理是指用类似行为来回报他人为我们所做的行为,可以让人们答应一些在没有负债心理时一定会拒绝的请求,即俗话说的"拿别人的手短,吃别人的嘴软"。典型的例子应该是在一些水果连锁店里,经常有试吃的水果免费提供给消费者。店家并没有要求消费者只要吃了就得买,只是很多人在试吃完后,都不好意思空手离开,或多或少都会买一些水果。

本节在假设产品质量和服务基本同质的基础上,应用分析框架对试用模式与付费模式进行对比说明,如说明 6-2 所示。

> **说明 6-2 试用模式分析说明**
>
> (1) 收入模型
>
> 消费者规模:以免费试用推广为主,可使消费者规模快速增长。
>
> 人均贡献收入:最终付费消费者贡献的收入与无试用情况下基本一样。

---

① 细分市场垄断不一定代表规模大,不同细分市场的规模是不同的。
② 试用模式与免费模式最大的区别在于试用模式不会持续性地让消费者免费体验。

（2）成本模型

固定成本：试用模式与常规付费模式初期固定成本基本相同，正式产品单位营销成本受转化率影响，转化率高则营销成本低。

可变成本：软件复制成本为0，如果是实物产品，那么试用模式与常规付费模式的可变成本一致。

（3）风险

在试用模式转化率高于常规付费模式的情况下，利润风险低于常规付费模式；在转化率低于或者等于常规付费模式的情况下，利润风险高于常规付费模式。两种模式在盈利稳定后的经营杠杆率也视转化率而定。

试用模式主要通过免费试用，获取较常规付费模式更大规模的潜在消费者，利用互惠原理提高消费者的转化率。试用模式分析主要是分析试用成本和转化率提高带来的收益[1]的差值，这也决定了试用是开头，转化链路的设计才是试用模式的核心。试用模式典型案例为安利（Amway）和Adobe。

- 安利是一家总部位于美国密歇根州亚达城的家居护理产品企业。安利生产一种名叫"臭虫"（BUG）的免费试用套装，包括若干瓶家具抛光剂、清洁剂或洗发水及其他安利产品。销售员把"臭虫"留在消费者那里，不收任何费用，只是希望消费者试试这些产品，试用结束之后，业务员会返回取走产品。安利产品以浓缩型为主，消费者在几天的试用期内根本用不了多少，业务员会接着给下一家推荐。同时大多数业务员都会顺利拿到试用过该产品消费者的订单。

- Adobe解决方案是数码成像领域的成功案例。Adobe Creative Suite代表了下一代的设计和发布平台。该套装包括图像处理软件Adobe Photoshop、矢量图形编辑软件Adobe Illustrator、网页编辑软件Adobe Dreamweaver等产品。目前Adobe Creative Suite的每个版本都是可试用30天的完全集成的产品，消费者需要在30天内决定是否购买。Adobe的确是非常好的产品，在消费者体验后转化率很高。

试用模式在软件行业和化妆品、家居行业的应用比较广，试用模式通过互惠原理来提高正式产品的购买转化率，成功实施试用模式有以下4个基本前提。

---

[1] 收益并不仅仅指短期收益，因为很多消费者可能会延后购买，不同业务需要设计对应的转化周期。

（1）产品试用成本不能太高。试用成本分为产品的生产成本和产品的培训成本。成本过高会导致净利润风险加大，提高整体的经营杠杆率。

（2）产品体验要过关。由于最后仍然需要消费者付费，如果产品体验不过关，最后的消费者转化率也不会太高。

（3）体验周期要设置合理。对于软件试用周期的设置，可以设置为 1 天、7 天、15 天、30 天、60 天，不同周期的选择对产品的转化率具有重大影响。在过往项目中，笔者将产品的体验时长从 90 天缩减到 30 天，转化率数值直接提高一倍，收入增加几千万元。

（4）转化链路要强干预。消费者在试吃的时候有与没有导购员的转化率差异较大。在消费者试用周期内应适时地进行付费引导。

从试用模式的案例总结，应用试用模式的企业至少需要具备以下 5 种能力：

（1）不弱于或者超过同等价格的付费产品的产品能力；

（2）强干预的转化能力，例如独立的付费转化团队；

（3）强大的渠道和传播能力；

（4）良好的成本控制能力；

（5）如果产品是互联网软件，需要有防止被逆向破解的能力。

试用模式需要尽量区分临时需求和长期需求。非全职的系统架构师画架构图都是临时的需求，这时候免费试用市面上的画架构图的软件就可以满足需求，付费对临时需求来说不是必选项。

6.3 用技术绑定实现捆绑收费的搭售模式

搭售[①]模式是指在产品的构成当中有基础产品，也有附加产品，基础产品的价格很低，甚至处于亏损出售状态，而与之相关的附加产品则价格较高，是能够带来充分利润的模式，又称"钩与饵模式"。

搭售模式在市面上十分常见，如母婴产品中的"儿童奶瓶＋奶嘴""耳温枪＋耳帽"等。这类模式由于模糊了定价，产品在初始价格上会低于其他同类产品，在消费者购买基础产品时的转化率高，并且随着消费者的长期使用，这种模式的利润率水平会高于同类产品。

---

① 搭售是合理搭配销售附加产品与基础产品，不是通过市场地位或者其他手段强制捆绑销售其他产品的霸王条款，这两者有本质区别。

本节在假设产品质量和服务基本同质的基础上，应用分析框架对搭售模式与常规付费模式进行对比说明，如说明 6-3 所示。

> **说明6-3 搭售模式分析说明**
>
> （1）收入模型
>
> 消费者规模：由于产品定价较同类产品低，可以相对较快实现消费者规模增长。
>
> 人均贡献收入：视附加产品消费频率而定，附加产品消费频率低，人均贡献收入较低，附加产品消费频率高，人均贡献收入较高。
>
> （2）成本模型
>
> 固定成本：搭售模式与常规付费模式的固定成本初期基本相同。
>
> 可变成本：搭售模式与常规付费模式的可变成本基本相同。
>
> （3）风险
>
> 由于基础产品亏损经营或者低利润销售，如果附加产品的长期消费金额较高，就可以降低利润风险；如果附加产品的消费金额较低，利润风险就会高。随着搭售产品的销售规模增长，可较常规付费模式更快降低单产品固定成本，降低经营杠杆率，规模越大，经营杠杆率就越小。

搭售模式是通过售卖低价的基础产品，获取规模化的消费者，通过附加产品与基础产品的绑定关系，绑定销售高价的附加产品。高价的附加产品的利润增加能否补齐基础产品的利润损失是搭售模式分析的重点。搭售模式的典型案例为吉列剃须刀和雀巢咖啡。

- 吉列是搭售模式的发明者，是行业领先的剃须刀和刀片制造商，在美国市场占有率高达 90%。吉列的创始人在 19 世纪末期发现由于售价过高，传统的一把剃须刀加若干刀片组成的剃须套装产品难以被消费者普遍接受，于是他将吉列剃须刀单独贴本出售，从与剃须刀搭配的吉列刀片中来弥补剃须刀的亏损。一把吉列剃须刀一年下来平均需要更换 25 把刀片，而由于首次投入较低，大量来自刀片的收入让吉列利润飞速增长，这种收费方式也迅速被消费者所接受。

- 雀巢咖啡是世界上第一个速溶咖啡品牌，在国内，大家耳熟能详的太太乐、徐福记等也是雀巢旗下的品牌。搭售模式的经典案例就发生在雀巢的胶囊咖啡产品上。胶囊咖啡产品包含一台咖啡机和需要购买的咖啡胶囊，咖啡胶囊放进咖啡机以后就能够冲出一杯咖啡来。通过这个过程消费者在家很轻易就可以获得一杯浓缩咖啡。当胶囊咖啡产品诞生时，雀巢觉得这个产品一定会大卖。但产品走向市场以后，并未得到市场的强烈反响，它的销量不尽如人意。一直到 1988 年，雀巢将咖啡机的价格压到极低，让很多消费者都可以非常轻易地购买到。消费者一旦购买了咖啡机以后，就会不断地购买咖啡胶囊。在不断地购买咖啡胶囊的过程中，企业就从中获取了巨大的收益。

在搭售模式中消费者的价格敏感度极低，消费者觉得基础产品很便宜且附加产品单位价格又很低，那么就很容易接受这种模式。搭售模式是一种创新的模式，通过低价降低消费者对主要产品的价格敏感度，快速扩大消费者规模，通过消费者长期使用的高利润的附加产品盈利，类似的模式是订阅模式。但搭售模式也不是万能的，搭售模式的成功需要满足以下 3 个基本前提。

（1）基础产品不能落后于同类产品，不是所有基础产品通过降价都能售卖出去。搭售模型成立的前提是基础产品的售卖规模大，如果与其他产品对比具有明显劣势，产品的销售转化率就没办法提高，这时候附加产品利润的增加就比较困难，难以实现规模化增长。

（2）基础产品和附加产品需要有强的技术绑定关系，不能轻易出现通用化附加产品。以 Kindle 为例，亚马逊 Kindle 是由亚马逊设计和销售的电子阅读器。2023 年 6 月 30 日，亚马逊在中国停止 Kindle 电子书店的运营。Kindle 的主要经营模式就是硬件让利 + 知识服务盈利的搭售模式，硬件是几乎没有利润的 Kindle。由于 Kindle 导入图书十分方便，所以很多人放弃从商城中购买，而是直接通过计算机导入图书，这样使得整体模式没办法运转起来。与 Kindle 案例对应的成功案例为 Switch、PS4 等产品。

（3）附加产品的消费频次相对较高。虽然附加产品的利润率较高，但是单位产品利润额并不高，这就需要通过消费者多次购买弥补基础产品的亏损，极端情况下基础产品的亏损可能需要较长周期的附加产品的利润才能补齐。

从搭售模式的案例中总结来看，应用搭售模式的企业至少需要具备以下 3 种能力：

（1）较强的研发能力，能够建立基础产品和附加产品的技术绑定关系；

（2）较强的知识产权保护能力；

（3）良好的产品成本控制能力。

搭售模式不是一个完美的商业模式，主要是由于附加产品有被规模化的可能性。

以剃须刀刀片和咖啡为例，一旦市场上出现了兼容性产品就会使前期的投入全部亏损，尤其在具备全产业供应链的国内，附加产品被规模化的可能性更高，提高技术门槛或者申请专利是值得长期投入的方向。

6.4 用供应管理来实现低价的平价模式

平价模式指企业专注于提供基础功能（放弃冗余或高级的功能），通过价格竞争吸引规模化的消费者的一种模式，也被称为性价比模式。平价模式不追求高利润率，而是通过"以价换量"的方式形成规模化收入，通过规模效应降低成本，逐步形成企业核心竞争能力。6.1 节到 6.3 节描述的商业模式主要通过模糊消费者价格感知，通过降低初始产品价格扩大消费者规模，然后通过其他手段变现。平价模式主要通过降低供应链成本，形成价格竞争优势。平价模式最考验供应管理能力，也是模式成熟后最稳定、最难以被复制的模式。

本节在假设产品质量和服务基本同质的基础上，应用分析框架对平价模式和常规付费模式进行对比说明，如说明 6-4 所示。

说明6-4 平价模式分析说明

（1）收入模型

消费者规模：由于产品定价比同类产品低，在平价模式下，可以较快实现消费者规模增长。

人均贡献收入：在相同消费频率下，平价模式下的人均贡献收入低于常规付费模式下的人均贡献收入。

（2）成本模型

固定成本：在规模和质量相同的前提下，两种模式的固定成本类似。

可变成本：在规模和质量相同的前提下，两种模式的可变成本类似。

（3）风险

由于人均贡献收入比常规付费模式低，因此消费者规模的快速增长是最关键的要素。通过消费者规模增长降低上游的成本，进而控制经营杠杆率，如果消费者规模没办法快速增长，利润风险就开始增大。

平价模式在日常生活中非常常见，如蜜雪冰城、十元店等。在蜜雪冰城购买一

杯奶茶只要几元钱，其奶茶平均售价不超过十元，而相同的产品在其他奶茶品牌要贵2~3元，所以在价格敏感的大众市场，蜜雪冰城的扩张就会非常快。在平价模式下，由于单位销售带来的利润低于高溢价模式，因此就需要通过规模化分摊固定成本，降低经营杠杆率。规模化是平价模式的核心，而分销能力是规模化的核心，无论是十元店还是蜜雪冰城，都需要通过规模化来分摊固定成本，提高单位毛利率。平价模式最经典的案例就是沃尔玛。

沃尔玛以经营平价超市而闻名。沃尔玛超市的面积比一般的超级市场略大，经营的产品品种齐全，一个家庭所需要的物品在这里都有卖。沃尔玛超市采取低价经营策略，它想尽一切办法从进货渠道、分销方式、营销、行政等方面节省资金，提出了"天天平价、始终如一"的口号，并努力实现价格比其他超市更便宜的承诺。除了尽可能降低产品的进价和营业成本，沃尔玛还通过建立高效的配送中心、高速的运输系统、先进的卫星系统、稳定的供应链对接系统等大幅度提高效率，降低成本。沃尔玛的快速反应优势，实质上来自其杰出的供应管理和强大的 IT 系统。乔布斯说过："如果全球 IT 企业只剩下 3 家，那一定是微软、英特尔和戴尔；如果只剩下两家，那将只有戴尔和沃尔玛。"沃尔玛对管理硬件的超前投入、对信息技术的执着追求，使得其低成本、高效率战略有了坚实基础。

平价模式不是对价格信息的模糊化操作，而是通过供应链效率的整体提升实现真正意义上的低价，是低成本战略的成功体现。成熟的平价模式业务都具备一套快速响应的供应链。供应链的搭建需要极大的资金投入，但是也决定了这套模式运转起来后，复制难度极大。平价模式的成功实施需要满足以下 3 个基本前提。

（1）产品的受众面广、购买频率高。平价模式的单位收入利润水平较低，为了分摊固定成本，需要更大的销售规模，所以垂直且小众的产品不适用平价模式。

（2）强大的采购和物流能力。平价模式的受众对价格相对敏感，需要企业具备极强的采购议价能力，通过规模集采降低采购价格，建立价格优势。由于产品的销售量大，因此将产品快速地补充到门店的物流能力也是非常重要的。

（3）优秀的库存管理机制。企业倒闭，多数死于库存管理不善。平价模式极度考验企业库存周转能力，由于整体毛利率低，一旦出现库存积压、店铺效益下滑等问题，企业的现金流就会出现较大问题，进而影响经营。

从平价模式的案例中总结来看，应用平价模式的企业至少需要具备以下 3 种能力：

（1）强大的供应链管理能力；

（2）先进的 IT 能力[1]；

（3）低成本的经营团队。

平价模式真正依靠的是背后的采购、供应链管理、技术体系化的支持。企业不能为了平价而平价，这是通过数年的沉淀才有可能做到的保障体系。保持合理且较低的利润率水平，能够有效地降低潜在竞争者进入的意愿，这时候企业可以在相对宽松的竞争环境中积累消费者，并通过大量的消费者数据拓展其他商业变现模式。

6.5　用价值主张来实现溢价的品牌模式

品牌模式指把品牌当作一种独立的虚拟资产进行经营并获得长期收益的经营模式。品牌模式中产品本身的地位并不是最重要的，重要的是品牌主张。品牌的生命周期是一个品牌逐步增值到逐步消亡的过程。由于品牌消费者的高费用性，品牌消费者的人群特征相对聚焦[2]，且由于品牌资产的虚拟性，品牌付费模式具有多样性，如 IP 授权、影视化[3]等。

品牌是一种区分高质量产品和低质量产品的信号沉淀投资，通过这类投资消费者对品牌产品支付较高的费用，这些费用就是品牌的超额利润。品牌的整体运作逻辑和产品的运作逻辑不一样，其一切动作都是为了维护品牌资产。品牌与产品是两个维度的标准，产品给消费者带来的是好的使用感受，而品牌追求的是消费者独特的精神感受，这导致两种模式执行路径不一致。

本节在假设产品质量和服务基本同质的基础上，应用分析框架对品牌模式和常规付费模式进行对比说明，如说明 6-5 所示。

说明6-5　品牌模式分析说明

（1）收入模型

消费者规模：品牌模式的消费者规模受价格的影响会小于常规付费模式。

人均贡献收入：在相同消费频率下，品牌模式的人均贡献收入较高。

---

[1] 平价模式的供应链体系基本都是各个行业的标杆，其采购—生产—仓储—物流全流程的信息化整合能力也基本是业内领先的。采用平价模式的成熟企业通常是 IT 能力先进的企业。
[2] 人群特征聚焦不代表人群规模小。
[3] 国内比较知名的可能就是海尔兄弟、熊出没。

（2）成本模式

固定成本：在相同产能下，固定成本基本一致，但是品牌模式需要大量的广告传播预算，前期单位产品的固定成本高，后期品牌效应出现后，单位产品固定成本低。

可变成本：品牌模式与常规付费模式基本一致。

（3）风险

品牌模式由于前期固定成本高，利润风险较高，品牌的经营杠杆率高于常规付费模式。这也代表着在发展良好的基础上，品牌模式收回固定成本花费的时间更少。通过销售规模的提升降低单位产品的固定成本是品牌模式降低经营杠杆率的主要手段。

品牌模式的高溢价是通过持续投资大量广告带来的[①]，品牌规模化收益的前提是品牌知名度高、品牌认可度高和分销渠道多。品牌有3种经营模式：直营、加盟和特许经营。

- 直营指由总公司直接投资、经营、管理各个零售点的经营形态。典型案例为苹果公司的苹果线下商店（Apple Store），苹果线下商店是由苹果官方直接设计和运营的店铺。店面的经典设计案例不胜枚举，如迪拜店面的太阳翼奢华设计、成都太古里店面的外墙一体化设计，这些设计一直是设计界的标杆。除经典的店面设计外，苹果线下商店的产品种类丰富，且库存较多、价格稳定，支持14天无理由退货，并提供苹果的保修和服务支持等差异化的服务。苹果线下商店的店员以顾客体验为核心目标，强调顾客与店员的互动，服务体验良好。良好的产品、良好的环境、良好的服务体验让苹果线下商店成为全球单位面积盈利水平最高的商店之一。
- 加盟指总公司与品牌加盟店二者之间的持续契约关系。根据契约，总公司必须提供一项独特的品牌商业特权，并提供人员培训、组织结构、经营管理及产品供销方面的协助，而品牌加盟店也需付出相应的报酬。典型的案例为麦当劳，麦当劳是全球大型跨国连锁餐厅，麦当劳的经营理念是"品质、服务、清洁、价值"。从过往财务模型来看，加盟的收入已经占麦当劳公司总收入的一半以上。麦当劳的加盟策略是以租赁为主的房地产经营策略，这在业内也属于极度特殊的策略。
- 特许经营指特许经营权拥有者以合同约定的形式，允许被特许经营者有偿使

[①] 不排除有些品牌通过长时间的口碑积累也可以形成类似的效果，毕竟时间也是金钱。

用其名称、商标、专有技术、产品和运作管理经验等从事经营活动的形式。典型的案例就是宝可梦，宝可梦是世界上最有价值的 IP 之一，宝可梦在长达 20 年的发展过程中衍生出的游戏、卡牌、动画已经形成了一个宝可梦产业。根据 Statista 的数据，自 1996 年宝可梦系列游戏被发布，人们已经在宝可梦上花费了约 1 000 亿美元，这一数字使得宝可梦成为最知名的媒体品牌之一。

品牌成功是价值主张和供应链结合的结果，并能在营销和服务的全链路加强消费者独特感知。品牌前期打造需要耗费大量的费用，而中后期，消费者之间的推荐或者自传播会成为品牌的核心增量来源，拉长周期来看，品牌模式的整体投入不一定高于其他模式，并且能够引导消费者持续复购。品牌模式是差异化战略的成功实践，实施品牌模式有以下 4 个基本前提。

（1）**价值主张差异化**。品牌的价值主张不是什么都做，而是选择一个最适合自己的目标群体提供特殊的价值主张，并且逐步强化这类价值引导。麦当劳品牌的价值主张是要给消费者带来欢乐，其精髓是永远年轻，因此它的广告语是"我就喜欢"。

（2）**与价值主张适配的供应链能力**。无论是什么品牌，都需要将所有消费者能够接触到的信息映射到唯一的价值主张上，并且在组织、人力、外部合作等方面保持严格一致，这也是整合营销的理念。例如苹果为了保证产品体验与品牌的一致性，亲自设计苹果线下商店，并制定了严格的服务流程和标准；又如麦当劳制订了严格的培训和考核计划。

（3）**持之以恒的耐心**。供应链和价值主张适配需要一个非常长的周期，这代表品牌资产需要逐步积累。很多企业在互联网上坚持的是快速试错的理念，期望"大力出奇迹"，出一两个"爆款"就希望形成品牌，也造成了互联网"有爆款无品牌"的现象。品牌经营和产品经营是完全不一样的逻辑，需要持续深耕。

（4）**较强的法务能力**。"高仿品牌＋加盟"是一种很特殊的商业模式，它通过类似的名称、类似的商标等"碰瓷"大的品牌，并且通过加盟快速规模化，快速获取盈利，然后放弃"高仿品牌"，进行下一个循环。"高仿品牌＋加盟"不追求品牌资产的增值，而是通过"碰瓷"等手段快速获取一定的品牌资产进而快速消耗，品牌团队需要对此类行为进行管控，避免品牌资产快速消耗。

品牌是长期经营的结果，品牌资产的投资能够带来极大的好处，包括消费者对产品价值的认可、消费者的自传播。强大的品牌也可以通过特许经营形式获取极大利润。广告是品牌的催化剂，但如果价值主张和供应链能力差异巨大，那么广告起的作用也是反作用。企业需要做好品牌资产的保护，避免"高仿品牌"对品牌的伤害。

从品牌模式的案例中总结来看，应用品牌模式的企业至少需要具备以下3种能力：

（1）优秀的供应链管理能力；

（2）优秀的品牌管理能力；

（3）充足的资金储备。

奢侈品是品牌模式中极具代表性的产品类型，奢侈品品牌首先承载了高昂的价格，奢侈品品牌的所有营销手段都是为了实现其"地位象征"的定位，这与大众产品品牌的差异之处不在于质量与价格，而在于对品牌梦想的关注以及对品牌文化和历史的强调。

6.6 用特权来实现预付费的会员模式

会员模式（也称会员制）指由某个组织发起并在该组织的管理运作下吸引消费者自愿加入，其目的是定期与会员联系，为他们提供具有较高感知价值的利益包的经营方式。在会员制营销中，会员就是资源，即在无开发成本的情况下，可以再创造巨大利润的资源。由于 Costco、山姆等会员制超市进入中国，会员模式引发了一段时间的讨论。会员制很早就存在，在传统的俱乐部、酒店行业就设立了对应的会员制。

目前市面上主要有两种会员模式，一种是免费会员，另一种是付费会员。本节描述的是付费会员模式，付费会员模式门槛较高，通过门槛过滤一些消费者，留下来一批黏性强、复购率高、消费能力强的消费者，通过对这类消费者的服务完成收益闭环。理发店、餐饮店、健身房、培训机构这类常用的储值会员模式不在本节讨论范围内，它更偏向于通过预存金额获取优惠的模式，是一种融资行为，通过资金的利息弥补短期降低的利润。

会员制的本质是特权，通过锁定一部分人群并针对这部分人群提供特权体验。不同于品牌的精神感知，会员制的特权更多集中在真实利益层面。

在假设产品质量和服务基本同质的基础上，应用分析框架对会员模式和常规付费模式进行对比说明，如说明6-6所示。

说明6-6 会员模式分析说明

（1）收入模型

消费者规模：由于是先期付费模式，因此会员模式的整体消费者规模相对会较小。

人均贡献收入：绑定了会员身份，等同于锁定了未来消费，人均贡献收入相对较高。

（2）成本模型

固定成本：会员模式前期需要一定的广告扩大会员规模，后续广告投入较少。

可变成本：会员模式与常规付费模式基本一致。

（3）风险

会员模式以前期收费为主，可以提前确定利润。会员模式前期需要较大广告投入且转化率一般偏低，这也导致会员模式前期单个产品的固定成本较高，因此降低经营杠杆率的方式还是扩大会员规模。

会员模式是以预付费的方式实现消费者的特权体验的商业模式，会员的规模和特权设计是会员模式的核心，尤其是特权设置是影响续费率的关键。会员模式的供应链品类不会做得太复杂，这样能够通过降低供应链的复杂度，扩大产品采购规模进而压缩成本。会员模式的典型案例为 Costco 和巴塞罗那俱乐部。

- Costco 是大型会员制连锁批发零售市场，Costco 的会员需要花钱才能办理。例如，中国 Costco 一年的会员费是 299 元，成为会员后，消费者可以低于市场 5%～30% 的优惠价买到所需的物品。Costco 的会员费收入占整体营业利润的 70% 左右，是最主要的盈利来源。相比沃尔玛大约 10 万个（SKU），Costco 采用超低 SKU 策略，仅提供约 4 000 个活跃 SKU，每个 SKU 以较大数量的包装销售，降低成本并相对增加价值，这也导致了 Costco 的库存周期只有 31 天，短于沃尔玛的 42 天。而库存周期的压缩，带来了资金运转效率的提升，同时让经营成本也有一定程度的下降。
- 巴塞罗那俱乐部是欧洲少数几个会员制俱乐部，巴塞罗那俱乐部没有老板只有主席，所有的会员就是球队的老板，巴塞罗那俱乐部 2018 年的成年会员会费是 180 欧元，此外，会员没有任何其他的经济义务，作为交换会员可以享受季票、门票打折、和球星合影、投票选举主席等特权。在某些特殊比赛场次中，一场球赛的门票可以被炒到几千欧元，这时候整个赛季的季票的价值就远超过分别购买每场球赛的门票。

会员模式的核心是特权，它通过特权的维护持续让消费者续费。供应链和特权的适配是会员模式的核心内容，很多业务的会员模式没有做起来，本质原因是特权承诺无法兑现。会员模式的成功需要满足以下 3 个基本前提。

（1）**特权的可衡量化**。由于会员需要提前付费，如何将特权与会员费用匹配就成为非常重要的事项。例如，前期 Costo 高级会员拥有 2% 的返点，返点额度最高可以达到每年 500 美元。高级会员每年的年费是 120 美元，一个家庭每个月只要在 Costco 消费 500 美元，这 120 美元的会员费就可以通过返点赚回来，巴塞罗那俱乐部的季票价值也是可以计算的。因此，明确可衡量的特权是非常重要的。

（2）**与特权适配的供应链**。同品牌模式类似，保障特权的高效实施是会员制的核心壁垒。

（3）**尽量放慢规模化的节奏**。规模化和特权在某种层面上是冲突的，规模化带来的是供应链和采购的复杂度呈几何倍数上升。从平价模式和品牌模式中也可以看出，一个供应链的投资花费巨大。会员模式中供应链和特权体验强相关，盲目扩张的结果大概率是特权体验的下降和续费率的下降。

从会员模式的案例中总结来看，应用会员模式的企业至少需要具备以下 3 种能力：

（1）优秀的供应链管理能力；

（2）优秀的会员服务能力；

（3）优秀的资金管理能力。

会员制能够通过会员预付费短期内获取大量的现金，降低企业现金流的压力，且通过会员形式有效锁定会员后续的消费需求，进而产生规模效益，降低营业成本和经营杠杆率。会员制的核心是特权的设计和维护，通过让消费者多使用特权而续费。

随着产品种类和产品信息的增加，商业模式从单一产品管理发展到几十万产品的管理，商业模式对供应管理的要求越来越高。为了降低前期经营杠杆率和供应管理成本，很多企业开始逐步将部分品类或者功能直接分包，例如大型超市开始出现品牌商家的展位等。很多企业开始成为消费者与商家之外的第三个角色：平台方。平台方不直接生产产品，主要服务于撮合消费者与商家的交易，于是多边市场的商业模式开始出现。

6.7 追求跨边网络效应的双边市场模式

本章前几节分析的商业模式都只有两个参与者，一个是生产者，另一个是消费者，这是大多数商业模式的常态。但有一类特殊的市场类型，在这两个角色之外，引入了第三方或者更多角色，此类市场被称为多边市场，其中双边市场是最常见的多边市场形态。常见的平台型业务基本都属于双边市场，如淘宝、美团、滴滴。双边市场这一概念自 1833 年美国掀起的"便士报纸"运动以来已有多年的历史，双边市场的定义主要参考 2014 年诺贝尔经济学奖得主让·梯若尔（Jean Tirole）的观点。双边市场有以下两种特点：

（1）市场中有角色不同的两类或多类参与方；

（2）具备跨边网络效应，每边的参与者数量的增加，可提升另一边参与者的效用或收益。

满足这两个特点的双边市场类型有以下 5 种，如表 6-1 所示。

表 6-1　5 种双边市场类型

类型	生产者	消费者	平台
电子商务	商家	消费者	淘宝 / 拼多多
O2O	骑手、商家	消费者	美团 / 饿了么
内容	内容生产者	读者	微信读书
货运	司机	消费者	货拉拉
直播	主播	观众	斗鱼直播

双边市场强调跨边网络效应[①]。由于线下场所的空间限制，其交易产品的数量存在理论上限，这也决定了线下场所的单边规模有限。理想状态下，线上承接产品信息的能力趋近于无限大，双边市场在线上场景可以将跨边网络效应扩大到极限，并且由于互联网高效的信息传播，理论上互联网的双边市场规模巨大且在垂直行业中逐步趋近垄断。是否存在平台能够垄断所有的线上交易？答案是否定的。回归消费者需求特征，没有任何一种产品能够满足所有消费者的需求，当一个平台试图满足所有消费者需求时，就会导致其在其他领域的专业化程度不足，出现其他替代参与者的可能性就会加大。以电商平台为例，当阿里巴巴逐步转向以天猫为重心时，就会有平台（如拼多多）抢占淘宝原有的市场。双边市场模式仍然以消费者需求特征为核心。

双边市场是多角色共同作用的市场，跨边网络效应、效率差异、消费者归属问题、竞争导致的低价化和广告模式的影响是双边市场的核心关键词。

[①] 微信、QQ 这类社交平台不属于双边市场，这类社交平台强调网络效应。网络效应是指市场的参与者普遍是同一角色，且增加参与者的数量可提升所有参与者的效应或收益。

- **跨边网络效应**。每边的参与者数量的增加,可提升另一边参与者的效用或收益,该效应越强,规模效应越大,越容易形成先发优势。但任何产品都有边际效应递减规律,当同一种产品相似信息过多时,每增加一个同类产品信息,消费者获得的增量收益就越少。每种产品的有效信息存在理论上限,这个上限是由消费者的边际效应决定的,双边市场天然存在多样化的产品诉求,追求品类和产品的丰富化。品类和产品的丰富程度也决定了平台规模的大小。

- **效率差异**。双边市场的本质是撮合交易,通过提升平台产品和消费者之间匹配的效率,实现交易效率的提升,这是信息交互的进步。由于跨边网络效应存在天然的品类和产品的诉求,但消费者的注意力是有限的,因此实现高效的信息匹配是双边市场竞争的核心。搜索推荐、直播等技术的出现导致了线上推广效率远高于线下推广效率,是线上逐步替代线下的核心。双边市场的差异性来源于对产品的分发效率的收敛目标不同,收敛目标的取舍对应着流量分配机制,如面向广告收入最大化的分配机制和面向 GMV 最大化的分配机制的消费者体验完全不同,这也是各大双边市场的主要差异。

- **消费者归属问题**。品牌通过信号投资构建差异化,降低消费者的决策成本,最终形成品牌忠诚,品牌天然有消费者归属需求,双边市场相同,这就造成了双边市场和品牌之间的消费者归属权之争,竞争的核心是信任机制。品牌构建独特价值主张的核心做法是差异化,而双边市场对抗品牌的方式则是标准化,只有逐步降低产品之间的差异性,消费者对品牌的依赖程度才会下降,双边市场才能逐步掌握消费者归属权,这是品牌和双边市场的核心矛盾,也是现阶段互联网"公域与私域之争"的本质。服务类产品难以平台化,是服务市场天然的差异化属性导致的。

- **竞争导致的低价化**。双边市场本身不生产产品,当存在多个双边市场时,消费者就会产生对同样的产品比价的行为,而面对相同的产品,追求更低价格的产品是消费者的必然选择。在这个基础上优势平台一般有两种做法——独占供给或者让产品价格更低,而从供给方的角度来看,二者都是不利的,在博弈过程中对价格的控制才是关键。

- **广告模式的影响**。广告是对消费者信息收集过程的主动干预行为,通过信息展示内容的调整引导消费者决策,进而获取收益。现阶段的广告平台主要采用第二价拍卖方式[①]，这种拍卖方式下竞买人的最优出价策略是不论其他竞买人如何行事，都根据自己对物品的估价来出价。双边市场由于有天然的产品规模拓展诉求，在一个平台中存在较多的同质拍卖者，广告出价与估价基本一致，这种机制促进了平台流量价值的最大化，但也整体缩小了竞买者的获利空间。

结合以上关键词，简单推演就可以获得如下判断，如说明6-7所示。

说明6-7 双边市场推演说明

双边市场的三方存在以下核心诉求。

（1）**平台诉求**：消费者和生产者的平台交易规模、生产者费用规模最大化。

（2）**生产者诉求**：获取更大的有利润的订单量，降低获客成本。

（3）**消费者诉求**：消除信息不对称，以最低价格买到产品。

在生产力水平没有大规模发展的情况下，假设产品成本不变、质量不变，即总体需求不变，让双边市场多数人获利的策略有以下3种。

（1）**平台和消费者获利，生产者损失利润策略**：通过产品标准化，弱化生产者差异性影响，引导生产者通过降价、投放等手段获取更大的订单量。

（2）**平台和生产者获利，消费者损失费用策略**：生产者支付大量信息费用并且拉高产品单价，消费者为此买单。

（3）**生产者和消费者获利，平台损失利润策略**：生产者提供差异性，生产者和消费者形成私域，脱离平台。

上述的推演以没有其他参与者和信息源存在为基础，但现阶段消费者可以通过多个平台进行比价，在供给相同的情况下，消费者倾向于价格低的平台，且由于跨边网络效应，消费者和生产者会依据彼此情况进行平台转移。站在双边市场平台的角度，通过产品的标准化[②]，引导生产者降价并且选择出价最高的产品进行变现

[①] 第二价拍卖方式是指获胜者支付的是所有投标价格中的第二高价（次高的价格）。

[②] 标准化的其中一个手段是放开公开环境评价。一个领域中的评价机构或标准越多、差异性越大，统一声誉市场就越难产生，声誉就越不稳定。而基于消费者的评价体系是双边市场的标配，消费者的多维度评价让生产者独特的价值主张失效，消费者评价的主观性让生产者难以通过客观的标准形成等级差异，这时候就难以形成私域。生产者为了保证规模，就会花费大量的广告费用和降价，这一点在实物电商方面非常明显。而服务类电商由于标准化难度较高，生产者提供的差异性很难通过信息化来弥补，这时广告费用就比实物类电商的广告费用低，佣金比例会提高，并且由于产品不能标准化，会衍生出以私域销售线索为收费条件的广告形式。

是最有利的策略，当价格无法降低的时候，平台会使用其他方式让生产者降价，如促销等，这样就形成消费者和平台的利益最大化。这种模式下生产者的利润空间越来越小。

生产者应该如何避免利润空间缩小？主要有如下两个方法。

（1）靠消费者规模的逐步增长，通过规模效应降低成本，提高利润率。

（2）通过供应管理手段降低生产成本。

这两点对生产者来说适用于任何场景，双边市场只是交易市场的一种，并没有其他不同点，生产者选择在哪个市场交易的核心标准是投入产出比。

本节以互联网平台为例描述双边市场的收入模型、成本模型和风险，如说明6-8所示。

说明6-8 双边市场模型说明

（1）收入模型

消费者规模：平台和生产者共同拉动消费者规模增长，随着品类的完善，不限于单一品类，消费者规模增长表现为前期慢后期快，在理想情况下，最终可以覆盖所有消费者。

人均贡献收入：收入分为两部分，一部分是购买的佣金或者技术服务费用，另一部分是对生产者的信息服务费用，如广告收入等。

（2）成本模型

固定成本：固定成本投入主要在软件上，并且需要投入大量的广告宣传费用。

可变成本：平台需要同时维护好消费者和生产者，主要投入在消费者的拉新和商家关系的维护上，前期单位可变成本高，后期逐步下降。

（3）风险

平台前期需要同时导入消费者和生产者，在规模化阶段需要大量的可变成本投入，单纯的技术服务费难以实现盈利，需要引入其他收入，如信息服务收入。信息服务变现的经营杠杆率低，企业在获取细分市场的强势地位后，可以通过强势地位优势获取额外收益，降低经营风险。

双边市场模式是特殊的商业模式，是随着产品和信息交换的多样化产生的模式，成功实施双边市场模式有以下3个前提条件：

（1）生产者无法靠独特的价值主张让消费者离开平台；

（2）逐步丰富的品类；

（3）高效的信息分发能力。

应用双边市场模式的企业至少需要具备以下 3 种能力：

（1）高效消费者和生产者组织能力；

（2）生产者产品标准化的能力；

（3）高效的交易撮合能力。

互联网双边市场天然具备垂直市场的垄断趋势，如 2.10 节中提到，如果产业链一个环节存在寡头垄断或完全垄断，该环节将会获取全产业最大利润份额。互联网双边市场天然具备重新调整产业利润分配的能力，进而导致生产者的利润逐步降低，增加了消费者需求无法满足的风险。为了更好地解决产业主要矛盾，双边市场经营者需要以资金反哺产业供应链的升级或者研发新的技术提升全产业供应链效率，形成良性循环。但如果双边市场经营者未以资金反哺产业供应链的升级，那将对整体产业的升级进程造成负面影响。互联网双边市场前期由于信息分发效率的提升，对产业来说存在正外部性，而随着效率提升到了瓶颈，通过信息控制利润转移时，对产业来说存在明显的负外部性。

6.8　规模效应是商业模式的核心

本章以价格为脉络梳理了经典的商业模式，讲述了免费、试用、搭售、平价、品牌、会员、双边市场等商业模式的收入和成本模型等内容。但无论哪种案例和模式，降低经营杠杆率的第一步都是扩大销售规模。结合商业模式分析，分析师期望能够寻找一种风险低、收益大的最佳商业模式指导企业业务设计，但通过上述案例分析，由于不同企业能力不同，不存在对所有企业都适用的标准化商业模式。

通过对美国股市中上市时间较长的企业的净资产收益率分析，净资产收益率（return on equity，ROE）这个指标代表了股东投资一元，最终能带来的多少利润，代表着企业的盈利能力。根据 1999 年到 2022 年的美股数据显示，标普 500 的公司 ROE 主要分布区间在 11%～16%，中值在 14%，并且不同行业的不同企业有趋同的特点。趋同性主要是因为资本的逐利性，资本会流向收益率最高的地方，这也导致了最后不同企业的 ROE 不会相差太远。现实环境中各个企业的 ROE 表现不同，排除模式上的差异，真正能影响后续收益的因素是企业在不同阶段的风险性和企业的市场地位带来的超额利润。风险大，失败概率就大，但也代表着成功的收益大，成功企业天使轮融资和 A 轮融资的收益一般会大于后续几轮。企业的市场地位来源于企业核心能力带来的持续性竞争优势。

任何收益都伴随着风险，没有完全无风险的商业模式，在经营杠杆率的分析中可以发现，扩大销售规模可以有效降低单位产品的固定成本支出，这个过程表现为规模经济。规模经济是商业行为中的重要理论之一。

规模经济是指在一定的产量范围内，随着产量的增加，平均成本不断降低的事实。规模经济是由于在一定的产量范围内，固定成本变化不大，那么新增的产品就可以分担更多的固定成本，从而使总成本下降。在规模经济的驱动下，企业会逐步扩大销售规模，并且拓展盈利模式边界，使用多种商业模式进行变现。为了增加销售或者分摊成本，一个工厂可能除了给经销商供货，还直接在网络上进行产品售卖，也可能线下开门店售卖产品。企业通过多种销售手段，扩大整体的销售规模，通过规模化降低成本，带来更大的收益。

互联网技术带来了网络的全域属性，产品上线瞬间可以实现全国传播，这就导致了互联网产品具有极强的穿透性和辐射性，具有极强的规模效应，可以快速扩大规模。

如果按规模经济来推演，那么每个垂直行业中应该只会存在 1～2 个垄断整个市场的大企业，但在现实环境中并非如此，这主要是因为效率问题。规模经济不仅带来了生产的规模经济，而且引入了组织膨胀，而组织膨胀是典型的规模不经济。

规模不经济是因生产规模扩大而产生单位产品成本提高的现象。规模不经济一词来源于西方规模经济理论。该理论认为，当生产规模扩大时，开始为规模经济阶段，继而为规模经济不变阶段，如继续扩大生产规模，在超过一定限度之后，便会产生种种不利，使同种产品的单位成本比原来生产规模较小时提高，从而形成规模不经济。它表现为规模收益递减，即生产规模扩大后，收益增加的幅度小于规模扩大的幅度，甚至收益绝对地减少，使边际收益为负数。规模不经济可分为规模内在不经济和规模外在不经济两种。

- **规模内在不经济**是指企业规模扩大时，企业自身因素的变化导致的长期平均成本上升。内在不经济的主要原因是企业规模扩大引起的管理效率的降低。
- **规模外在不经济**是指企业的长期平均成本随着行业规模的扩大而上升的现象，

其源于行业扩张引起的企业外部环境的恶化，如要素价格的上升、销售市场行情的下跌等。

组织规模的扩张表现往往是规模效应的递减，即规模不经济，大规模企业的弊病是官僚主义，表现出既得利益者阻碍了创新和变革，最后使企业失去了整个市场。商业模式管理过程是在生产规模经济和组织规模不经济的平衡中实现的，当商业效率的提升速度高于组织效率的下降速度时，企业表现出增长；反之，企业表现出衰败。组织效率的下降最终体现在供应管理的成本增加上。

任何企业的商业模式成功的前提是企业具备对应的核心能力，而在竞争中保持持续的竞争优势则需要具备 VRIN 能力，如平价模式的供应链能力、品牌模式的差异化能力和会员模式的特权服务能力，是否有企业能够覆盖全部能力呢？本节提供以下两个角度供读者参考。

- 随着时间和资源的投入，所有企业的供应链、设计和服务能力都可以得到提升，或者说比前一段时间更好，能力随着资源的投入增强。
- 能力强弱是对比的产物，无论企业综合能力提升到什么高度，总有其他企业可以通过聚焦在某一维度发展而形成突破，这是专业化战略的体现。

在同一时间内，一家企业难以在所有核心能力上领先，表现为企业难以同时具备产品好、服务好、价格低这 3 个相对要素，但是可以随着时间的投入，在绝对评价上逐步提升。长期来看，对一个企业来说，产品好、服务好和成本低都是需要完成的目标，而不是选择完成的目标。

所有商业模式的设计需要遵循经营风险最小化原则[①]，风险是相对的，由于不同企业能力和资金储备的不同，不同模式对企业的风险不同。在假设可无限融资的基础上，任何商业模式都可以通过亏损换规模，最后形成垄断，赚取垄断收益。但在实际环境中，资源是有限的，分析师除了需要在企业 VRIN 能力量表的基础上选择合适的商业模式，还需要评估企业的抗风险能力，并在商业模式的实施过程中，及时监控风险波动情况，保障风险最小化。这就涉及第 7 章的内容。财务分析在商业分析中的应用与在财务管理中的应用目标不太一致，在商业环境中，财务分析主要是为了控制经营过程中的风险，结合营销管理指标体系共同实现经营风险最小化。

---

① 经营风险最小化原则不是指完全无风险，而是企业可承受风险的最小化，它无法精准测算，只能在过程中逐步优化。关键判断问题是"决策失败的后果会不会影响企业核心竞争力存续"。

6.9 常见问题解答

问题1：轻资产模式和重资产模式哪个好？

回答：这个问题没有绝对的答案，现在大多数企业都会经历从轻资产模式开始，然后逐步投入大量固定成本建立重资产模式，随着时间的推移又回到轻资产模式。其中从轻资产模式转向重资产模式的主要原因是市场前景看好，重资产模式有利于提高杠杆获取更大的收益。从重资产模式重新回归轻资产模式的主要原因是对未来预期的改变或者重资产模式伴随的规模不经济问题。在回答这个问题前，需要基于对未来的预估进行思考和分析。

问题2：怎么看待有些加盟商在品牌方不允许的情况下主动调低品牌产品售卖价格的行为？品牌方和加盟商的关系是什么关系？

回答：品牌核心是品牌资产，直营和特许经营在一定范围内可以保障品牌资产的增值，而加盟在很大程度上会逐步减少品牌资产。品牌方不允许降价主要也是为了品牌资产的增值目标。但加盟商和品牌方本质上只是合同关系，加盟商本身也需要获取盈利，如果降价能够盈利，其在维护品牌资产和赚钱中大概率会选择赚钱。加盟模式下对加盟商的考核和控制是品牌方的重要工作之一。当品牌方有办法要求加盟商同样服务于品牌增值目标时，才有可能减少这个行为的发生。例如，麦当劳通过房地产模式来要求加盟商就是一个值得学习的思路。

问题3：怎么看待前期亏损换规模、后期获利的模式？

回答：企业的净利润是企业能够长期"自我造血"的核心，有部分业务靠筹资行为保障现金流稳定，通过亏损形成对竞争对手的低价优势，最后因形成局部的垄断而获利。在这种模式下，企业只有拥有足够的现金流或具备极强的融资能力，才能够支撑到企业获利的到来。

第 7 章

财务管理指标与风险最小化

商业模式分析主要是通过利润和经营杠杆率来衡量商业模式的风险,通过企业核心能力的构建,用持续性的竞争优势带来的规模效应降低企业经营风险。此外,商业模式的设计和运作还要考虑企业自身的生存健康情况。现实环境中经常有业务本身并没有太大的经营风险,但由于母体企业投资失败或者其他业务现金流动性出现问题,进而影响正常业务运营的情况发生。分析母体企业的生存现状,有助于有效评估商业模式运作过程中非业务本身的因素带来的影响,这就涉及企业财务报表的分析解读。[①] 在商业模式运作过程中,分析师还需要及时对业务的收入、成本、利润等情况进行监控,发现商业模式经营风险,日常经营过程的财务监控报表主要采用单位时间核算表。

- 财务报表是企业外部人员通过正常合法方式获取企业财务表现的途径,分析师可以通过解读财务报表,了解企业主体的经营情况。财务报表具有严格的格式和数据审计要求,对分析师来说是必不可少的数据信息来源。一般上市企业每年发布 4 次财务报表数据。财务报表是以企业为分析主体的数据体系,可以提供企业的财务环境风险说明,明确业务发展中可能的资源上下限,提供对业务运营的调整依据。如果企业拥有多个业务,那么分析师就很难通过财务报表了解各业务的真实表现。财务报表包括资产负债表、利润表、现金流量表等,这些报表也是构建财务管理指标体系的基础数据源。

---

① 商业分析师关注本企业财报与投资分析师关注本企业财报的出发点不同,商业分析师更加关注企业经营风险,投资分析师更加关注机会点,虽然二者的基础数据源一样,但偏向的指标重点有些不同。

- 单位时间核算表是被誉为日本"经营四圣"之一的稻盛和夫在《阿米巴经营》中提到的财务分析报表。单位时间核算表是以独立业务为主体的数据分析体系，它通过信息化手段，将财务数据计算周期压缩到每日，极限情况可以到半小时，非常适合作为监控业务经营过程的数据报表。

两种报表相辅相成，共同服务于业务经营过程中的风险控制。由于编制方式不太一致，因此两种报表间并没有明显的替代关系。分析师在对财务报表进行分析时需要重点关注两个概念：权责发生制和收付实现制。

- **权责发生制**指凡是当期已经实现的收入和已经发生或应当负担的费用，不论款项是否收付，都应作为当期的收入或费用处理。凡是不属于当期的收入和费用，即使款项已经在当期收付，都不能作为当期的收入和费用处理。资产负债表、利润表是以权责发生制来编制的。
- **收付实现制**指凡是在本期收到的收入和支出费用，不论是否属于本期，都应作为本期的收入和费用处理；反之，即使收入取得或费用发生，没有实际款项的收付，都不作为当期的收入和费用处理。现金流量表、单位时间核算表是以收付实现制来编制的。现金流量表的编制是以资产负债表和利润表为基础，将权责发生制调整为收付实现制的过程。

财务体系的权责发生制概念导致了大量应收、应付等指标的出现，让整体的财务体系变得极度专业化，非财务专业人员在这方面有较大的劣势，不利于日常的经营效果观察。为了降低日常观察的门槛，让非财务人员理解财务相关指标，稻盛和夫结合阿米巴经营模式设计了一种单位时间核算表，让日常的财务经营监控成为可能。

由于会计是一个非常严谨且高度制式化的学科，因此本章的数据体系按制式进行解读，并且按照制式内容建立对应的财务管理报表。

7.1 有没有钱，能不能赚钱，有多少钱

企业的重要事情是评估企业的现金流是否安全，员工工资、房租是否可以正常支付，这个月是赚还是赔，下个月能收回多少钱，企业能稳定运行多久等问题。评估风险可归纳为以下3个问题：

（1）企业有没有钱；

（2）企业能不能赚钱；

（3）企业还有多少钱。

在日常工作中，商业分析师也需要带着这3个问题去解读企业的财务报表。财务报表有4个核心表格，分别为资产负债表、利润表、现金流量表和所有者权益（或股东权益）变动表。

- **资产负债表**是反映企业在一定日期的财务状况的报表，是企业经营活动的静态体现。它是一张时点报表。
- **利润表**是反映企业在一定会计期间的经营成果的报表，表明企业运用所拥有的资产获利的能力。它是一张时期报表。
- **现金流量表**是反映企业在一定会计期间现金和现金等价物流入和流出的报表，主要分经营活动、投资活动和筹资活动产生的现金流量3个部分。它是一张时期报表。
- **所有者权益变动表**是反映企业本期内所有者权益变动情况的报表，包括所有者权益增减变动的重要结构性信息、所有者权益总量的增减变动、直接计入所有者权益的利得和损失等。

资产负债表主要解答企业有没有钱的问题；利润表主要解答企业能不能赚钱的问题；现金流量表主要解答企业还有多少钱的问题。而所有者权益变动表由于不涉及这3个问题的回答，在商业分析中的重要性不是很高，本章不对其进行具体描述。

与营销管理指标体系重视数据质量一样，分析师拿到财务报表的第一步就需要先检查数据的准确性，准确的数据才能带来准确的判断。

财务报表的数据准确性检查又分为表内检查和表间检查。

表内检查是对一个表格内部的计算逻辑进行检查，主要依赖于财务恒等式。具体内容如指标说明 7-1 所示。

指标说明7-1　财务报表指标表内检查

资产负债表：主要说明企业资产负债情况，核心检查逻辑是**资产 = 负债 + 所有者权益**。其中，资产指的是企业当前所拥有并能够转换成经济利益的资源；负债指的是企业向外部借入的资金或者应该偿还的债务；所有者权益指的是企业的净资产，即资产减去负债后的余额。

利润表：主要说明企业在一段时间里的损益情况，核心检查逻辑是**利润 = 收入 - 成本**。

现金流量表：主要说明在一段时间里，企业流入了多少现金、流出了多少现金、还余下多少现金，核心检查逻辑是**存款 = 入账 – 出账**。

表间检查是指检查不同报表之间的相同指标数值是否一致，具体内容如指标说明7-2所示。

指标说明7-2　财务报表指标表间检查

各个报表中下列标为黑体的相同指标的数值需要保持一致。

利润表：**净利润** = 收入 – 费用。

利润分配表[①]：期末未分配利润 = 期初未分配利润 + **净利润** – 股利分配。

所有者权益变动表：**期末所有者权益** = 期初所有者权益 + **净利润** + 单期股东投入 – 股利分配。

资产负债表：期末资产 = 期末负债 + **期末所有者权益**。

数据检查内容比较简单，如果发现数据对不上，分析师就需要寻找数据对不上的原因，并确认数据是否可用。基于正确的数据才能得出正确的判断，财务报表只有通过检查才能进行下一步的分析。

企业越发展，财务就越重要，财务报表的编制也越复杂。多样化的商业模式和收入构成需要在报表中体现，各式各样的财务手段也在更新，这两个原因使得分析财务报表越来越难。如果针对财务报表的每个细节[②]去分析，非财务专业的分析师通常很难胜任。通过了解财务报表[③]的数据源指标的具体定义，依据特定场景设计对应的指标体系是分析师分析财务报表的主要方法。由于财务报表都是制式化的报表，通过了解财务报表的层次结构和具体指标定义，分析师就可以定制适合企业经营的财务指标体系。由于财务会计准则会持续迭代，财务表格样式也会随之不断变化，一些指标的名字也会有所变化。因此，本章内容尽量以本书定稿时的会计准则为标准进行说明。此外，

---

① 利润分配表是利润表的附表，主要反映企业在一定期间内对实现净利润的分配或亏损弥补的会计报表，主要是用于分析利润表上反映的净利润的分配去向。

② "应收票据""应收账款""坏账准备""预付账款"……非财务专业的商业分析师看到这些名词基本都会头皮发麻，这些专业术语和会计标准让财务报表在很长一段时间成为财务人员的专属分析工具。

③ 财务报表是企业对外展示的数据源，财务报表指标都是数量型的指标，基于财务报表的数据源将数量型的指标加工成具有决策意义的比率型的指标是财务管理指标体系设计的关键。财务分析没有定式，依据目标进行分析即可。

由于表格的内容众多且繁杂，为确保阅读效果，案例表格样式仅保留关键项目内容，非关键内容则会被适当精简。实际分析项目需要以企业提供的具体表格为准。需要指出的是，部分统计指标会随着会计准则的不同而有所变化，计算公式也会出现些许差异。

7.2 从资产负债表看企业有没有钱

判断企业"是穷还是富"主要看资产负债表，其中资产是企业拥有的一切，负债就是企业借来的部分，所有者权益就是属于企业的剩余部分。企业资产很多，但是都是借来的，就不能说企业有钱。资产负债表也称财务状况表，是财务管理的一大主表，它是反映企业在某一特定日期的财务状况的主要会计报表。

- 资产反映由过去的交易、事项形成并由企业在某一特定日期所拥有或控制的、预期会给企业带来经济利益的资源；
- 负债反映在某一特定日期企业所承担的、预期会导致经济利益流出的现时义务；
- 所有者权益是资产扣除负债后的剩余权益，反映企业在某一特定日期股东（投资者）拥有的净资产的总额。

伴随着经营过程，资产和负债的形式会逐步发生变化，但是无论怎么变化，资产负债表都要满足**资产 = 负债 + 所有者权益**这一恒等式。

资产负债表[1]的格式一般有两种：报告式资产负债表和账户式资产负债表。

- 报告式资产负债表是上下结构，上半部列示资产，下半部列示负债和所有者权益（或股东权益）。
- 账户式资产负债表是左右结构，左边列示资产，右边列示负债和所有者权益（或股东权益）。

二者内容基本相同，目前国内以账户式资产负债表为主。账户式资产负债表资产部分大致是按资产的流动性大小排列的，流动性[2]大的资产（如"货币资金""交易性金融资产"等）排在前面，流动性小的资产（如"长期股权投资""固定资产"等）排在后面。负债部分也基本按流动性大小进行列示，具体分为流动负债、非流动负债等。所有者权益则按实收资本、资本公积、盈余公积、未分配利润等项目分项列示。账户式资产负债表如表 7-1 所示。

---

[1] 资产负债表的附表包括资产减值准备明细表、股东权益增减变动表和应交增值税明细表，本书不具体说明。
[2] 流动性反映了可以"兑现"或者就要"兑现"的时间长短，如果一项资产马上就可以"兑现"，那么这项资产就是流动资产。流动性是资产负债表中各明细项目放置位置的一个主要依据。

表 7-1 账户式资产负债表

资产负债表

编制单位：××有限公司　　　　20××年×月×日　　　　单位：元

资　产	期末余额	年初余额	负债和所有者权益（或股东权益）	期末余额	年初余额
流动资产：			流动负债：		
货币资金			短期借款		
交易性金融资产			交易性金融负债		
应收票据			应付票据		
应收账款			应付账款		
预付款项			预收款项		
应收利息			应付职工薪酬		
应收股利			应交税费		
其他应收款			应付利息		
存货			应付股利		
一年内到期的非流动资产			其他应付款		
其他流动资产			一年内到期的非流动负债		
流动资产合计			其他流动负债		
非流动资产：			**流动负债合计**		
可供出售金融资产			非流动负债：		
持有至到期投资			长期借款		
长期应收款			应付债券		
长期股权投资			长期应付款		
投资性房地产			专项应付款		
固定资产			预计负债		
在建工程			递延所得税负债		
工程物资			其他非流动负债		
固定资产清理			**非流动负债合计**		
生产性生物资产			**负债合计**		
油气资产			所有者权益（或股东权益）：		
无形资产			实收资本（或股本）		
开发支出			资本公积		
商誉			减：库存股		
长期待摊费用			盈余公积		
递延所得税资产			未分配利润		
其他非流动资产			所有者权益（或股东权益）合计		
非流动资产合计					
资产总计			负债和所有者权益（或股东权益）总计		

资产负债表是一张时点报表,反映了企业在一个时间点的数据,分析师在观察资产负债表时的第一个动作是关注时间,了解报表数据具体的统计时间。资产负债表的解读可分为资产指标解读、负债指标解读和所有者权益指标解读这 3 类。

资产指标首先反映了一个企业资产的分布形态,即企业资产是以什么形式存在的,是以流动资产形式存在的,还是以固定资产或无形资产形式存在的。另外,流动资产又分别是以什么形式存在的,是将钱全部放在银行里,还是有部分以存货的形式放在仓库里,有部分以应收账款的形式存在而还没有收回。资产指标解读需要重点关注的指标有应收账款、存货、预付款项,如指标说明 7-3 所示。

> **指标说明7-3　资产负债表中资产核心指标**
>
> **应收账款**是指企业在正常的经营过程中因销售产品、提供劳务等业务,应向购买单位收取的款项,包括应由购买单位或接受劳务单位负担的税金、代购买方垫付的各种运杂费等。简单来说,东西给了,但是消费者没有付钱。对应收账款的关注主要是出于关注现金流风险,单独看应收账款数值意义不大,需要观察的是应收账款与销售收入的比例。
>
> **存货**是指企业在生产经营过程中为销售或耗用而储备的各种资产。存货的范围包括产品、产成品、半成品、在产品和各种材料等。简单来说,资金有多少被压在仓库中,这个项目金额越少,说明企业在这个环节积压的资金就越少,资金周转就可能越快。
>
> **预付款项**是企业预先支付给供应商或者其他公司的款项,主要包括预付货款、预付租金等。简单来说,预付款项就是企业在前期支付了未来应该承担的款项,这种款项会导致现金大量流出,对企业的整体利润产生影响。

资产负债表中负债反映的是一个企业的负债情况,具体可以分为流动负债和非流动负债两类。流动负债可以简单理解为一年内(含一年)到期应予以清偿的负债。非流动负债是流动负债以外的负债。负债项目中重点关注长期借款和应付账款两个指标,如指标说明 7-4 所示。

> **指标说明7-4　资产负债表中负债核心指标**
>
> **长期借款**是指企业向金融机构和其他单位借入偿还期限在一年或超过一年的

债务，长期借款是项目投资中的主要资金来源之一。一个投资项目需要大量的资金，企业光靠自有资金往往不够，需要向外举债。长期借款的成本较高，企业应尽量减少长期借款。

应付账款是指因购买材料、产品或接受劳务供应等而发生的债务，这是买卖双方在购销活动中由于取得物资与支付货款在时间上不一致而产生的负债。应付账款反映有多少钱应该付而还没有付给供应商。

资产负债表中的所有者权益是企业资产扣除负债后的剩余权益，反映企业在某一特定日期股东（投资者）拥有的净资产总额，它一般按照实收资本、资本公积、盈余公积和未分配利润分项列示。在权益方面重点关注实收资本（或实收股本）和未分配利润，如指标说明 7-5 所示。

> **指标说明 7-5　资产负债表中所有者权益核心指标**
>
> **实收资本（或实收股本）**指企业实际收到的投资人的资本，这个项目反映的是企业所有者（投资人或股东）在企业刚开业时投到企业中的钱。关注这个项目是要搞清楚投资人或股东结构，观察在商业决策中具有最终决定权的人是谁。一般出钱越多的人就越有话语权，设置了独立投票权的企业除外。
>
> **未分配利润**是企业留待以后年度分配或待分配的利润。

如果一个企业的资产规模大但存在大量的虚拟资产和存货，那么这种情况不代表企业有钱。一般认定企业有钱有以下 4 个条件：

- 企业资产规模大且处于上升趋势，资产结构合理；
- 企业负债和存货水平低；
- 企业资产未被他人占用；
- 企业资金未被胡乱投资（投资的资产有可能会造成账面数据虚高）。

这 4 个条件主要从企业资产规模和资产合理性（如指标说明 7-6 所示）、企业负债和存货水平（如指标说明 7-7 所示）、企业上下游议价能力（如指标说明 7-8 所示）、企业业务专注度（如指标说明 7-9 所示）4 个方面来说明。这 4 个方面对应的评估指标也构成了资产负债表的指标体系。

指标说明7-6　企业资产规模和资产合理性指标

（1）企业资产规模主要以总资产规模排名、总资产增长率两个指标评估。

总资产规模排名： 排名近似于地位。

总资产增长率：（本年资产总计－上年资产总计）/上年资产总计×100%。总资产增长率高于行业整体水平，表现为企业在扩张之中；近似于整体水平表现为稳定；低于整体水平表现为收缩或者衰退。

（2）企业资产合理性主要从股东权益比、商誉净资产比、固定资产净值率3个指标评估。

股东权益比： 股东权益/资产总额×100%。该比率反映企业资产中有多少是所有者投入的。如果该比率过小，表明企业过度负债，容易削弱企业抵御外部冲击的能力。

商誉净资产比： 商誉/股东权益×100%。商誉是指能在未来期间为企业经营带来超额利润的潜在经济价值或企业预期的获利能力超过可辨认资产正常获利能力的资本化价值，它是一个主观资产，存在减持减值风险。简单来说，商誉是当买方以高于目标企业账面价值的价格并购目标企业时所产生的溢价的体现。该比率高表明企业存在减值的潜在风险，这会损害股东权益。因此，商誉不应在股东权益中占比过高。

固定资产净值率： 固定资产净值/固定资产原值×100%。它是反映企业全部固定资产平均新旧程度的指标。该比率高表明固定资产处于较新状态，技术状况较好；反之，则表明固定资产较为陈旧，技术状况较差，有待维修和更新。

指标说明7-7　企业负债和存货水平指标

体现企业负债和存货水平的指标很多，也是指标体系核心的部分，本书挑选重点进行详细说明。

（1）**资产负债率：** 负债总额/资产总额×100%。资产负债率是用以衡量企业利用债权人提供资金进行经营活动的能力，以及反映债权人发放贷款的安全程度的指标。从债权人的角度看，资产负债率越低越好，这样收回欠款的概率大；但对投资人或股东来说，资产负债率较高可以以较少资本投入获得企业的控制权；从经营者的角度看，充分利用借入资金给企业带来好处的同时需要尽可能降低财务风险。这个指标从不同视角看是不一样的，企业的资产负债率应在不发生偿债危机的情况下，尽可能提高。如何评估偿债危机呢?"准货币资金/有息负债"和"货币资金/短期有息负债"是评估偿债危机的主要指标,这两个指标表示不同周期可转化为现金的资产与负债的比值。

准货币资金/有息负债:可以兑换成货币的资产与负债的比值。其中,**准货币资金**=货币资金+交易性金融资产+其他流动资产;**有息负债**=短期借款+一年内到期的非流动负债+长期借款+应付债券+长期应付款。准货币资金/有息负债大于1代表无偿债压力,小于1代表有偿债风险。

货币资金/短期有息负债:企业手上的现金与短期债务的比值。其中**短期有息负债**=短期借款+一年内到期的非流动负债。货币资金/短期有息负债大于1代表无偿债压力,小于1代表有偿债风险。

(2) **资本化比率**:长期负债/股东权益×100%。资本化比率主要用来反映企业需要偿还的有息长期负债占整个长期营运资金的比重。该指标值越小,表明企业负债的资本化程度低,长期偿债压力越小;该指标值越大,表明企业负债的资本化程度高,长期偿债压力越大。

(3) **流动比率**:流动资产/流动负债×100%。流动比率是衡量短期债务清偿能力常用的比率,是衡量企业短期偿债风险的指标。流动比率等于1,说明企业短期流动性储备满足了短期的偿债需求,但企业还有经营方面的资金需求,这就要求企业的流动比率大于1,以满足企业除偿债外的资金需求。

(4) **速动比率**:(流动资产-存货-预付款项)/流动负债×100%。速动比率是企业流动资产中可以立即变现用于偿还流动负债的资产。流动比率和速动比率都是反映企业短期偿债能力的指标。

(5) **存货资产比率**:存货/流动资产×100%。企业存货比重的大小与市场条件和企业的经营状况有直接联系,比重过大,会导致资金的大量闲置和沉淀,影响资产的使用效率。存货需要区分是好的资产还是坏的资产,这个比率主要结合企业上下游议价能力指标使用。

指标说明7-8 企业上下游议价能力指标

企业上下游议价能力从两个方面进行评估,对下游的收款能力和对上游的欠款能力。

（1）**应收预付**：应收票据＋应收账款＋合同资产＋应收款项融资＋预付款项。应收预付指其他企业占用本企业资金的金额，应收预付同比应该持续下降。如果企业对下游属于先发货后打款，那企业对下游的议价能力不强，下游占用企业资金，表现在应收票据＋应收账款＋合同资产占资产比例逐渐走高。如果上游要求企业先付钱后拿货，预付款项占资产比例高，上游占用企业资金，那企业对上游的议价能力较弱。

（2）**应付预收**：应付票据＋应付账款＋合同负债＋预收款项。应付预收指本企业占用其他企业资金的金额，应付预收同比应该持续上升。如果企业对上游属于先拿货后付钱，那企业对上游的议价能力强，企业占用上游资金，表现在应付票据＋应付账款＋合同负债在负债中的占比持续走高。如果企业对下游是先付钱再发货，那企业对下游议价能力强，企业占用下游资金，表明预收款项占负债比例高。

（3）**应付预收－应收预付**：综合反映企业利用其他企业资金的能力，差额小于0，代表企业被其他企业无偿占用资金，这个指标同比应该持续增长。

> **指标说明7-9　企业业务专注度指标**
>
> 企业业务专注度主要看与主业无关的投资类资产占总资产的比例。投资类资产主要包括以公允价值计量且其变动计入当期损益的金融资产、其他权益工具投资、债权投资、其他债权投资、其他非流动金融资产、可供出售金融资产、持有至到期投资、投资性房地产。这个比例应该越小越好。

资产负债表指标体系内的指标不存在绝对的标准值，所有标准都是相对的。建筑企业如果资产负债率到60%在同行中已经算佼佼者了，但是消费品企业如果资产负债率到60%在同行中可能属于末流。具体的判断标准除了和自身的过往趋势比，也要和同时期同类企业比。

7.3　从利润表看企业能不能赚钱

资产负债表的解读是从多个角度去观察一个企业有没有钱，但即使企业有钱也需要能持续、轻松赚钱才能算风险较低。利润表的解读主要就是为了说明企业能不能赚钱、赚钱辛不辛苦。

利润表是反映企业一定会计期间（如月度、季度、半年度或年度）生产经营成果的会计报表。企业在会计期间的经营成果既可能表现为盈利，也可能表现为亏损，利润表也被称为损益表。它全面揭示了企业在某一特定时期实现的各种收入，发生的各种费用、成本或支出，以及企业实现的利润或发生的亏损情况。

利润表是根据"净利润＝收入－费用"的基本关系来编制的，其具体内容取决于收入、费用、利润等会计要素及其内容。利润表的附表是利润分配表。利润表的格式有两种：单步式利润表和多步式利润表。

- **单步式利润表**是将当期所有的收入排在一起，然后将所有的费用排在一起，最后将总收入减去总费用，通过一次计算便可求出当期损益。
- **多步式利润表**是通过对当期的收入、费用、支出项目按性质加以归类，按利润形成的主要环节列示一些中间性利润指标，如营业利润、利润总额、净利润，分步计算当期净损益。

对比单步式利润表，多步式利润表更便于分析，目前国内主要使用的是多步式利润表，编制过程可分为如下 3 步。

（1）以营业收入为基础，计算营业利润，计算公式为营业利润＝营业收入－营业成本－营业税金及附加－销售费用－管理费用－财务费用＋其他相关收益（如投资收益、资产减值损失等），这一步骤在实际分析过程中需要分为两步。第一步是计算业务利润，计算公式为业务利润＝营业收入－营业成本－营业税金和附加。第二步是计算营业利润，计算公式为营业利润＝业务利润－销售费用－管理费用－财务费用＋其他相关收益（如投资收益、资产减值损失等），本节后续内容以补充业务利润指标作为中间环节进行说明。

（2）以营业利润为基础，计算利润总额，计算公式为利润总额＝营业利润＋营业外收入－营业外支出。

（3）以利润总额为基础，计算净利润，计算公式为净利润＝利润总额－所得税费用。

多步式利润表如表 7-2 所示。

表 7-2　多步式利润表

多步式利润表

编制单位：×× 有限公司		20×× 年 ×× 月 ×× 日		单位：元
项目		序号	上年	本年累计
一、营业收入				
减：营业成本				
营业税金及附加				
销售费用				
管理费用				
财务费用				
其中：利息费用				
利息收入				
加：其他收益				
投资收益（损失以"-"号填列）				
其中：对联营企业和合营企业的投资收益				
以摊余成本计量的金融资产终止确认收益（损失以"-"号填列）				
净敞口套期收益（损失以"-"号填列）				
公允价值变动收益（损失以"-"号填列）				
信用减值损失（损失以"-"号填列）				
资产减值损失（损失以"-"号填列）				
资产处置收益（损失以"-"号填列）				
二、营业利润（亏损以"-"号填列）				
加：营业外收入				
减：营业外支出				
其中：非流动资产处置损失				
三、利润总额（亏损以"-"号填列）				
减：所得税费用				
四、净利润（亏损以"-"号填列）				
加：年初未分配利润				
五、可供分配的利润				
……				

与资产负债表是时点报表不同，利润表是时期报表。分析师拿到这张表的第一步

就是观察表格的时间。从利润表的结构来看，表的项目分为 5 个层次，从上到下分别是营业收入[①]、业务利润[②]、营业利润、利润总额、净利润。按照不同人的阅读习惯，利润表有两种阅读方式，一种是从上往下看，由收入推导到净利润，这种方式主要精力放在观察经营过程；另一种是从下往上看，先看净利润，然后逐步分析净利润变化原因。笔者更加建议从上往下看，关注经营过程的变化，具体指标如指标说明 7-10 所示。

指标说明 7-10　利润表核心指标

（1）**主营业务收入**：企业从事本行业生产经营活动所取得的营业收入。主营业务收入根据各行业企业所从事的不同活动而有所区别，其中，农业企业是指"主营业务收入"，工业企业是指"产品销售收入"，建筑企业是指"工程结算收入"，批发及零售贸易企业是指"产品销售收入"等。收入方式参考营销管理章节的价格策略中的收费类型，各家企业财务报表都会细化收入分布，但是具体每家企业的拆分逻辑可能不太一样，分析师需要了解每个细化收入的具体含义。

（2）**主营业务利润**：主营业务收入减去主营业务成本和税金及附加得来的利润。企业的主营业务利润应是其利润总额的主要组成部分，其比重应是最高的，其他业务利润、投资收益和营业外收支相对比重不应很高。

（3）**营业利润**：企业在其全部销售业务中实现的利润。企业会有两种业务类型：一种是主营业务，另一种是非主营业务。通过主营业务赚到的利润被称为主营业务利润，而通过其他业务赚到的利润被称为其他业务利润。这两类业务的利润相加之后，减去这期间为这两类业务耗费的一些公共支出（常被称为期间费用，如财务费用、销售费用等），最后可以得到营业利润。

（4）**利润总额**：企业在生产经营过程中各种收入扣除各种耗费后的盈余，反映企业在报告期内实现的盈亏总额，是一定时期内通过生产经营活动所实现的最终财务成果。

（5）**净利润**：企业当期利润总额减去所得税后的金额，即企业的税后利润。所得税是指企业将实现的利润总额按照所得税法规定的标准向国家缴纳的税金。

[①] 为了方便理解，并且与其他收益项目有明显的区分，在指标说明中，营业收入改为更切合读者的主营业务收入，营业成本改为主营业务成本。

[②] 为了方便理解，在指标说明中更改为更切合读者的主营业务利润。

利润表有一个附表，就是利润分配表，这张表主要关注净利润如何在企业所有者之间分配，以及未分配利润如何计算。

与衡量企业有没有钱类似，分析师不能以单一的指标来衡量企业能不能赚钱，应该从多维度观察。一般认定企业能赚钱有以下4个条件：

（1）企业的利润为正且持续增长；

（2）企业主营业务规模持续增长；

（3）企业产品对其他产品有竞争优势，赚钱比较轻松；

（4）企业的费用控制得很好，不需要太大投入就能保持竞争优势。

这4个条件主要从收益能力、规模增长能力、议价能力、费用控制能力对企业能不能赚钱进行说明，如指标说明7-11所示。这4个方面对应的评估指标构成了利润表的指标体系。

指标说明7-11 利润表指标体系

（1）**收益能力**：在不考虑非营业成本的情况下，企业管理者通过经营获取利润的能力。收益能力对应的指标为营业利润率。营业利润率的计算公式为营业利润率＝营业利润/营业收入×100%。它是衡量企业经营效率的指标。营业利润率越高，企业的盈利能力越强，此比率越低说明企业盈利能力越弱。

（2）**规模增长能力**：衡量企业主营业务的发展趋势，主营业务收入是主营业务表现的核心指标，规模增长能力对应的指标为衡量收入增长率。主营业务收入增长率计算公式为主营业务收入＝（本期主营业务收入－上期主营业务收入）/上期主营业务收入×100%。计算主营业务收入时，需要观察主营业务的收入在行业内的排名，还需要观察主营业务规模的增速，企业的主营业务收入增长率要和行业水平匹配。如果主营业务收入增长率高于行业水平，代表企业竞争力强；如果主营业务收入增长率低于行业水平，代表企业竞争力弱。

（3）**议价能力**：企业可以对其产品或服务有较强的定价能力，让售价高于其产品的成本。议价能力对应的指标为毛利率。毛利率的计算公式为毛利率＝（主营业务收入－主营业务成本）/主营业务收入×100%。毛利率反映的是一家企业的经营效果。毛利率越高说明这家企业的产品成本占收入的比例越低。品牌模式的毛利率水平较高，很多品牌能够突破40%，最高的时候能突破90%。平价模式的毛利率基本维持在

20%～30%。企业毛利率相对比较稳定，如果毛利率出现比较大的波动，需要多加注意。

（4）**费用控制能力**：企业的成本控制能力。费用控制能力对应的指标为**三费占比**。三费占比计算公式为三费占比=（销售费用+管理费用+财务费用）/主营业务收入×100%。费用是指一家企业扣除税收和成本的所有费用，反映一家企业的成本控制能力。销售费用、管理费用和财务费用，统称为"三费"。三费占比越低说明该企业运营成本越低。每种费用与主营业务收入的比值可以代表企业该项费用控制能力的强弱。

企业经营是为了实现盈利，盈利首先是保证企业能够持续生产的重要因素。即便现在没有盈利未来也需要盈利才能保持企业生产，也就是净利润短期不需要为正，靠筹资等行为保障现阶段现金流稳定，但在亏损的基础上需要保证在研发等方面的费用投入能够加强企业内部的核心竞争力，为后续竞争提供竞争优势。

7.4 从现金流量表看企业有没有钱花

有些企业资产总额大，赚钱能力强，但是手上就是没钱，钱都在存货、固定资产上，最后奖金都发不出来，这也说明除了以上两点，企业还需要稳定的现金流储备，就是有钱可以花。很多企业破产倒闭，并不是因为盈利能力出了问题，而是因为现金[1]流出了问题。现金流量表的解读主要就是为了看企业的现金流状况。

现金流量表是反映企业在一定会计期间现金和现金等价物流入和流出的报表，主要是要反映资产负债表中各个项目对现金流量的影响，并根据其用途划分为经营、投资及筹资3类经济活动。现金流量表如表7-3所示，其附表如表7-4所示。

- 现金流量表的各项目金额实际上就是每笔现金流入、流出的归属，按照经营、投资、筹资3类经济活动填列明细，然后计算企业的现金流量，这种方法叫直接法。
- 现金流量表附表主要展示了将净利润调节为经营活动现金流量的过程，附表的各项目金额则是相应会计账户的当期发生额或期末与期初余额的差额。附表以净利润为起点，然后通过加减一些不产生现金流量，但对净利润有影响的项

---

[1] 现金是指企业库存现金以及随时可以用于支付的存款。现金等价物是指企业持有的期限短、流动性强、易于转换为已知金额现金、价值变动风险很小的投资。

目,最后得出企业一段时期经营活动产生的现金流量净额,这种方式叫间接法。这两种方法得出的经营活动产生的现金流量净额应该是相等的。

表 7-3　现金流量表

现金流量表

编制单位:××有限公司		20××年××月××日	单位:元
项目	序号	本期金额	上期金额
一、经营活动产生的现金流量			
销售产品、提供劳务收到的现金			
收到的税费返还			
收到其他与经营活动有关的现金			
经营活动现金流入小计			
购买产品、接受劳务支付的现金			
支付给职工以及为职工支付的现金			
支付的各项税费			
支付其他与经营活动有关的现金			
经营活动现金流出小计			
经营活动产生的现金流量净额			
二、投资活动产生的现金流量			
收回投资收到的现金			
取得投资收益收到的现金			
处置固定资产、无形资产和其他长期资产收回的现金净额			
处置子公司及其他营业单位收到的现金净额			
收到其他与投资活动有关的现金			
投资活动现金流入小计			
购建固定资产、无形资产和其他长期资产支付的现金			
投资支付的现金			
取得子公司及其他营业单位支付的现金净额			
支付其他与投资活动有关的现金			
投资活动现金流出小计			
投资活动产生的现金流量净额			
三、筹资活动产生的现金流量			
吸收投资收到的现金			
取得借款收到的现金			

续表

项目	序号	本期金额	上期金额
收到其他与筹资活动有关的现金			
筹资活动现金流入小计			
偿还债务支付的现金			
分配股利、利润或偿付利息支付的现金			
支付其他与筹资活动有关的现金			
筹资活动现金流出小计			
筹资活动产生的现金流量净额			
四、汇率变动对现金及现金等价物的影响			
五、现金及现金等价物净增加额			
加：期初现金及现金等价物余额			
六、期末现金及现金等价物余额			

表 7-4　现金流量表的附表

现金流量表

编制单位：××有限公司	20××年××月××日	单位：元
补充资料	本期金额	上期金额
将净利润调节为经营活动现金流量		
净利润		
加：资产减值准备		
固定资产折旧、油气资产折耗、生产性生物资产折旧		
无形资产摊销		
长期待摊费用摊销		
处置固定资产、无形资产和其他长期资产的损失（收益以"-"号填列）		
固定资产报废损失（收益以"-"号填列）		
财务费用（收益以"-"号填列）		
投资损失（收益以"-"号填列）		
递延所得税资产减少（增加以"-"号填列）		
递延所得税负债增加（减少以"-"号填列）		
存货的减少（增加以"-"号填列）		
经营性应收项目的减少（增加以"-"号填列）		
经营性应付项目的增加（减少以"-"号填列）		
经营活动产生的现金流量净额		

企业完整的经营活动包括筹资活动（钱怎么来）、投资活动（钱怎么花）和经营活动（钱怎么赚）3 种。

- **筹资活动**指筹集企业投资和经营所需要的资金，包括发行股票、债券、取得借款、积累资金等活动。筹资分为两类：一类为债权性筹资，主要有发行债券、银行借款，该类筹资的主要特征是需要还本付息，定期支付利息，到期偿还本金；另一类为股权性筹资，主要有引入外部股东，该类筹资不需要还本付息，直到股东退出，资金使用没有固定期限。筹资活动产生的现金流量净额，是企业筹资活动的现金流入金额减去现金流出金额的余额。当筹资活动产生的现金流量净额为正时，说明企业通过银行贷款、借款或股东投入的现金流入总额大于企业偿还银行贷款或借款的现金流出金额；筹资活动产生的现金流量净额为负时则相反。筹资活动需重点关注债权性筹资[①]比例，这类债务过高，利息支出就会很高，在现金流中的占比就会非常高。

- **投资活动**指将所筹集到的资金分配到资产项目中，包括购置各种长期资产和流动资产的活动。投资性现金流有两类：一类为业务投资，主要有购建固定资产、收购并购支出，这类投资的主要目的是增加企业产能、扩大生产经营规模，推动主营业务进一步发展壮大；另一类为财务投资，主要是对有价证券的买卖，这类投资的主要目的是实现现金资产的保值或增值，与主营业务发展无关，通过金融手段获取收益。投资活动产生的现金流量净额为正且处置固定资产、无形资产和其他长期资产收回的现金净额、取得子公司及其他营业单位收到的现金净额这两项占比高，通常意味着企业在缩减生产规模。投资活动产生的现金流量净额为负且购建固定资产、无形资产和其他长期资产收回的现金、取得子公司及其他营业单位收到的现金净额这两项占比高，一般认为企业在扩大生产规模。购建固定资产、无形资产和其他长期资产收回的现金净额、取得子公司及其他营业单位收到的现金净额这两项占比低，需要细致观察投资标的，判断管理层重心是否在主营业务上。

- **经营活动**指在必要的筹资和投资前提下，运用资产赚取收益的活动，它包括分析与开发、采购、生产、销售和人力资源管理 5 项活动。经营活动产生的

---

① 债权性筹资会增加企业的财务成本，企业需要更多的现金支付利息，并且有使用期限。如果该类筹资本金偿还期集中、数额巨大，将直接影响企业资金链。较高的债权性筹资对企业的生产经营能力有较高的要求，企业的运营周转速度需要较快。

现金流量净额，是企业经营活动的现金流入金额减去现金流出金额的余额。经营活动产生的现金流量净额为正，说明在一段时期内企业经营活动所产生的现金回款是良好的。经营活动产生的现金流量净额为负，说明在一段时期内企业经营活动所产生的现金回款状况在恶化，主营业务现金造血能力在变差。

现金流量表的指标明确，主要评估企业现阶段 3 种行为的现金情况。对"企业有没钱花"的评估以企业现金流能够支持多少个月正常经营为主，在这个基础上通过筹资活动、经营活动、投资活动（主要指业务投资）3 个维度的现金流入流出情况，构建三维矩阵、八大分类[①]来说明企业现状。现金流量表三维矩阵如表 7-5 所示。

表 7-5　现金流量表三维矩阵

经营性现金流	业务投资性现金流	筹资性现金流	备注
＋	＋	＋	经营业务赚钱，业务投资变现，筹资规模扩大，这种情况很少发生，除非企业多元化发展，需要储备大量的现金，要么业务存在很大潜在风险
＋	＋	－	经营业务赚钱，业务投资变现，企业还款或分红，企业赚钱主要用于还债或者分红，经营现状良好，要关注负债率和利息支出
＋	－	＋	经营业务赚钱，业务投资扩张，筹资规模扩大，企业业务处于扩大再生产期，需要筹资进行扩张，要关注是债务性投资还是股权性投资，避免隐藏现金流风险
＋	－	－	经营业务赚钱，业务投资扩张，企业还款和分红，代表企业自由现金流充足，能够同时覆盖投资、还款或分红
－	＋	＋	经营业务亏钱，业务投资变现，筹资规模扩大，以借钱和投资变现养业务，需要观察是否处于产业下行周期
－	＋	－	经营业务亏钱，业务投资变现，企业还款和分红，一般情况下是亏钱卖资产还债，要关注负债到期周期
－	－	＋	经营业务亏钱，业务投资扩张，筹资规模扩大，很像互联网企业的玩法，靠筹资贴钱扩大规模，需要关注具体企业动作
－	－	－	经营业务亏钱，业务投资变现，企业还款和分红，要看是不是管理层在掏空企业，要不就是企业真不行了

注："＋"代表流入，"－"代表流出。

现代财务管理越来越重视对现金流的管理，分析企业的运营情况，利润表很重要，现金流量表更重要。利润表的各项指标是比较容易造假的，在运营费用和折旧方

---

① 八大分类主要是为了说明方便，日常工作中分为 3 个等级（流入、稳定和流出），并且将投资活动拆分为财务投资和业务投资，构建 81 种企业分类模块，从而能细化观察企业现状。

面，企业可以采取多种措施来优化这些成本。虽然现金流量表也能造假，但是现金流的进和出还是比较客观的，即使在科目上造假也很容易被分辨出来。

7.5 跨表指标补充说明

跨表指标是通过多个表格的数据对企业经营现状进行补充和评估，主要以3个视角来对单表指标进行补充解读。这3个视角分别为盈利能力、债务风险和资产管理能力。

盈利能力指企业通过资产获取利润的能力，主要跟踪的指标是总资产利润率和净资产收益率，如指标说明7-12所示。

指标说明7-12　盈利能力指标

（1）**总资产利润率**：净利润/总资产×100%。总资产利润率是企业在一定时期内的净利润与总资产之间的比例关系，这个指标表示每1元总资产所产生的净利润。该指标越高，说明企业总资产的盈利能力越强；该指标越低，说明企业总资产的盈利能力越差。

（2）**净资产收益率**：净利润/净资产×100%。净资产收益率是企业在一定时期内的净利润与期末权益资本（或期末净资产）之间的比例关系，这个指标表示股东资本的盈利能力，即企业使用每1元股东资本所带来的净利润。该指标越高，说明企业权益资本的盈利能力越强，股东的收益越高。

债务风险反映企业偿还债务的能力。主要跟踪的指标为利息保障倍数、现金流量利息保障倍数、现金流量债务比等，如指标说明7-13所示。

指标说明7-13　债务风险指标

（1）**利息保障倍数**[①]：（利润总额+财务费用）/利息费用。利息保障倍数反映了企业获利能力的大小，而且反映了获利能力对偿还到期债务的保证程度。要维持正常偿债能力，利息保障倍数至少应大于1，且该值越高，企业长期偿债能力越强。如果利息保障倍数过低，那么企业将面临亏损、偿债的安全性与稳定性下降的风险。

---

① 严格意义上算利润表间指标，利息费用可在财务费用明细表中查询。

（2）**现金流量利息保障倍数**：经营活动现金流量净额/利息费用。现金流量利息保障倍数反映了企业在一定时期的经营活动中所取得的现金是现金利息支出的多少倍。该指标表示1元的利息费用有多少倍的经营现金净流量做保障，该指标比以收益为基础的利息保障倍数更可靠。

（3）**现金流量债务比**：现金流量净额/债务总额。现金流量债务比是反映经营活动产生的现金流量对当期债务偿还满足程度的指标。一般该指标大于1，表示企业负债的偿还有可靠保证。

资产管理能力指对企业资本的使用效率，主要从资金周转指标进行分析，如指标说明7-14所示。

指标说明7-14 资产管理能力指标

（1）**总资产周转率**：常用的总资产周转率指标有两套计算公式。第一套计算公式为总资产周转率＝营业收入净额/平均资产总额×100%。第二套计算公式为总资产周转率＝销售收入/资产总额×100%。其中，营业收入净额、销售收入一般直接采用利润表中的主营业务收入来计算。总资产周转率反映了企业在一定时期内的主营业务收入与其所使用的总资产之间的比例关系，这个指标表示一定时期内每1元总资产所创造的主营业务收入。该指标越大，说明企业总资产的使用效率越高。总资产周转率是考察企业资产运营效率的一项重要指标，体现了企业经营期间全部资产从投入到产出的流转速度。类似的指标有流动资产周转率、非流动资产周转率、固定资产周转率等。

（2）**存货周转率**：存货周转率反映了企业营业收入或营业成本与存货之间的比例关系，根据不同的计价基础，存货周转率有以下两种计算方式。

以成本为基础的存货周转率：营业成本/存货平均余额×100%。它反映企业流动资产的流动性，主要用于流动性分析。

以收入为基础的存货周转率：营业收入/存货平均余额×100%。其中存货平均余额＝（期初存货＋期末存货）/2，表示企业存货的流动性，主要用于获利分析。该指标越大，代表库存利用效率越高。类似的指标有存货周转天数。

（3）**应收账款周转率**：营业收入/[（期初应收账款余额＋期末应收账款余额）/2]×100%。它表示在一定期间内企业应收账款转为现金的流动速度。用时间表示的应收账款周转速度为应收账款周转天数,它表示企业从获得应收账款的权利到收回款项、变成现金所需要的时间。

汇总资产负债表指标体系、利润表指标体系、现金流量表指标体系、跨表指标体系中的指标就形成完整的财务管理指标体系,如表 7-6 所示。财务报表体系是制式化的体系,分析师可以通过将企业的财务报表数据线上化,定期将数据录入标准化的数据库(产品形式类似宏观数据库),通过线上的报表工具可以展示每项指标的趋势和波动情况,避免人工维护电子表格。财务分析不仅需要作用于本企业,分析师还可以通过多家企业的财务对比和本企业的过往数据对比,判断企业财务环境是否健康。只有企业资本多、利润稳定、现金流量表现良好,且数据表现优于竞争对手,才能说明企业业务运作处于一个低风险的环境中。

表 7-6 财务管理指标体系

指标体系	评估内容	指标	公司 A				公司 B			
			周期一	周期二	环比	同比	周期一	周期二	环比	同比
资产负债表	企业资产规模和资产合理性	总资产规模排名								
		总资产增长率								
		股东权益比								
		商誉净资产比								
		固定资产净值率								
	企业上下游议价能力	应付预收								
		应收预付								
		应付预收-应收预付								
	企业业务专注度	投资资产占比								
	企业负债和存货水平	准货币资金/有息负债								
		货币资金/短期有息负债								
		资本化比率								
		流动比率								
		速动比率								
		存货流动资产比率								

续表

指标体系	评估内容	指标	公司 A				公司 B			
			周期一	周期二	环比	同比	周期一	周期二	环比	同比
利润表	规模增长能力	主营业收入增长率								
	议价能力	毛利率								
	费用控制能力	三费占比								
		销售费用率								
		管理费用率								
		财务费用率								
		研发费用率								
	收益能力	营业利润率								
现金流量表	筹资活动	债权性筹资现金流量净额								
		股权性筹资现金流量净额								
	投资活动	业务投资现金流量净额								
		财务投资现金流量净额								
	经营活动	经营性现金流量净额								
跨表指标	盈利能力	总资产利润率								
		净资产收益率（ROE）								
	债务风险	利息保障倍数								
		现金流量利息保障倍数								
		现金流量债务比								
	资产管理能力	总资产周转率								
		固定资产周转率								
		存货周转率								
		应收账款周转率								

体系化指标设计有助于分析师全面地观测一个企业，从各个角度确认企业经营的风险点是保证企业稳健运行的关键。定期对企业财务报表数据进行跟踪，及时发现企业经营风险是"风险最小化"原则的工作要求。财务报表存在编制时间长、更新迭代慢等特点，并不适用于OODA循环，也不适合作为日常的经营指导，单位时间核算表的出现就弥补了这个缺点。

7.6 单位时间核算表关注时间的附加价值

单位时间核算表是阿米巴经营的产物，是面向经营过程的会计体系，具备极强的时效性，这就要求有一套较为完整的信息化系统提供支持。了解单位时间核算表的前提是了解什么是阿米巴经营。

阿米巴经营——被誉为京瓷成功经营的两大支柱之一。"阿米巴"在拉丁语中是单个原生体的意思，属原生动物变形虫科。阿米巴变形虫最大的特性是能够随外界环境的变化而变化，不断地进行自我调整来适应所面临的生存环境。京瓷由"阿米巴"的最小组织单位构成。阿米巴小组是其独立的核算单位，各阿米巴小组之间形成竞争。每个阿米巴小组都是一个独立的利润中心，就像一个中小企业那样活动，经营计划、实绩管理、劳务管理等所有经营上的事情都由小组自行运作。每个小组都集生产、会计、经营于一体，再加上各个阿米巴小组之间能够随意拆分与组合，这样就能让企业对市场的变化快速做出反应。每个阿米巴小组在使用上一个小组的产品和服务时都需要计算费用，对下一个小组出售产品和服务时也需要计算营业额，并在扣除原料采购费、设备折旧费、物料消耗费、房租等各项费用的基础上，由营业额和利润求出单位时间的附加价值[1]。

阿米巴经营的实质是在企业内部构建了一个市场经济环境，将员工变成经营者，让员工由原来的关注执行变成关注经营结果，并且主动进行优化。阿米巴经营过程是企业管理层逐步让渡决策权的过程，为了控制过程中的风险，阿米巴经营高度关注财务数据表现，建立了单位时间核算表，能够时刻掌握各阿米巴小组的实际运行情况。稻盛和夫担任京瓷社长的时候，不论是出差还是在企业工作，一有时间就会查看单位时间核算表，通过报表掌握企业经营的实际状况。每个阿米巴小组领导可以从宏观上了解整个企业的发展趋势，也可以通过报表上的数据从微观上把握好每一个细节。要想真正发挥出经营会计的作用，必须关注单位时间的附加价值背后的每一个问题，而不仅仅是发挥其简单的数据统计功能。

阿米巴经营有几个重要环节，分别为阿米巴组织划分、内部交易成本核算、阿米巴组织的预算及数据跟踪、阿米巴组织的激励、编制单位时间核算表。

本节主要从数据跟踪角度来说明阿米巴经营的单位时间核算表，单位时间核算表是以收付实现制为基础编制的表，单位时间核算表的内容比较简单此处就不作具体说

---

[1] 单位时间的附加价值指代员工在单位工作时间带来的利润值。

明。以制造部门为例，单位时间核算表示例如表 7-7 所示。

表 7-7 单位时间核算表示例

制造部门单位时间核算表（单位：日元、小时）					
项目		年	月	日	同比	环比
总出货	A					
公司对外出货	B					
公司内部销售	C					
产品（销）						
产品（购）						
陶瓷器＊零部件（销）						
陶瓷器＊零部件（购）						
原料＊成型（销）						
原料＊成型（销）						
＊＊＊＊（销）						
＊＊＊＊（购）						
公司内部采购	D					
生产总值	E					
扣除额	F					
原材料费						
五金费						
产品采购费						
＊＊＊＊						
水电费						
燃气费						
＊＊＊＊						
结算销售额						
总时间	H					
正常工作时间						
加班时间						
部门内公共时间						
间接公共时间						
当月单位时间	I					
单位时间产值	J					

阿米巴经营的核心是提升单位时间的利润，从整个报表来看，其核心包括以下 4 个要素。

- **收入项目界定**。需要界定具体的收入模式，阿米巴小组可以有不同的销售形式，不同的销售形式有不同的收入确认模式，如分销按佣金收入模式、直销按销售收入模式。每个收入项目的数据都是根据财务部门确认收款的口径来统计的。
- **内部结算形式**。这是单位时间核算表相对其他财务报表不一样的地方。阿米巴经营的内部结算采用虚拟记账方式，而不是真实的打款形式，主要的结算形式类似价格策略，一般由小组间约定生成。
- **费用明细分类**。单位时间核算表对具体费用的统计非常细致，因此一套可用的财务记账系统非常重要，需要及时、准确地将费用分门别类，大量费用需要采用"预计"和"预提"的方式来进行预估。以场地租金为例，付了一年的场地租金，需要按月折算，合理的"预计"和"预提"的算法也是保证单位时间核算表稳定运行的基础。
- **时间的计算**，这是对工作人员工作时间的界定，尤其是出差时间的统计，这也是一个难点。

单位时间核算表以单位时间产值作为优化目标，通过扩大销售、降低成本、提高生产效率来完成单位时间产值的增长，为了保证单位时间核算表的稳定运行，阿米巴经营模式对信息化的要求会越来越高，长期来看信息化投入最后也会带来生产效率的提升。

分析师利用单位时间核算表可以非常直观地查看业务经营过程的财务表现。阿米巴经营也是优秀的经营管理体系，但是实施过程中非常难以落地，主要原因有以下 3 点。

- **管理者无意愿**。阿米巴经营需要管理者充分下放决策权。很多管理者常常事无巨细地过问具体事项，害怕失去对事情的控制权。
- **管理者没有相应能力**。阿米巴经营将组织按最小化组织原则进行拆分，打破了传统的部门壁垒。尤其是内部市场化结算机制的建立，这点在企业内部难以推进。除管理者意愿问题外，管理者如何公平对待多部门诉求也是一个难点，阿米巴经营落地需要管理者有极强的人格魅力。
- **财务无动力**。内部结算不产生业务增量，但需要投入大量资源做信息化和统计，导致财务部门缺乏动力。

企业的数据关系很大程度上体现了企业内部关系，在企业内部关系不明确的情况下，商业分析的数据体系一般也很难做到客观，这主要受到考核和激励体系的限制，推进单位时间核算表落地的前提是厘清企业内部关系，将内部关系流程化，进而完善内部结算机制，最后确定各个部门的单位时间产值，数据体系的搭建过程也是内部生产关系的梳理过程。

7.7　建立不同颗粒度的财务管理指标体系

财务管理指标体系与单位时间核算表主要用于监控业务经营过程风险和业务母体企业的财务环境风险，在合适的财务环境下选择最匹配的商业模式是财务分析的目标之一。互联网上常说"某些企业不计投入发展某项业务"，这些话题不切实际且有违商业分析的原则。商业分析的目的是不让企业陷入不可挽回的风险之中，保持长久经营的可能性。

财务管理指标体系依赖于财务系统的建立，包含业务财务收支和内部的经营费用归属判断等，财务管理指标体系在财务系统的基础上构建。与营销管理指标体系类似，对于财务管理指标体系，除了指标，分析师还需要构建对应的维度。财务管理指标体系按不同颗粒度可以构建竞争对手、业务单元、经营单元（如营销、市场、开发等单元）3个对应的维度。

企业除对自身的财务报表进行解读外，还需要解读竞争对手的财务报表，通过解读竞争对手的财务报表，了解竞争对手商业模式的优缺点，有助于对本企业的商业模式进行客观的评估和修正。营销管理是以消费者需求为主导的分析体系，是面向"收入最大化"的体系；财务管理是以业务母体环境风险及业务经营风险为主导的分析体系，是面向"风险最小化"的体系；在"收入最大化"和"风险最小化"之后就是与企业核心能力构建直接相关，面向"成本最小化"的供应管理（第8章将详细说明）。

价格是竞争的核心变量，面对相同类别的产品时，消费者会偏向于选择价格低的产品。价格竞争的本质是成本竞争，企业通过成本控制能够拥有更大的价格调整空间，拥有更强的市场应对能力。收入最大化和成本最小化不是二选一的关系，而是需要在收入最大化的基础上做到成本最小化。

7.8　常见问题解答

问题1：企业分析师分析财务报表和其他专业人员分析财务报表有什么不一样？

回答：基于出发点的不同，不同人看财务报表主要集中于3个目标：发现投资机会点、发现风险和分析并学习企业模式。商业分析师分析本企业的财务报表主要关注发现风险，监控的指标多为风险性指标，分析外部企业的财务报表主要关注分析并学习企业模式，期望通过财务报表找到企业模式的底层核心竞争力。而投资人主要关注发现投资机会点。分析目标的不同导致各自的指标体系重心不同。

问题 2：从风险的角度来说，大多数企业都不适合开展新的业务，有什么简单的方法可以判断什么时候可以开始新业务吗？

回答：这个问题需要分两个角度来回答。第一个角度是新业务的失败成本包含什么，新业务的失败成本不仅仅包含投入新业务的成本，还包含这些成本用在其他地方的收益，大多数企业本身主营业务就不太稳定，贸然开展新业务的成本放在主营业务上会带来更大的收益，建议在明显预测主营业务会遇到瓶颈后才开始尝试新业务。第二个角度是新业务的初始竞争对手是那些不具备竞争优势的企业的业务，是否开展新业务需要回答两个简单问题。第一个问题是企业主营业务的核心竞争能力是否能够快速复用到新业务上，这个问题主要探讨了组织能力外溢现象，并阐述了如何通过组织能力外溢快速获取竞争优势和利润。第二个问题是企业是否有足够的现金流量来支持其直至开始盈利。如果有一个答案是肯定的，那么可以考虑开展新业务。

问题 3：我们企业的毛利率在 24% 左右，这个水平是高还是低？

回答：分析师都希望每一个指标都有判断标准，高于标准就是好，低于标准就是不好，这是一个很大的误区，所有标准都是相对的。核心竞争力的不同，导致不同企业有不同的商业模式，不同商业模式带来不同的业务结果。对比具体的数值大小意义并不大，分析 24% 背后的企业能力分布可能更为关键。

第 8 章

供应管理与成本最小化

"以经营为主,以供应为辅[①]"是一个基本原则,潜藏在企业经营优势背后的是企业优秀的供应管理能力。当企业产品无法与竞争对手的产品形成差异化时,企业可以通过提升供应管理的效率,并采取低成本、低价策略逐步占据市场领先地位,这是一种良好的策略。尤其是在产能过剩阶段,出现大量同质产品,通过供应管理降低单位产品成本就成为核心手段。供应管理需要服务于营销管理目标,供应管理脱离市场或者业务需求,那最终可能随着成本的降低,企业市场规模也在同步降低,这是企业实施供应管理的常见误区[②]。

供应管理是通过管理手段,在收入最大化的基础上做到成本最小化。成本又可以分为直接成本和间接成本,成本涵盖采购、人力、物流、服务等各个环节,需要综合考虑。供应管理最大的问题是各自为战,采购负责压价,物流负责缩减成本,最后全年的成本确实有所下降,但销售额也出现了大幅下降,最后库存大量积压。出现各

---

① "以经营为主,以供应为辅"的原则不是指供应管理需要无限制地服务于营销管理。以高速公路为例,供应管理由于具备明显的下限(可看作是防护栏),营销管理可以在防护栏内部来回穿梭,但是基于企业长期生存的基本原则,营销管理不能突破供应管理的防护栏。供应管理的优化更像是把防护栏围住的面积变得更大,让营销管理的空间更大。

② 2016 年左右,消费升级概念盛行,品牌 A 是为消费者打造更好的生活体验而创立的。经营过程中为保证足够的利润,企业内部开启各模块降本工作,在物流履约环节为了降低物流成本,企业将原有京东快递和顺丰快递换成了成本较低、服务较差的快递供应商,这样的确节省了很多成本,但品牌消费者认可度出现下滑。在物流成本上节省的费用完全没办法弥补消费者流失的损失,经过一段时间后企业又将快递供应商换回了京东快递和顺丰快递。供应管理与营销管理脱节是一种在很多企业中都存在的常见现象。

自为战情况的主要原因是企业陷入了过去以购置价格来看供应成本的误区，随着供应管理理论水平的发展，产品全生命周期使用成本、产品全生命周期生产维护成本等全生命周期成本概念逐步出现，全生命周期成本最小化是成本最小化原则的具体实现路径。供应管理全生命周期成本的具体项目需要体现在单位时间核算表的扣除项目上，保证每一项都能单独准确统计。

8.1 TCO最小化是供应管理目标

随着经济发展，私家车成为家庭出行的一个选择，选购私家车是大多数人基本都会经历的过程。在挑选私家车之前，多数人都会综合购买价格、车牌费用、油耗、保养费用、废弃成本等多种因素进行决策，最后选择满足其购车喜好且综合成本较低的一款车。这是理性人的思维习惯，也是消费领域常用的全生命周期成本概念。全生命周期成本（life cycle cost，LCC）指产品在有效使用期间内发生的与该产品有关的所有成本，它包括产品设计成本、制造成本、采购成本、使用成本、维修保养成本和废弃处置成本等。

全生命周期成本管理适用于使用周期长、材料损耗量大、维护费用高的产品。全生命周期成本相对适用于消费领域的场景，但是很多企业采购是为了加工再销售，整体成本结构比单纯消费更加复杂，全生命周期成本计算方式并不完全适用。在供应管理领域存在与全生命周期成本意义相同的总拥有成本[①]（total cost of ownership，TCO）概念。

TCO 包括购置和使用一个产品的所有成本，TCO 分为购置成本、所有权成本和后所有权成本，分别对应的是采购成本、采购后的运营成本、采购折旧和后续服务的成本。TCO 涉及从原材料采购到为最终消费者提供产品或者服务的整个过程，通过综合评估每个链路的成本结构及每次动作可能造成的 TCO 的变化，可逐步优化整体供应成本。供应管理过程是 TCO 优化过程。

购置成本是指购买物料、产品或服务时产生的第一项成本。它表示从企业立刻流

---

① 无论是 LCC 还是 TCO，二者都是管理理念，是将短期的价格主导变成全周期的成本主导的管理理念。TCO 也是一种计算方法，TCO 没有一种被普遍接受的计算公式，不同形式的业务成本内容会有一些区别，分析师需要根据具体场景来具体设计。TCO 需要多部门协同计算，单一部门没办法完整实施 TCO 的方案。

走的现金。购置成本包括采购成本、计划成本、质量控制成本、税收成本、财务成本等成本项目。日常工作中购置成本分析重点考虑3个指标，如指标说明8-1所示。

指标说明8-1　购置成本指标

（1）**采购成本**：购置直接或间接的材料、产品或服务时所支付的价格，这一项是总成本的主要组成部分（占50%~70%）。采购成本可能包括运输配送费、安置费用、安装费用和测试费用等。

（2）**计划成本**：根据计划期内的各种消耗定额和费用预算，再结合有关资料预先计算的成本。

（3）**财务成本**：包括企业生产经营期间内产生的生产成本、期间费用、利息支出、汇兑净损失、金融机构手续费等。一个企业采购资金的来源是多样化的，如通过盈余的现金、贷款、募股方式等，每种筹款方式各有利弊，且使用成本也不太一样。

所有权成本是初始购置完成之后发生的成本，与购置后继续使用该产品有关，所有权成本包括定量成本和定性成本。定量成本包括能源使用成本、定期维护成本、维修成本和财务成本（租或买）等成本项目。定性成本包括易操作性成本，对现金流、收益率甚至员工的工作效率都有重大影响。日常工作中所有权成本分析重点考虑5个指标，如指标说明8-2所示。

指标说明8-2　所有权成本指标

（1）**停工成本**：由于设备的不可靠或不耐用，或者在设计阶段采用了不合格的材料，或者用错材料造成的停工成本。停工成本分为直接成本和间接成本。直接成本主要是指水电费、折旧费用、人工费用、租赁费用等直接支付的费用。间接成本主要有两种，一是停工产生了有损销售的机会成本；二是未交付或延期的订单中产生的商誉成本。一条汽车生产线如果停工，一般会导致每分钟大概15万元的损失（甚至更多），企业在采购决策时如果仅仅基于购置成本来考虑，可能一次大规模的故障停工花费的成本就远远超过购置价格的下降成本。

（2）**风险成本**：包括缺货和库存风险带来的成本。缺货导致产能低的结果，产生了有损销售的机会成本，过量的库存可能产生的成本包括仓储成本、损耗成本、财务成本等。权衡缺货风险和库存过量产生的机会成本，是企业在运营中必须面对的重要问题。为了应对潜在的风险，保持一定的安全库存是一种可行的策略。同时，通过日常对需求进行预测，可以有效降低风险成本，实现更为稳健的运营。

（3）**周转时间成本**：产品能够快速上市并快速地赢得消费者的青睐，无疑会带来一定的销售优势，提升周转速度也能降低资金利用成本。

（4）**加工成本**：采购的原料不符合生产流程要求，会增加人工成本和管理费用，造成产量下降和维护最终产品质量的成本上升，从而使生产总成本上升。机器运转时间、劳动力需求、废料和返工都可能增加单位成本。如果原材料采购阶段的时间和金钱投入不到位，那么很可能会导致生产阶段花费更多的时间和金钱来弥补。

（5）**无附加值成本**：不合理流程和方案会增加系统产出不确定性的浪费行为成本。无附加值活动会增加产品或服务的成本，如工厂设计不合理、时序安排不当和各种增加系统产出不确定性的浪费行为，导致需要移动或囤积大量生产用的原材料和半成品。

后所有权成本主要是折旧和处置资本性资产时的成本，此外，还必须考虑其他具有长期影响的潜在因素，如长期环境影响、预料之外的质量问题和保修责任、使消费者的满意度下降的消极影响。日常工作中后所有权成本分析重点考虑 4 个指标，如指标说明 8-3 所示。

指标说明8-3　后所有权成本指标

（1）**环境成本**：为了防止恶劣环境的出现而产生的成本以及由于出现了恶劣的环境而产生的成本，分为事情的预防成本、事中的恶化成本和事后的恢复成本等。

（2）**保修成本**：在保修期内，产品可能因设计或生产方面的缺陷而引发高额的保修费用，保修成本一般包括售后成本，如更换费用、退货费用、赔偿金等。

（3）**产品责任成本**：由于产品和服务的设计或生产不当，企业要面对预想不到的产品责任成本，如电池爆炸事件、车辆自燃等问题。

（4）**消费者不满意成本**：因产品缺陷导致的消费者不满所引发的成本，当一名消费者对产品不满意时，他常常会把这种不满意传递给他的家人和朋友，而这些人很可能就是企业的潜在消费者。这种恶性循环往往导致销售业绩的下滑或消费者不满成本的增加。

以上 4 个指标为每类成本需要重点考虑的指标，目前在具体实施过程中 TCO 没有一种被普遍接受的计算公式，需要在业务中进行具体设计，不同行业的 TCO 的结构不同，下面是针对几种业务类型列举的 TCO 指标项目。

- 服务行业是指提供无形产品来满足人们需求的行业，其核心 TCO 指标包括设备折旧成本、设备运营成本、员工成本、停工成本等。
- 品牌零售是指将制造商的产品销售或者运输给消费者的业务，其核心 TCO 指标包含设备折旧成本、设备运营成本、员工成本、停工成本、采购成本、销售成本、库存成本、保修成本、产品责任成本等。
- 代工制造商是指代替品牌商生产产品的工厂，其核心 TCO 指标包含设备折旧成本、设备运营成本、员工成本、停工成本、采购成本、库存成本、质量成本等。

不同业务形态的 TCO 的结构不一样，但完成 TCO 的计算都需要跨部门协助。例如，计算采购成本需要采购部门介入、计算质量成本需要质控部门介入、计算保修成本需要售后部门介入、计算停工成本需要销售部门和工程部门介入。TCO 分析没办法在企业落地的主要原因是部门协同存在问题。在建立 TCO 项目的时候，一般需要建立专门的跨部门项目小组进行跟进。

8.2 供应管理是各个流程环节的平衡术

供应管理又称供应链管理（supply chain management，SCM），指在满足一定的消费者服务水平的条件下，为了使整个供应链系统成本达到最小，把供应商、制造商、仓库、配送中心和渠道商等有效地组织在一起，从而进行产品制造、转运、分销及销售的管理方法。传统的供应管理包括计划、采购、制造、配送和销退这 5 个基本内容。

- **计划**指建立一系列的方法监控供应链，让供应链能够有效、低成本地为消费者输送高质量和高价值的产品或服务。
- **采购**指选择能为企业的产品和服务提供货品和服务的供应商，并与供应商一道建立一套定价、配送和付款流程。
- **制造**指企业安排生产、测试、打包和准备送货所需的活动。
- **配送**是指产品送到消费者手中的过程。
- **销退**指接收消费者退回的次品和多余产品，并在消费者的产品出现问题时提供支持。

企业供应管理内部协同的流程分为如下3步。

（1）产品部门了解市场的需求，包含产品内容、质量要求、需求规模等，并将整理完成的内容提供给质量管理、材料管理等部门，多方对需求数量、质量标准和材料标准进行商讨和确认。这一步骤的交付物为产品文档、生产计划和销量计划等文档。

（2）产品部门输出生产计划和质量标准，并将其提供给生产部门、质量管理部门和采购部门，生产部门通过生产管理完成产品生产，质量管理部门通过质量管理完成产品测试。这一环节的交付物为可销售的产品。

（3）企业提供产品给分销商或者消费者，会涉及仓储、物流等环节。如果发生逆向事情，那么需要销毁退货流程。

常见的供应管理内部的交付信息流转图如图8-1所示。

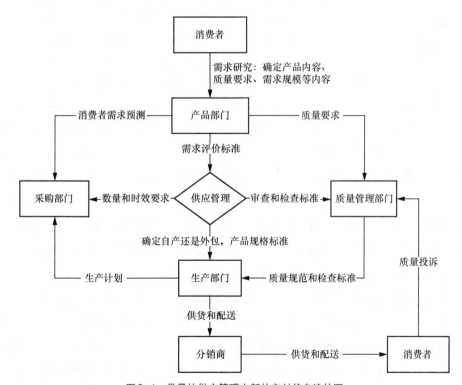

图8-1 常见的供应管理内部的交付信息流转图

依据图8-1中的交付信息流转过程，一般将SCM流程分为设计链路、生产链路、履约链路和售后链路四大核心链路，不同链路有不同管理方法和保障体系，供应管理四大链路核心内容如表 8-1 所示。

表 8-1 供应管理四大链路核心内容

链路名称	设计链路	生产链路			履约链路		售后链路
具体流程	需求管理	材料采购	材料调拨	生产	仓储	物流	销退
工作内容	产品设计	供应商寻源	补货	生产计划	入库	揽收	退货
	需求预测	准入评估	调拨		调拨	配送	销毁
		供应商管理	库存管理		出库		
		采购谈判			库存管理		
	协同保障机制						
保障体系	需求分析体系	采购管理体系	库存管理体系	生产控制体系	仓库管理体系	物流管理体系	售后保障体系
	……	质量管理体系	……	质量管理体系	库存管理体系	……	……
		……		技术管理体系			
				……			

营销管理的整体组织形式更像是并联结构，产品、品牌、渠道等模块同时作用于业务结果，而供应管理的整体组织形式是典型的串联结构，各环节串联在一起，类似数据结构中的链表。这也导致了供应管理中前置流程误差在后置流程会呈几何倍数的放大，经过的环节越多，影响的范围越广。如果预测的需求偏大，那么后续的采购和生产规模就会偏大，就会产生库存成本，严重的话会导致库存过期，引发库存销毁。企业的竞争力主要表现在需求预测、材料采购流程中的供应商管理和生产流程这 3 项上，仓储、物流和销退环节大多可以外包给第三方处理。

TCO 是全链路的优化目标，它不讲究单个模块的最大化表现，而讲究全局最优解，不同企业都有自己的最佳实践。企业在学习先进案例时，可以学习先进企业的理念，但不能直接照搬动作，因为不同企业在供应管理不同环节的核心能力不同。企业需要构建属于业务自身的 TCO 评估框架，平衡好不同生产流程的成本和收益。理想的供应管理过程也是帕累托最优过程，但是实际上是各个环节的取舍和反复平衡，这与数学上做最小值优化一样。在供应管理上建立共识（内部共识）比优化方法（具体工作）更重要。

8.3 上线时长是生产环节的绩效指标之一

生产环节是营销管理中产品策略的具象化实现。营销管理中的产品策略是概念性的需求解决方案，到了生产环节就需要明确产品的具体参数。以茶杯产品为例，营销管理输出的是"消费者要的是更加舒适的握持体验"这类抽象化的需求，在生产环节就需要输出具体的参数目标，如大小、弧度、釉面光滑程度等内容。这也决定了完整的产品开发工作不应该仅由产品部门负责，市场、研发、测试、供应管理、质量、制造、财务等部门也要负责产品开发，部分场景还涉及消费者和供应商，如何协调建立一种良好的协助机制是整个产品开发工作的核心。

产品开发工作分为两种，一是全新产品的开发，二是既有产品的优化。这两种工作的基本流程相似，都需要经过以下 3 个阶段[①]，产品开发全流程如图 8-2 所示。

（1）**设计阶段**：负责消费者需求设计和需求的细节描述。

（2）**原型阶段**：负责按设计要求输出原型，并针对设计方案优化成本。

（3）**生产阶段**：负责产品的大规模生产和上线，并对生产成本进行复盘和优化。

产品开发工作重点关注 3 个关键绩效目标：一是产品上线时间，主要涉及影响产品销售的机会成本；二是产品质量，主要影响保修、产品责任等后所有权成本；三是 TCO，产品的最终服务成本在很大程度上取决于设计阶段，后续流程只是设计阶段的外延。

产品上线时间等于各个阶段花费时间的总和，包括设计时长、原型时长和生产时长。

- **设计阶段的流程**，除了需要外部供应商协助进行产品设计的情况，大多数设计阶段的流程为内部流程。控制时间的方法主要是将原来的串行流程变成并行流程，将原有产品部门独立设计流程变成多部门协同设计流程。设计流程涉及邀请合适供应商早期介入[②]。在产品概念设计阶段提早暴露质量、成本、工艺、供应风险等问题，能够有效缩短产品开发时间和总上线时间。

[①] 互联网产品生产流程与传统产品生产流程基本类似，设计阶段对应产品需求文档设计流程，原型阶段对应线下环境测试，生产阶段对应预发或者线上环境测试。二者流程的差别主要是工具和节奏的差别，线上和线下的基本管理流程不会有太大的区别，各种概念性的内容基本内涵是一样的。

[②] 供应商早期介入，是采购方和供应商在产品生命周期早期所进行的一种合作方式。通过供应商早期介入的产品开发，企业可以从中得到很多收益，主要表现在：可以提高开发活动的效率，降低开发成本，缩短产品开发时间；可以有效降低由产品开发周期、质量问题、技术问题和逆向选择等带来的风险；可以提高产品品质、增进合作关系，缩短新产品上市时间；可以将部分风险转移给供应商。

176 第 8 章 供应管理与成本最小化

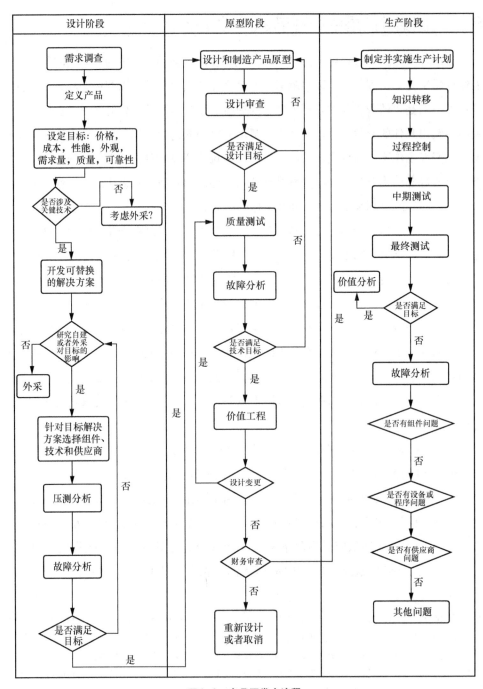

图8-2 产品开发全流程

- **原型阶段的流程**指从生产部门收到设计阶段交付物，到提交至生产阶段所经历的一系列流程，原型生产需要多批次测试。原型流程时长的控制依赖于设计阶段的高质量输出和测试技术的升级。如果设计阶段交付的标准完整，可以极大地压缩原型时长，即不需要重复沟通和返工。随着技术的发展，很多原型可以通过计算机模拟来实现，并且计算机程序正逐步取代原型设计，通过技术升级也可以有效压缩原型时长。

- **生产阶段的流程**分为生产计划和采购计划两项。生产计划是企业对生产任务做出统筹安排，具体拟定生产产品的品种、数量、质量和进度的计划。采购计划是根据生产部门或其他使用部门的计划制定的包括采购物料、采购数量、需求日期等内容的计划。生产计划和采购计划的配合是生产时长的主要优化点。生产时长依赖于3个模块：一是备货情况，材料缺货或者材料不可用是整体生产计划最大的影响因素，如近几年很火的汽车芯片缺货问题；二是生产过程控制，如设备维护、人员培训等；三是工艺优化，通过工艺升级可以有效压缩整体产品上线时间。

产品上线时间前期依赖于内部的协调效率，后期依赖于含采购在内的供应管理效率，因此采购管理[①]是供应管理的关键。

TCO是供应管理的最终优化目标，产品开发环节主要通过价值工程/价值分析两个工具在设计和生产过程中持续降低TCO。价值工程是功能和成本的取舍，企业期望通过价值工程寻找到功能和成本的平衡点。

8.3.1 价值工程是功能和成本的平衡

价值工程之父劳伦斯·D.迈尔斯（Lawrence D. Miles）首先提出了消费者购买的不是产品本身而是产品功能的观点，该观点实现了不同材料之间的功能替代，进而发展成在保证产品功能前提下降低成本的技术经济分析方法。1954年，美国海军应用了这一方法，并将其改称为价值工程（value engineering，VE）。由于它是节约资源、提高效用、降低成本的有效方法，因此引起了世界各国的普遍重视。

价值工程中所说的"价值"有其特定的含义，与哲学、政治经济学等学科关于价值的概念有所不同。价值工程将"价值"定义为"对象具有的必要功能与取得该功能的总成本的比例"。

[①] 产品质量横跨原型制作和生产等几个环节，其中大约75%的产品质量问题主要是原材料的问题，这也进一步凸显了采购环节的重要性。

价值工程的具体公式如下：

$$V = F / C$$

V 指价值；F 指产品或劳务的性能或用途；C 指产品在全生命周期内所花费的全部费用。

价值工程是以提高产品或作业价值为目的，通过有组织的创造性工作，寻求用最低的生命周期成本，可靠地实现使用者所需功能的一种管理技术。通过价值工程提升产品价值的方法有以下 5 种。

- 功能提升，成本不变，价值提升。
- 功能不变，成本降低，价值提升。
- 功能大幅提升，成本略有增加，价值提升。
- 功能略有降低，成本大幅降低，价值提升。
- 功能提升，成本降低，价值大幅提升。

价值工程不是单纯强调功能提高，也不是片面地要求降低成本，而是致力于分析功能与成本之间的关系，找出二者共同提高产品价值的结合点，克服只顾功能而不计成本或只考虑成本而不顾功能的盲目做法。企业使用价值工程主要是为了降低非核心功能的投入，提高关键功能投入，通过这两个动作提高功能投入、降低成本。

价值工程目前已发展成为比较完善的管理技术，在实践中已形成了一套科学的实施程序。价值工程项目通常是围绕以下 7 个合乎逻辑的问题展开：这是什么；这是干什么用的；它的成本是多少；它的价值是多少；有其他方案能实现这个功能吗；新的方案成本是多少、功能如何；新的方案能满足要求吗。

按照顺序回答和解决这 7 个问题的过程就是价值工程的步骤即包括选定对象、收集情报资料、进行功能分析、提出改进方案、分析和评价方案、实施方案和评价活动成果，其中关键的两个步骤是选定对象和进行功能分析，其他 5 项是依据这两项内容的结果来实施的，本节重点说明选定对象和进行功能分析的方法。

选定对象的总体原则为优先考虑对企业生产经营有重要影响的产品或项目，或有较大价值潜力、可取得较大经济效益的产品或项目，一般可以从以下 6 个部分中挑选。

（1）造价高的组成部分。

（2）占产品成本比重大的组成部分。

（3）数量多的组成部分。

（4）体积或重量大的组成部分。

（5）加工工序多的组成部分。

（6）废品率高和关键性的组成部分。

对象选择的方法和优劣势如表 8-2 所示，分析师需要按照项目情况选择合适的方法。

表 8-2　对象选择的方法和优劣势

方法	内容	优势	劣势
经验分析法	借助分析人员的经验来选取	简单易行	准确性较差，依赖于工作人员
ABC 分析法	依据"二八原则"，确定成本占比高、数量占比低的部件	方便重点突破	有些成本不合理的细节会被遗漏
强制确定法	以功能重要程度作为优先级排序，然后选择价值低的作为分析对象	比较简便	不能分析太多部件，偏向于定性分析
百分比分析法	通过部件成本对某个指标的影响程度来选择部件	判断标准直观	可能会对其他指标造成负面影响
价值指数法	通过计算各部件在功能得分与总功能得分，以及各部件的成本与总成本的比值，最终通过确定各部件的价值筛选价值低的对象作为分析对象	相对全面	成本高

功能分析是价值工程活动的核心。它包括功能定义、功能分类、功能计量和功能评价等环节。

- **功能定义**指以简洁的语言对产品的功能加以描述。
- **功能分类**指在功能定义的基础上进行功能分类，常见有功能重要性、消费者需求度等分类标准，也可参考第 12 章中的 KANO 模型。
- **功能计量**指对功能量化评估的方法。功能计量的方法有很多，如理论计算法、技术测定法、统计分析法、类比类推法、德尔菲法等。非特殊原因一般采用德尔菲法（见 12.8 节）。
- **功能评价**在不同项目中的方法不同，功能评价的核心目标都是通过计算功能或方案对应的成本指数、功能指数和价值指数的具体数值，然后依据目标进行选择。不同目标对应的步骤将在后文的案例中进行说明。

价值工程既可以在多方案中选择价值较高的较优方案，又可以选择价值较低的对象作为改进的对象，功能评价也主要服务于如上两个目标。

项目目标如果是在多方案中选择较优方案，功能评价主要是通过对不同方案的价值进行衡量，选择价值指数最高的方案，此类项目步骤分为如下 5 步。

（1）通过专家建议或者全体决策，选择具体功能和方案，并且利用德尔菲法对不同方案进行计量（功能计量），一般采用 10 分制。方案打分表如表 8-3 所示。

表 8-3　方案打分表

功能	方案 A 的评分	方案 B 的评分	方案 C 的评分
F_1			
F_2			
F_3			
F_4			
F_5			
成本			

注：采用德尔菲法，以 10 分制表示，10 分为最大，1 分为最小。

（2）建立功能与功能之间的评分表格，确定各项功能得分。各自得分除以总分为功能评价系数。案例为 0～1 评分法，也可以采用其他方法。功能与功能之间的评分表如表 8-4 所示。

表 8-4　功能与功能之间的评分表

方案功能	功能对比					得分值	功能评价系数
	F_1	F_2	F_3	F_4	F_5		
F_1							
F_2							
F_3							
F_4							
F_5							
合计							

注：对于 0～1 评分法，F_1、F_2 两项功能对比分重要和不重要两种状态，重要的打 1 分，不重要的打 0 分，评分表中打分以横排行累加获得。

（3）结合前两个步骤计算功能系数，其中方案加权得分为"功能评价系数 × 方案评分"计算各方案总分。功能指数为各方案总分除以所有方案的得分。方案加权得分表如表 8-5 所示。

表 8-5　方案加权得分表

方案功能	功能评价系数	方案加权得分		
		方案 A	方案 B	方案 C
F_1				
F_2				
F_3				
F_4				
F_5				
合计				
功能指数				

（4）计算方案的成本指数，成本指数为方案成本除以所有方案成本之和。方案成本指数计算表如表 8-6 所示。

表 8-6　方案成本指数计算表

	方案 A	方案 B	方案 C	合计
成本				
成本指数				

（5）依据 $V=F/C$ 公式计算价值指数，对比各个方案的价值指数，选择价值指数最高的作为优选方案。方案价值指数计算表如表 8-7 所示。

表 8-7　方案价值指数计算表

	方案 A	方案 B	方案 C	合计
功能指数				
成本指数				
价值指数				

项目目标如果是在多功能中优化价值较低的功能。此类项目的功能评价旨在寻找实现功能的最低费用，即功能的目标成本。以此为基准，通过与功能现实成本的比较，我们选择那些比值低、差值大的功能作为价值工程活动的重点对象。这一标准的主要目的是通过最小的改变来获得最大的成本下降。功能评价分为两步：第一步为功能指数的计算；第二步为功能价值指数的计算。**功能指数**指评价对象的功能在整体功能中所占的比例。功能价值指数计算表如表 8-8 所示。

表 8-8 功能价值指数计算表

方案功能	功能评分	功能指数	目前成本	成本指数	价值指数	目标成本	成本比值	成本差值
F_1								
F_2								
F_3								
F_4								
F_5								
合计								

各个数值的计算方式与本节另一个项目的过程类似，但需要提前确定合计目标总成本值，按目标总成本乘以功能指数来计算各个功能的目标成本，分别计算当前成本和目标成本的比值和差值，选择比值低、两者的差值大的功能作为优化对象。另外，也可以通过计算功能价值，分析成本功能的合理匹配程度。一般 $V=1$ 无须改进，$V<1$ 表示功能过剩或者成本太高，$V>1$ 表示有不必要的功能或者需要提高成本。

价值工程[①]分析方法强依赖于专家建议，其数据很大程度上属于经验数据。价值工程一般在设计过程中使用，对专家意见的量化方法建议主要参考德尔菲法。在现实环境中，供应商掌握着第一手的精准数据，让供应商加入价值工程是一种非常好的实践。价值工程主要面向设计阶段，即在功能未开始量产时寻求成本缩减方法。而在量产后，企业就具备真实的成本数据，这时候主要采用价值分析的方法进行成本缩减。

8.3.2 通过价值分析复盘优化成本结构

价值分析（value analysis，VA）涉及对现有产品实施一系列与降低成本相关的技术，以提高其价值。价值分析作用于产品量产后，基于对现有的成本数据进行详尽的分析发掘，可以降低成本或提高价值的改善点，主要是通过识别不必要的成本[②]并将其从价值体系中消除，但成本消除行为应该在不影响其功能效用和输出性能的情况下进行。价值分析的关键在于：

---

① 对大型复杂的产品应用价值工程的重点在产品的研究和设计阶段。实施价值工程需要多部门协同，尤其是最了解市场行情的供应商。在价值工程应用中，分析师需要针对很多问题进行解答，其中关键问题为：是否可以简化或消除某些部件；是否可以选择成本更低的生产方式；是否可以使用成本更低的原材料；是否可以使用库存或者标准件。这几个问题的回答也是对价值工程的简单替代方法。
② 不必要的成本是指不为产品或服务提供增值作用的费用，包括烦琐的流程、过于苛刻的细节追求、不必要的出行费用等。

- 识别产品的功能；
- 以各种替代方案来实现这些功能；
- 选择成本最低的最佳替代方案。

现实生活中很多分析师会混淆价值分析和价值工程，认为它们是同一个工具，但价值分析和价值工程至少有以下 4 个不同点。

- 方法不同：价值分析是一种降低成本[①]的技术，它依赖于生产成本项目的系统检查；价值工程是对流程、产品或服务的重新设计，以便在降低成本的同时提高提供给消费者的价值。
- 手段不同：价值分析是一个补救过程，而价值工程是一个预防过程。
- 目标不同：价值分析的目标是实现更好的商业产出，价值工程的目标是获得更好的工程结果。
- 价值点不同：价值分析有助于消除不会为产品增加任何类型价值的不必要成本，价值工程有助于避免不必要的成本增加。

世界一流企业在新产品开发阶段就开始应用价值工程技术，并将价值分析技术看成一种不断改进产品的途径，这两种方法构建了企业成本管理的经营思路，也是企业流程中重要的一环。

8.4 质量管理追求第一次就做好

《质量管理体系基础和术语》（GB/T 19000—2016）（等同于国际标准 ISO 9000：2015）对质量的定义是"客体的一组固有特性满足要求的程度"。"特性"是指"可区分的特征"。可以有各种特性，如物的特性（机械性能等）、感官的特性（气味、噪声、色彩等）。"要求"是指"明示的、通常隐含的或必须履行的需求或期望"。质量具有以下 4 个特征。

- **质量的经济性**。由于要求汇集了价值的表现，因此价廉物美实际上反映了人们的价值取向，物有所值就是质量的经济性的表征。
- **质量的广义性**。质量不仅指产品质量，而且可以指过程和体系的质量。

---

① 降低成本主要有 7 种做法：优化设计，减少零件数量；零件标准化，降低非标零件的比例；变更材质，降低成本；轻量化，减少材料投入；生产流程优化，减低损耗，减少不必要动作；优先使用库存；以机械代替人工。

- **质量的时效性**。由于企业的消费者和其他相关方对组织和产品、过程和体系的需求和期望是不断变化的，因此企业应不断调整对质量的要求。
- **质量的相对性**。企业的消费者和其他相关方可能对同一产品的功能提出不同的需求，也可能对同一产品的同一功能提出不同的需求，需求不同，质量要求也不同，只有满足需求的产品，才会被认为是质量好的产品。

质量应该是"最经济"和"充分满足消费者要求"的统一，离开经济效益和质量成本去谈质量没有实际意义，分析师在对比质量的优劣时，应在同一经济等级基础上做比较。

质量是企业的生命线，以 TCO 来说，TCO 中的保修成本、产品责任成本、消费者不满意成本都是由质量问题引起的，质量问题是企业生死存亡的重要影响因素。类似的案例数不胜数，这也凸显了质量管理工作的重要性。

质量管理就是在一定的技术经济条件下，为保证和提高产品质量所进行的一系列经营管理活动的总称。该管理活动包括质量管理体系的制定、质量的控制、质量的验收与评定等相关内容，质量管理的发展大致经历了以下 4 个阶段。

- **自我检验阶段**。从原始质量管理方法的出现到 19 世纪末，受手工业作坊或家庭生产经营方式的影响，产品质量主要依靠操作者本人的技艺水平和经验来保证。
- **质量检验阶段**。20 世纪初，科学管理理论的产生，促使产品的质量检验从加工制造中分离出来，质量管理的职能由操作者转移给工长。随着企业生产规模的扩大和产品复杂程度的提高，产品有了技术标准，公差管理制度也日趋完善，各种检验工具和检验技术也随之发展，大多数企业开始设置独立检验部。这个阶段属于事后检验的管理方式。
- **统计质量控制阶段**。以数理统计理论为基础的统计质量控制的推广应用始自第二次世界大战。美国国防部为了控制弹药质量决定把数理统计法用于质量管理，并由标准协会制定有关数理统计方法应用于质量管理方面的规划，成立了专门委员会，并于 1941～1942 年先后公布一批美国战时的质量管理标准。
- **全面质量管理阶段**。20 世纪 50 年代以来，随着生产力的迅速发展和科学技术的日新月异，人们对产品的质量从注重产品的一般性能发展为注重产品的耐用性、可靠性、安全性、维修性和经济性等。在多重环境因素的要求下，全面质量控制之父阿曼德·费根鲍姆（Armand Feigenbaum）于 20 世纪 60 年代首次提出"全面质量管理"的概念。他提出全面质量管理是"为了能够在最经济的水平上、考虑到充分满足消费者要求的条件下进行生产和提供服务，并把企业各部门在研制质量、维持质量和提高质量方面的活动构成一体的一种有效体系"。

质量检验向全面质量管理过渡的原因主要有以下 4 个方面。

- **生产和科学技术发展**。工业产品更新换代日益频繁，出现了许多大型产品和复杂的系统工程，如飞机、火箭航天器，对这些大型产品和系统工程的质量要求大大提高，特别对安全性、可靠性提出的要求极度严格。
- **消费者对质量的要求提升**。过去消费者只注重产品的性能，现在又增加了耐用性、可靠性、安全性、经济性等要求。随着市场竞争的加剧，企业都重视产品责任和质量保证问题。
- **技术和管理理论的突破**。"现代管理"的理论突破，主要特点是必须更加注意人的因素和发挥人的作用，要把人作为一个独立的能动者在生产中发挥作用，要求从人的行为的本质中激发出动力，从人的本性出发来分析如何调动人的积极性。
- **法律条款的支持**。广大消费者为了保护自己的利益，成立了各种消费者组织，出现了"保护消费者利益"的运动，迫使政府制定法律，制止企业生产和销售质量低劣、影响安全、危害健康等劣质品，要企业对提供的产品的质量承担法律责任和经济责任。

无论理论和技术如何发展，质量管理目标都是通过建立产品的开发、设计、生产作业、服务等全过程的质量体系，有效利用企业资源，提供符合规定要求和消费者期望的产品和服务。

美国著名质量管理专家威廉·爱德华兹·戴明（William Edwards Deming）曾提出"在生产过程中，造成质量问题的原因只有 10%～15% 来自工人，而 85%～90% 是企业内部在管理上有问题。"从引起质量问题的不同阶段来看，设计问题、工艺问题和生产问题的比例大概为 70:20:10，设计问题是引发质量问题的根源，质量管理的重心是事前预防[①]。第一次就做好不仅是质量管理的核心目标，也是产品设计、生产控

---

① 互联网产品形态与实物产品形态不同，质量控制方法也不太一样。互联网产品除在测试环境、预发环境等环境下进行逻辑和压力测试外，为了保障过程中的产品稳定性还会通过冗余设计（如多库存储、多云设计）避免出现质量问题。互联网产品可以做到消费者体验过程中无法感知故障发生，这是由互联网产品本身特性决定的。互联网产品通过资源冗余降低故障率，这一点对传统行业并不具备参考意义，后续内容仍以实物生产作为主线进行说明。

制等各个环节的目标，是 TCO 最小化的必然选择。

8.4.1 质量管理的基本流程和数据来源

虽然质量是在制造环节中形成的，不是在检测环节中产生的，但是我们发现质量问题的主要场景（70%）仍然是在检测环节。在质量领域有一个顺口溜，通过质量管理顺口溜可以很直观地看到质量管理工作的具体内容，如案例 8-1 所示。

案例 8-1　质量管理顺口溜

质量管理"三部曲"：质量计划、质量控制、质量改进。

质量概念"三个阶段"：符合性质量的概念、适用性质量的概念、广义质量的概念。

质量检验"三种形式"：查验原始质量凭证、实物检验、派员进厂（驻厂）验收。

质量检验"三种时机"：进货或来料检验、过程检验、最终或成品检验。

质量检查"三种方式"：抽样检验、全数检验（百分之百检验或产品筛选）、免检。

质量检查"三个项目"：外观、尺寸、性能。

质量"双三检制"：自检、互检、专检，首检、巡检、末检。

首件"三检制"：工人自检、班组长复检、检验员检验。

不合格品"三种缺陷"：严重缺陷（critical，CR）、主要缺陷（major，MA）、次要缺陷（minor，MI）。

不合格品"三种处理方式"：返工返修、让步接收、报废或拒收。

质量"三不"：不接受不合格产品、不制造不合格产品、不移交不合格产品。

质量"三按"：按图纸、按工艺、按标准。

质量"三员"：产品质量检验员、质量第一宣传员、生产技术辅导员。

质量"三满意"：服务的态度员工满意、检验过的产品下工序满意、出厂的产品消费者满意。

质量事故"三分析"：分析事故产生的原因、分析事故的危害性、分析应采取的措施。

> 质量事故"三不放过":原因不明不放过、责任不清不放过、措施不落实不放过。
>
> 体系人员的"三种工作状态":撰写流程、评审流程、流程稽核。
>
> 质量工程师的"三种工作状态":分析异常、编写 8D 报告、检讨会。
>
> 质量总监的"三种工作状态":谈话、开会、看邮件。
>
> 质量部的"三种情况":四处胡乱插手、投诉就找你、审核就牵头。
>
> 总经理的"三种质量承诺":支持你、奖励你、狠罚他。
>
> 外审员的"三种职业病":你策划了吗、你验证了吗、你关闭了吗。
>
> 作业指导书的"三种情况":不知道在哪、没人查看、看了白看。

质量管理顺口溜是质量环节的总结,也是快速了解质量检查基础内容的方法。顺口溜中影响数据统计的主要是三种时机、三种方式、双三检制。这三块工序的标准化和数据线上化可以提高质量管理数据的及时性,强化数据对质量管理工作的价值。

质量检验"三种时机"分为进货或来料检验、过程检验、最终或成品检验。

- **进货或来料检验**指对外购产品的质量验证,包括对采购的原材料、辅料、外购件、外协件及配套件等入库的接收检验。
- **过程检验**又称工序检验,目的是在加工过程中防止出现大批不合格品,避免不合格品流入下一道工序。
- **最终或成品检验**又称完工检验,是全面考核半成品或成品质量是否满足设计规范标准的重要手段。由于最终检验是验证产品是否符合消费者要求的最后一次机会,因此它是质量保证活动的重要内容。

质量检验"三种时机"包含了企业采购、生产工序环节和最终成品的检验环境,是日常质量合格率的主要维度来源,通过对不同环节的合格率的评估,可以有效定位质量管理薄弱环节。

质量检查"三种方式"包含抽样检验、全数检验、免检。

- **抽样检验**指根据数理统计原理所预先制订的抽样方案进行检验。抽样检验节约检验工作量和检验费用,缩短了检验周期,减少了检验人员和设备,但具备一定的错判风险,这个环节需要使用统计学相关方法。
- **全数检验**指对一批待检产品进行检验(百分之百检验或产品筛选),能够提供较全面的质量信息。如果希望检查得到百分之百的合格品,可行的办法就是进行全数检验,甚至一次以上的全检。
- **免检**顾名思义就是不检查,一般针对行业占有率较高,且前期抽查均合格的厂家。

质量检查"三种方式"是质量合格率具体的计算方法,抽样统计的合格率需要搭配置信区间使用,全数检验是最理想但成本最高的检验方式。

"双三检制"包含自检、互检、专检,首检、巡检、末检。自检、互检、专检主要是指质量检查的流程,对应互联网行业流程有开发自测、联调测试、测试工程师测试。
- **自检**指工作完成者依据规定的规则对该工作进行检验。
- **互检**指下一道工序或接收工序对上一道工序依据规定的规则进行检验。
- **专检**指经授权的专职检验员依据规定的规则进行检验。

首检、巡检、末检是指为避免出现批量化的质量不合格而设计的抽检的形式。
- **首检**是指新品上线第一个工件或更换机台、一个作业班次开始加工时,为了检验设备、用料等情况,需要各工序加工3~5个产品并对产品进行质量检查,确保生产顺利进行。
- **巡检**是指在产品生产、制造过程中定期或随机流动性检验,目的是及时发现质量问题。
- **末检**是指所有产品须经检验并有合格标志,方可入库或出货。

"双三检制"是质量合格率数据来源的记录环节,双三检制的稳定和高质量的实施是确保质量合格率指标计算准确的关键。

数据来源、计算方式、维度信息代表了指标体系的3个方案。在质量环节为了加快OODA循环,分析师需要尽可能将线下单据变成线上表单,通过对质量检测数据线上化和标准化,通过数据计算更及时地获取质量数据,及时进行分析干预。

8.4.2 质量管理的分析方法

有数据就有对应的分析方法,质量管理发展时间长,在过程中沉淀了很多经典方法。其中,"七大手法"主要是指企业质量管理中常用的质量管理工具,包括分层法、调查表、排列法、因果图、直方图、控制图和相关图。随着时间的推移,质量管理工具发生了很大的变化,出现了新的质量管理(quality control,QC)七种工具,分别为关联图、系统图、亲和图、矩阵图、过程决策程序图（process decision program chart，PDPC）法、箭条图和矩阵数据分析法。在质量领域，为了方便大家记忆，也将分析方法总结成顺口溜。质量管理分析方法顺口溜如表 8-9 所示。

表 8-9　质量管理分析方法顺口溜

老七大手法	新七大手法
查验收数据	关联图法：厘清复杂因素间的关系
管制防变异	系统图法：系统地寻求实现目标的手段
直方显分布	亲和图法：从杂乱的语言资料中获取资讯
柏拉抓重点	矩阵图法：多角度考察存在的问题的变数关系
散布找相关	PDPC 法：预测设计中可能出现的障碍和结果
层别找差异	箭条图法：合理制定计划
特性找原因	矩形数据分析法：多变量转化为少变量的资料分析方法

从表 8-9 中可以看出，老七大手法主要是通过图表形式展现数据的分布情况，它强调大量数据资料的重要性。老七大手法主要是事后的数据呈现，并不涉及原因分析。新七大手法更多的是一种从文本资料中对问题进行梳理，更多的是做事前的预防，新的工具偏向思维模型。二者作用域不同，是相互补充而非相互替代的关系。

老七大手法在 Excel 工具中都可以找到，本文不具体展开。而新七大手法大量依赖于过往的文档和经验，很多情况下是帮助厘清思维的方法，不能算严格意义上的数据分析方法，本节重点说下亲和图法，亲和图方法是在分析前期资料不全的情况下帮助分析师厘清思路的方法。

亲和图法又称 KJ 法，创始人是东京工业大学教授、人文学家川喜田二郎（Jiro Kawakita）。经过多年的野外考察，川喜田二郎总结出了一种方法，其核心在于如实捕捉看似无关的大量事实，通过有机组合和归纳这些事实，从而揭示问题的全貌，建立假说或创立新学说。他将这种方法与头脑风暴法相结合，发展成一种包括提出设想和整理设想两种功能的方法，即 KJ 法。这一方法自 1964 年发表以来，作为一种有效的创造技法很快得以推广，成为日本最流行的一种方法。KJ 法的具体步骤可分为以下 4 步。

- **收集语言、文字资料**。将零碎数据、少量记载的事实、图画、想法和观察记录到便利贴上，并把它们贴在白板上。

- **整理卡片**。取下一张便利贴，把它贴在第一组的第一张便利贴上，再取下一张便利贴，根据它与第一张相似还是不同，将其放在第一个组或单独成组。你也可以把相似的数据放在一起，不同的想法单独成组，然后再一个接一个地贴在一起。
- **分类卡片并排序**。命名分类好的群组，对最重要的群组进行排序。开始排序之前要清楚优先级排序的依据是什么。
- **整理思路，输出见解**。对每组卡片进行命名，并总结输出群组内部蕴含的信息。

KJ 法通过这几个步骤完成零散的信息的结构化处理，有助于使用者厘清思路，发现不一样的问题，而零星信息的收集可以来源于消费者调研也可以来源于头脑风暴。除了 KJ 法，其他方法也非常有助于分析师厘清思路，读者有兴趣也可单独去了解。

8.5 采购不应只是询价、比价、催货、付款

采购是指企业在一定的条件下从供应市场获取产品或服务作为企业资源，以保证企业生产及经营活动正常开展的一项企业经营活动。在整个采购活动过程中，企业一方面通过采购获取了资源，保证了企业正常生产的顺利进行，这是采购的效益；另一方面也会发生各种费用，这就是采购成本。企业要追求采购经济效益的最大化，就要不断降低采购成本，以最低的成本去获取最高的收益。传统采购追求成本最小化，但从 TCO 角度来看，不仅需要评估采购时的购置成本，还需要综合评估采购带来的 TCO。而企业采购的目标是 TCO 最小化，在某些情况下，提高采购成本可能会降低 TCO。

常见的采购流程如图 8-3 所示。图 8-3 中所有权总成本分析后的流程具体细项可以分为收集信息、询价、比价、议价、评估、索样、决定、请购、订购、协调与沟通、催交、进货验收、整理付款等，这些细项属于采购的事实环节，是采购岗位日常工作内容。TCO 的优化工作主要集中在采购的设计环节，即确定采购形式和采购内容。

通过比较优势原则，企业通过交易的形式获取自身缺乏的资源，可以获取更大的经济利益，在供应管理中这就涉及自制和外包的讨论。生产过程中将非核心模块外包，让更专业和更具规模效应的企业承接，降低企业成本不失为一个很好的解决方

案。随着社会化分工的逐步开展，当前市场上有一种趋势正在形成，即外包所有非核心业务，获取更大的成本优势，其中明确可以外包的业务有客服、仓储、物流。

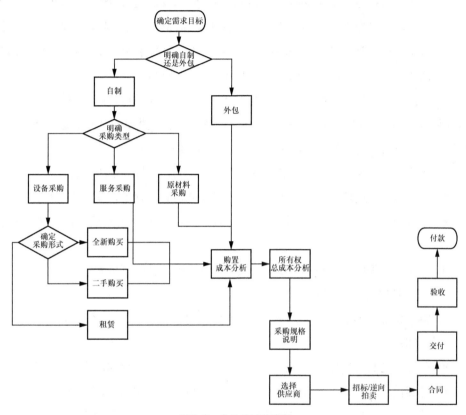

图8-3 常见的采购流程

了解自制和外包的选择标准前，读者需要了解"**纵向一体化**"和"**水平分工**"的概念。

- **纵向一体化**指企业在现有业务的基础上，向现有业务的上游或下游发展，形成供产、产销或供产销一体化，以扩大现有业务范围。纵向一体化的典型代表为福特公司，福特 T 型车的销售形势大好，生产规模逐步扩大导致了原材料和零部件的供不应求，于是福特公司形成了所有环节自己生产的理念。基于这种理念，庞大的胭脂河工厂诞生了。在厂区内，冶金工厂、玻璃工厂、橡胶工厂一应俱全，内有运河、铁路，搬运船可以直接驶入工厂内部。
- **水平分工**指强调上下游企业之间保持相互独立的契约关系的概念。典型代表为通用汽车公司。通用汽车公司总裁艾尔弗雷德·斯隆（Alfred Sloan）注意到了消费者特别是富裕阶层，似乎厌倦了千篇一律的福特 T 型车，于是斯隆开始大力推行汽车的多品牌和时尚性战略。与福特公司的专车专用零部件不同，通用汽车公司采用多车型通用的机器和部件，这就为大规模外部采购提供了可能，通用汽车公司和零部件供应商之间的采购模式是水平分工模式，而特定功能的外部采购也可以视为另外形式的外包。

随着生产技术提升和生产系统越发复杂，一个产品可能同时包含外包和自制部分，哪些部分外包和哪些部分自制是产品设计环节中非常重要的判断。这些需要企业了解外包和自制的优劣势。外包的优势主要有以下 4 点：

- 将非核心业务外包，能充分发挥企业核心能力，提高企业专注性和灵活性；
- 减少内部流通环节和流动资金占用，减少物料管理费用，从而降低采购成本；
- 通过第三方采购服务商集中采购，通过规模采购分散采购风险，提高议价能力；
- 能在一定程度上缩减采购团队成员，降低企业运营管理成本。

外包的劣势有以下 5 点：

- 将整体流程委托给外部供应商可能会引起管理和技术上的失控，导致过度依赖；
- 外部供应商的目标与企业的目标不一致可能导致供应商偏离企业计划和策略；
- 外部供应商的成本和费用对企业缺乏透明度，企业难以管控成本；
- 外部供应商缺乏对企业专有数据和技术的保密意愿，容易造成泄露；
- 多重转包，有些供应商将业务转包，引发成本和质量问题。

外包的优劣势和自制的优劣势基本相反，为了解决外包采购的劣势，丰田企业在自制和外包过程中实现了一种折中的形式，通过投资的方式，将外部供应商的利益与企业利益绑定，获得对外部供应商的把控力，缓解外包的劣势。但即使是投资关系，被投资的供应商企业也是以自身利益作为出发点的，丰田模式只能缓解不能解决外包的缺点。

现实环境中存在不少企业存在外包过度导致核心竞争力丢失的案例。对外包的决策需要慎之又慎，一般认为企业在以下 3 种情况下以自制为主（其他情况下以 TCO 最小化为判断依据）：一是项目对产品的成功至关重要，影响消费者对产品的观感；二是项目需要特别设计和制造技术，符合条件且可靠供应商资源非常少；三是项目涉及企业核心竞争力或者影响企业未来发展计划。

除了外包和自制的判断，大型生产设备是购买还是租赁也是供应管理重点讨论话题之一。企业购买大型生产设备时有 3 种选择：一种是购买全新设备；一种是租赁；一种是购买二手设备。购买二手设备和租赁有各自的优劣势，如表 8-10 所示，企业需要结合 TCO 进行测算。

表 8-10　购买二手设备和租赁的优劣势

类型	优势	劣势
购买二手设备	购买二手设备的成本远低于购买新设备，并且二手设备比新设备更易于使用	很难确定二手设备的真实情况和剩余使用时长，并且二手设备的维护费用高
租赁	租赁操作方便灵活，降低了设备过时带来的风险，降低了财务成本	长期来看租赁成本高于贷款，采购权限受出租方影响，采购方需要采购出租方的供应品

随着轻资产模式的兴起，租赁设备占整体设备采购的比例正在逐年攀升，具体选择购买还是租赁仍然需要做 TCO 测算。按历史经验判断，在供应商稳定可靠且设备使用周期不长的情况下，租赁模式优于购买。而购买二手设备时需要请专家进行二手设备评估，减少误判。采购的成本节省不是在最后的采购发起环节而是在前面的选择环节，一般非核心设备尽量采用购买二手设备和租赁方式，整体的购置成本和 TCO 能比全新购置降低不少。

功能外包采购和大型设备采购属于采购设计环节，发生频率较低。日常采购内容主要是原材料或半成品采购，这时候采购指标体系的重点是质量、成本、采购满足度等指标，如何保证在质量相同的情况下获取更大的折扣是采购人员日常思考的问题。日常降低采购成本一般有以下 3 种方法。

- **标准化**：尽量采购符合国际标准或者国家标准的零部件，以便于能让供应商复用原来的生产线。
- **集中采购**：通过规模采购的方式"以量换价"，争取采购成本的下降。
- **付款形式优化**：在自身资金利用效率不高的基础上，提早付款的支付方式能够降低采购价格。

采购的核心是保证供应商保质保量[①]、准时地交付，避免价格原因影响后续生产，

[①] 采购成本一般占生产成本的 50%～70%，而原材料导致的质量问题占总体质量问题的 75% 左右。产生采购问题的主要原因基本都源于产品设计和销售环节。能够根本解决采购问题的方案需要从产品设计和销售预测上寻找。一般问题爆发点是前序的累积沉淀，问题的解决需要回归到前序工序，从更高角度的流程或者组织管理进行考虑，企业需要避免"头痛医头、脚痛医脚"的问题出现。

TCO 提高。采购的动作发起人为采购人员，采购的交付方为供应商，为了保证采购合同的正常履约，除了在合同机制上约定激励和惩罚条约，日常还需要对供应商进行管理。

8.6 管理供应商选择合作还是选择竞争

供应商是向企业及其竞争对手供应各种所需资源的企业和个人，如原材料、设备、能源、劳务等资源。供应商很大程度影响了企业原材料的购置成本、企业产品的价格和产品交货期，严重情况下会削弱企业与消费者的长期合作利益。采购环节大部分课题在供应商管理方面。供应商管理流程有以下 5 个阶段。

（1）挖掘潜在供应商：又称寻源，寻源就是找到资源，找到合格的供应商，包括符合资质的新供应商和新产品的供应商。

（2）评估潜在供应商：通过供应商的供应能力、技术水平、企业风险性和合作的复杂程度综合评估确定符合标准的供应商名单。

（3）选择供应商：通过招标和谈判的形式，确定合适的供应商。

（4）发展供应商：选择优质的供应商，通过投资、技术合作等方式帮助供应商提高质量，降低成本。

（5）供应商管理：定期分析供应商的能力和表现，制订长期的供应商成长计划，满足企业发展需求。

本节主要针对寻源、选择供应商、供应商管理 3 个阶段进行描述，其中**寻源**的核心在于评估供应商能力；**选择供应商**的核心在于保持供应商之间的竞争态势，**供应商管理**的核心在于集成供应商以提升企业竞争力。

寻源是指在采购工作中寻找到合适的供应商，即寻找供应商、收集供应商信息、对供应商做出评价、拟定采购策略和确定供应商，侧重于对具有长久合作潜力的可靠供应商的挖掘和建立相互信任的关系。

在信息时代和市场全球化的今天，可以通过以下 6 种方法去寻找潜在供应商信息：

- 专业门户网站信息搜索；
- 行业杂志与行业协会；
- 参加行业相关展会，现场进行业务咨询洽谈；
- 通过现有上下游供应商的介绍；

- 产业集中地考察；
- 自身供应商渠道的长期积累应用。

基于收集到的信息，企业在选择供应商时需要针对供应商进行评估，综合考虑权衡比较，以便做出最优的选择，以下 7 种因素[①]需要格外注意。

- **产品质量性能**。潜在供应商的产品质量性能是非常关键的因素，如果潜在供应商的产品质量性能要求达不到企业要求，那就没必要对其进行进一步的调查了。
- **产能供应能力**。为了保证生产顺利进行，必须选择供应能力强的供应商，保证供货及时，使生产活动正常进行。产能供应能力分为生产能力和服务能力，生产能力主要评估的是供应商是否能够有效提供符合数量要求的产品供应；而服务能力则注重于供应商是否具备准时交货和快速响应需求的能力。
- **供货价格**。因为原材料的价格会影响最终产品的成本，所以它是主要考虑因素。在保证质量的前提下，价格越低，企业的生产成本就越低，对提高企业的竞争力就越有优势。
- **地理位置**。好的地理位置在运输成本、送货时间、紧急订货等方面都有很大的优势。
- **售后服务**。如果售后服务流于形式，那么被选择的供应商只会在短时间配合与协作，不能与企业建立长期伙伴关系。
- **财务状况**。一般采购原材料的资金都比较大，而且并不是货到付款。目前大多企业都采用滚动付款的方式，如果财务出现了问题，那么很有可能会被要求提前付款，甚至会直接停产。
- **信息技术能力**。评估后续是否可以通过信息化手段提高整体采购效率和生产效率。

产品缺陷的 75% 来源于原材料的不达标。寻源的核心在评估，提高供应商的准入门槛，减少后续由不良供应商带来的 TCO 的膨胀。

[①] 在大多数跨国企业中，供应商开发的基本准则是 "Q.C.D.S" 原则，也就是质量、成本、交付与服务并重的原则。在这四者中，质量因素是最重要的，一方面要确认供应商是否建有一套稳定而有效的质量保证体系，然后确认供应商是否具有生产所需特定产品的设备和工艺能力。另一方面是成本与价格，要运用价值工程的方法对所涉及的产品进行成本分析，并通过双赢的价格谈判实现成本节约。在交付环节要确定供应商是否拥有足够的生产能力，确定其有没有扩大产能的潜力。最后一点也是非常重要的一点，即供应商的售前、售后服务的记录。

选择供应商[1]是指通过招标和谈判的形式，确定合适的供应商。竞争会影响价格策略，如何保证在现有供应商中形成稳定的竞争关系是选择供应商的核心。古典经济学专家将竞争分为3种基本类型：完全竞争、不完全竞争和垄断。完全竞争环境下价格由供需关系而非买卖双方个人行为决定，生产商是价格的接受者。对垄断而言，生产商是价格的制定者，可以对价格实现一定程度的控制。介于完全竞争和垄断之间的竞争类型被称为不完全竞争。不完全竞争有两种形式：第一种是少量卖家市场，被称为寡头；第二种是多方卖家市场。一般在寡头和垄断市场，生产商具备定价权；在完全竞争市场，价格不可谈；而在多方卖家市场，价格可以调节。在选择供应商时，核心目标是营造多方卖家竞争市场，保障企业整体的价格控制能力。需要注意的是，营造多方卖家竞争市场，不需要严格限制数量，而只有需要让供应商明确企业替换供应商成本较低，如果供应商有这种意识，只有两个供应商也是多方卖家的市场。

供应商管理是供应链采购管理中一个很重要的问题，它在实现准时化采购中有很重要的作用。在供应商与制造商关系中，存在两种典型的关系模式：竞争关系和合作关系。两种关系模式的采购特征有所不同。

竞争模式受价格驱动，这种关系的采购策略有以下3个特征。

- 买方同时向若干供应商购货，通过供应商竞争获得价格优势，同时也保证供应的连续性。
- 买方通过在供应商之间分配采购数量，对供应商加以控制。
- 买方与供应商之间是一种短期合同关系。

合作模式是一种合作的关系，这种供需关系最先在日本企业中采用。它强调在合作的供应商和生产商之间共享信息，通过合作和协商协调相互的行为。这种关系的采购策略有以下4个特征。

- 买方对供应商给予协助，包含协助供应商降低成本、改进质量、加快产品开发进度。
- 通过建立相互信任的关系提高效率、降低交易或管理成本。

---

[1] 选择供应商需要遵循以下10个原则：供应商综合评价指标体系全面、客观、具体；建立和使用全面系统评价体系；供应商评价和选择步骤、选择过程透明化、制度化和科学化；评估体系稳定运作，标准统一，减少主观因素；不同环境下的供应商评价应是不一样的，保持一定的灵活操作性；供应商的规模和层次和采购商相当；购买数量原则上不超过供应商产能的50%，避免全额供货的供应商；同类物料的供应商数量尽量控制在2~3家，并区分主次；与重要供应商发展供应链战略合作关系；评估的指标、标杆对比的对象以及评估的工具与技术都需要不断更新。

- 长期的信任合作取代短期的合同。
- 买方与供应商之间有较多的信息交流。

从博弈角度来看,竞争模式偏向于短期博弈或者一次性博弈。在短期博弈中,博弈双方由于在未来缺乏与对方再次相遇的机会,主体行事的机会主义衍生的空间较大,"捞一把就跑"的非合作心理导致其行为短视。合作模式偏向于长期博弈,在长期博弈中,博弈双方之间将会在未来的交易中再次相遇,博弈主体过往的行为及其伴随而来的风险将成为对方行动决策的重要参数。与供应商建立合作模式[①]已经成为企业之间合作的典范。

供应商管理流程需要建立供应商阶段性评价体系,采取阶段连续性评价的方式,将供应商评价体系分为供应商进入评价、运行评价、供应商问题辅导、改进评价及供应商战略伙伴关系评价几个方面,评价体系覆盖供应商准入到供应商退出全生命周期。

8.7　生产控制环节开始于需求预测

生产控制是指为保证生产计划目标的实现,按照生产计划的要求,对企业生产活动全过程的检查、监督、分析偏差和合理调节的系列活动。生产控制有广义和狭义之分。广义的生产控制是指从开始准备生产到进行生产,直至成品入库的全过程的全面控制。狭义的生产控制主要指的是对生产活动中生产进度的控制,又称生产作业控制。

企业的生产流程从需求预测开始,到通过质量检查转入库存结束,生产控制流程如图 8-4 所示。

需求预测、生产过程控制、库存环节是生产控制环节的关键因素。其中,库存环节强依赖于需求预测和生产过程控制,库存是结果,需求预测和生产过程控制是原因,本节不对库存相关内容做具体说明。

需求预测是串联营销端和生产端必不可少的环节,不做需求预测,生产计划依据具体的订单进行生产,会导致整体物料和生产线的延迟,进而影响整体交付时间。一

---

① 经济学中有一个重要原理:人会对激励做出反应。要保持与供应商长期的合作关系,对供应商的激励是非常重要的。没有有效的激励机制,就不可能维持良好的供应关系,给予供应商价格折扣和柔性合同,以及赠送股权等是常见的激励形式。

种好的方式是通过预测整体需求的规模，提前安排物流和生产线，缩短交付时间。

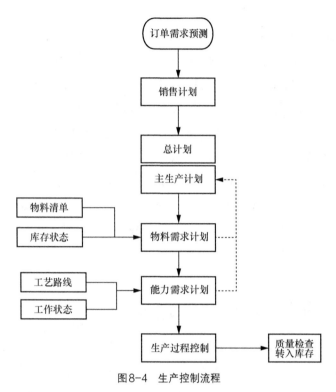

图8-4 生产控制流程

需求预测的优劣势如表8-11所示。

表8-11 需求预测的优劣势

优势	劣势
提早规划物料采购，通过周期差异降低成本，并且缩短整体的交付时间； 通过预测阈值的控制，减少牛鞭效应[1]导致需求异常扩大情况的影响，平滑产能扩张速度	预测过高会增加物料等库存成本； 预测过低会影响销售机会成本

需求预测需要结合数据预测和专业判断来完成，其中数据预测提供历史数据的拟合和预测，专业判断负责整体的需求合理性判断。所有的预测都是不准确的[2]，虽然预测不准确，但是需求预测是生产计划中必需的内容，一般源于以下两个因素：

---

[1] 牛鞭效应指供应链上的一种需求变异放大现象。信息流从最终消费者端向原始供应商端传递时，无法有效地实现信息共享，使得信息扭曲而逐级放大，导致了需求信息出现越来越大的波动。

[2] 根据笔者的拜访结果显示，多数企业需求预测准确率在20%左右（实际产品销量与预测销量差距在20%以内算预测准确）。

(1) 有预测就有准确率，需求预测可以提供一个优化目标，逐步沉淀预测模型；

(2) 降低盲目扩张带来的系统风险，大多数企业不是败于保守，而是败于扩张。

需求预测主要采用数学方法，如移动平均数预测、时间序列预测等，但数学公式无法跟踪长期的市场环境变动，表现在短期预测相对精准。为了降低预测风险，一般做法是增加滚动更新预测的机制，逐步通过短期数值进行更新，保证预测的准确性，而这个滚动预测的时间节奏根据企业业务周期而定。

生产过程控制是为了确保生产过程处于受控状态，对直接或间接影响产品质量的生产、安装和服务过程所采取的作业技术和生产过程的分析、诊断和监控。目前比较热门的理念为准时生产（just-in-time，JIT）。JIT 将"获取最大利润"作为企业经营的最终目标，将"降低成本"作为基本目标。JIT 试图通过"彻底消除浪费①"来达到这一目标。

JIT 有废品量最低、库存量最低、准备时间短等方面的目标。

- **废品量最低**要求消除各种引起不合理的原因，在加工过程中的每一道工序都要求达到最高水平。
- **库存量最低**是 JIT 认为库存是生产系统设计不合理、生产过程不协调、生产操作不良的证明，需要通过管理方式来降低库存水平。
- **准备时间短**与批量选择相联系，如果准备时间趋于零，准备成本也趋于零，就有可能采用极小批量生产，这将带来最短的生产提前期。这种短的生产提前期与小批量生产相结合的系统具有更强的应变能力和良好的柔性。

JIT 适合小批量生产模式，追求库存水平最低。但是在大批量生产的环境下，库存的产生是难免的，如何通过设置安全库存来平衡生产成本和潜在的销售机会成本，已经成为需求预测和生产控制需要共同解决的问题。企业在生产过程中都会预留一些安全库存，安全库存是为防止未来物资供应或需求的不确定性因素（如大量突发性订货、交货意外中断或突然延期等）而准备的缓冲库存，安全库存的大小主要依赖于需求的确定性、消费者的满足情况、缺货成本和库存成本的平衡，所以安全库存是一个动态的概念。笔者认为安全库存是为了预防需求预测差异过大采用的缓冲方法，通过预测算法的优化，可以逐步压缩安全库存规模。

---

① 在 JIT 的起源地丰田汽车公司中，"浪费"被定义为"只使成本增加且不带来任何附加价值的生产因素"，其中最主要的因素为库存所引起的浪费。在 JIT 方式下，浪费的产生通常被认为是由不良的管理所造成的。例如大量原材料的存在可能就是由于供应商管理不良所造成的。

8.8 仓储和物流共同作用于成本和体验

营销环节售卖的产品需要送到消费者手上，这就涉及仓储和物流环节。在企业满足消费者需求过程中需要关注消费者对时间的要求和供应成本之间的平衡，而供应成本又可以细分为存储成本、配送成本，这也让仓储和物流环节密不可分。仓储和物流属于供应管理的最后环节，分为仓储、配送、销退 3 个阶段。依赖时间和成本的不同选择衍生出多种仓储类型，目前常见的仓储类型有如下 5 种。

- **中央仓**：分为中央配送中心（central distribution center，CDC）和区域配送中心（regional distribution center，RDC），主要接收供货商所提供的多品种、大批量的货物，通过存储、保管、分拣、配货、流通加工、信息处理等作业后，按需求方要求将配齐的货物交付给物流企业或指定的组织。
- **城市仓**：无官方明确定义，从字面上可理解为配送范围限于少数周边城市，主要类型有干线运输、同城门店配送、跨城门店配送等城市配送服务的物流仓储节点。
- **前置仓**：在企业内部仓储物流系统内，离门店最近，最前面的物流仓储节点。
- **微仓**：面积相对较小，承载功能也相对单一的微小型仓库，如蜂巢柜。
- **仓店一体**：仓库和直接面向终端消费者的场地（如零售店、体验店等）在一处，消费者可直接在店内选购产品，在仓内即时提货，典型的为前店后仓。

仓储和物流的核心是"仓网设计"问题，在合适的地点设置合适的仓库类型。不同的"仓网设计"也同时演化出不同的配送时效要求，如 2～3 日达、次日达、半小时达等形式，虽然仓储物流随着技术的发展和演化，呈现出不同的形式，但是基本流程仍然不变。

仓储和物流工作形式基本类似，都是将货品从一个地方转移到另外一个地方，仓储和物流流程如图 8-5 所示。

仓储和物流的核心优化目标有两个，一个是时间，另一个是成本费用。具体优化方法也有两种，一种是节点规划，另一种是运输路线的设计。仓储和物流环节有以下 4 个常用的优化方法。

- **库存布局调整**：将移动频率高和移动频率低的分开存储，将大包裹和小包裹分开处理。
- **信息化管理**：将货品的信息转为电子化管理，提升寻找速度。

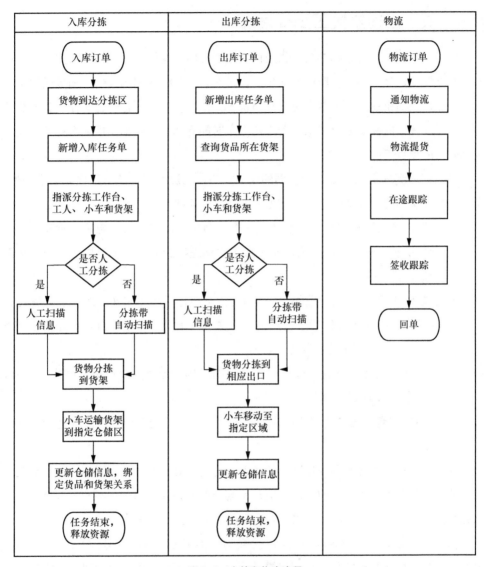

图8-5 仓储和物流流程

- **路线优化**：减少工人操作工具和缩短移动距离，优化车辆行驶的路线。
- **自动化**：大规模应用机器人，从而降低成本。

仓储物流设计涉及很多数学建模方法，本节不具体讲解。仓储物流属于专门的学科，现阶段大多数企业都选择将职能外包给三方处理，这种情况下分析师重点关注最后的成本和消费者体验即可，其中成本需要包括消费者不满意造成的退货成本、机会成本、额外支出的其他成本。

8.9 供应管理是慢工出细活儿

供应管理就是整合采购部门、供应商、生产部门、仓储部门和物流部门等诸多环节，通过流程优化，减少供应链的成本，以求在正确的时间和地点生产和配送数量合适的产品，提高企业总体效益。每个环节都不是独立存在的，它们之间存在着错综复杂的关系。复杂的关系决定了供应管理是一个时间周期长、很难在短期内得到爆发式优化效果的项目工程。

供应管理流程是涉及多部门协同的作业类型，在流程节点的自我优化手段之外，还需要增加全局的流程优化方式，常见方法有以下 4 种。

- **灵活高效的沟通机制**：流水线上一个环节出错，相关信息会第一时间反馈至管理层和下一个关联部门，管理层可以迅速决断，企业可以快速反应，从而降低供应风险。
- **多功能小组**：从各部门抽调出合适的人员组建成一个工作小组，负责管理专项工作，工作内容包括市场预测、消费者反馈同步等相关内容，并且这个小组需要直接汇报分管一号位。
- **成本管理培训**：企业在进行员工培训的时候，除要强化员工的基本技能外，核心是灌输 TCO 培训思路。
- **让利供应商**：通过让利让供应商更加深入地集成到企业生产流程之中，降低供应风险。

此外，选择业务形态和规模相近的企业，与竞争对手和供应专家沟通，了解竞争企业的设计思路是一种很好的手段。但是不同企业遇到的问题毕竟不一样，企业不可能完全复制竞争对手的手段，仍需结合自身的业务目标进行优化。

供应管理更偏重内部数据的优化，竞争对手的信息更多只能提供方法上的参考。为了跟踪日常供应管理的效率，逐步提升供应管理水平，企业需要构建一套完整、及时、高效的供应管理数据体系。采集供应管理数据最关键的手段仍然是建立合适的线上化流程，通过流程驱动供应管理，在相对稳定的工作流程中稳定采集对应的数据。

8.10 常见问题解答

问题 1：如何看待"销售部门说产品不行、产品部门说销售不行"的企业现状？

回答：这个问题是大多数企业的共性问题，核心源于销售部门和产品部门的信息不同步，双方的目标不一致。站在销售部门的角度，产品质量好、价格低是必须的，而站在产品部门的角度，无论任何产品，销售部门都应该能销售出去，二者之间缺乏共识。站在消费者的角度，销售部门和产品部门都是企业解决方案中的一环，需要综合考虑，分析师可以将消费者信息同步给各方，这样有助于缓解这种情况。

问题 2：从过往经验来看，企业完成供应管理的整合和优化大概需要多久？

回答：供应管理内容多且杂，很难像营销管理那样通过差异化设计实现快速突破。在优化过程中时常反复是常态，这是个慢活儿，需要一步一步地积累优势。流程信息化、部门协调是工作核心，流程标准化和信息化有助于解决部门墙问题，降低内部协调成本。根据过往的企业数据，从开始转型到得到显性成果需要2～3年的时间。

问题 3：需求预测不准，为什么还要预测，这不是浪费资源吗？

回答：企业基本都会做年度规划，每个岗位都需要预测市场目标，如果没有一个统一的部门进行预测，那最后的结果就是各干各的，没办法形成协同，最后导致无法确定应该听从哪个预测结果。无法协同会带来两个问题，一是会导致更大的企业资源浪费，二是会没办法通过多方协同共同提高企业的预测能力。从资源浪费和核心能力构建的角度来看，需求预测是必须要做的，这类需要全流程拉齐共识的指标仍然建议由一个多部门小组负责。

问题 4：我是个采购人员，企业要求我们部门每年降低一定比例的采购价格，但是现在供应价格已经降无可降了，怎么处理？

回答：从供应商的角度出发，供应商同样是一个企业，也需要追求盈利。在企业上游订单无法通过销售获得利润时，供应商往往会选择通过这类订单来确保规模效益，通过大规模生产来降低成本并提高利润率。然而，一旦出现更高利润率的订单合同，供应商自然就会倾向于将产能分配给新的合同。这是企业的必然选择。从这个角度来说，采购企业提供更大规模的订单是第一个选择；采购企业通过降低TCO来扣除购置成本部分，留出更大的利润空间是第二个选择；采购企业帮助供应商降低成本进而获取更大的利润空间是第三个选择。这个问题没有标准答案，具体选择视企业能力而定。

第 9 章

供应管理指标与 IPO 方法

供应管理是一个非常庞大的体系,包括采购、生产、质量、仓储、物流和消费者服务 6 个模块,严格意义上还包括分销、传播渠道管理。每一个模块的要素和流程都具备差异性,能够形成独立的体系和闭环。同时,大多数企业会将部分模块外包给第三方,全面数字化采集和评估的难度非常高。供应管理指标体系建设过程中需要重点关注"数据统计成本"概念。

在供应管理环节,大多数的数据需要人工记录,典型的案例为质量数据。为了确保低缺陷率,需要采集尽可能多的质量数据,那需要花费大量的人工质检费用,与营销统计的大量信息化或者独立的问卷形式不同,供应管理的数据统计成本非常高,每个简单指标的采集费用可能都是几十万元,而这几十万元可能就是一条生产线一年的利润[1]。在供应管理指标体系中,需要将数据统计成本加入 TCO 中计算。基于 TCO 最小化的原则,供应管理指标体系建设需要遵循有限建设原则,有限建设原则体现在数据的长期系统化和短期的低成本可用两个方面。

- **数据的长期系统化**指长期目标仍然是建立一套全面且及时的、能反映管理效率的指标体系。
- **短期的低成本可用**指需要综合考虑统计成本问题,设置合理的数据采集精准度和流程,降低统计成本,统计成本应以不增加业务经营风险为核心判断条件。

---

[1] 一般数据采集需要做如下妥协:非重大项目情况下,数据采集与企业信息化进程同步进行,数据方案需要融入企业信息化方案中,尽量不做单独立项;如果数据采集需要单独立项,那么原则上应采用先抽样后全面的方式。

营销管理追求"收入最大化",业务结果属于多因素同时驱动,如品牌、营销、分销等。营销管理的分析难点在于效果归因,要准确识别每个模块的贡献。现实环境中由于企业资源的有限性,营销管理更偏向于聚焦核心优势,数据表现为少数指标的帕累托最优过程。**供应管理**追求"成本最小化",上游环节的缺陷会导致下游环节的成本急剧上升,供应管理依赖于营销管理设计,是类似于全指标变化的成本优化问题,复杂度非常高。供应管理指标建设需要在一个总成本框架中实施。在这个框架中,逐步寻找每个指标的优化方法。

幸运的是,供应管理流程的整体形式类似于流水线生产模式,而流水线的指标设计方法有一套通用的建模方式——IPO 方法。IPO 方法是笔者通过各种流程归纳出的面向流水线的指标设计方法。IPO 方法分为输入(input)、过程(process)和输出(output)3 个环节。IPO 方法的基本逻辑是将供应链流程抽象为输入生产要素通过加工转化为输出交付物的过程,这是一个价值增值的过程,其重点在于评估流程效率和生产要素增值率。

输入是指流程中的要素,包括人力、资金、原材料、设备等要素,评估这类要素主要是看要素的类型和要素的配比。

- **要素的类型**描述各个要素的种类、数量等内容,这是数量型指标。需重点关注标准要素的占比,避免出现太多非标准要素导致输入复杂度过高。
- **要素的配比**是指各个要素的比例,好的配比能够维持流水线稳定且高效的状态。

过程是指生产要素组合过程中的一系列流程,如采购流程、生产流程等,流程主要关注**要素利用率、流程时效(吞吐量)、成本情况和质量情况**。

- **要素利用率**代表每种要素在生产流程中的利用情况,不同要素有不同的特点,一般情况下关注时间利用率与空间利用率,有形的要素(如体积、质量等)关注空间利用率,无形的要素(如工作时长等)关注时间利用率。
- **流程时效(吞吐量)**代表每个流程或者下游节点的时间效率和转化率。流程时长越长,成本越高,与流程时长对应的是吞吐量指标(单位时间内完成的工序数或者成品数),吞吐量越高代表单位时间的产出越高。监控转化率指标有助于避免生产过程中的工序交接问题,防止出现流程停滞或者被取消的情况。
- **成本情况**代表每个流程的成本,包括全链路的计划、质量、资金等成本。

严格意义上每道工序都应该统计成本和收益,方便优化。但是具体实现需要依据生产线信息化而定,也需要时刻关注成本变化的情况(如涨价和降价的比例)。

- **质量情况**代表全流程的生产质量表现。质量情况相关指标可分为两种:一种是评估流程环节稳定性的指标,如准时率指标;另一种是评估最终产品使用质量的指标,如合格率指标。这两种指标共同衡量流程的可靠性。

输出主要是指输入要素经过流程工序后的产出物,一般为具体的产品或者订单,输出产品主要评估产品种类和数量、货值。

- **种类和数量**是指产品的种类、生产的数量等。
- **货值**是指输出物具备的货币价值。

在生产要素转化为具体产品的过程中还需要关注要素流通情况和要素产能两类重要指标。

要素流通情况是指整体流程的消耗速度对生产要素库存的影响,运转速度快,可能导致生产要素的短缺;运转速度慢,可能导致生产要素过期报废,企业需要监控输入要素的周转率、缺货率、过期报废率等情况,评估流程和要素周期的匹配情况。

- **周转率**是指流通情况,代表要素流转的快慢。
- **缺货率**是衡量要素短缺程度的指标,当要素周转过快时,会导致缺货的情况发生。
- **过期报废率**是衡量要素浪费程度的指标,当要素周转过慢时,会导致报废的情况发生。

要素产能是指输入要素在任何工序都应该是增值过程,在要素产能的基础上需要计算最后带来的货值增值率。通过计算各要素对最终产能的比率,可以对整个流程的利用情况进行评估,从而能更准确地了解端到端的效率,如人均产能、人均销售收入等。货值计算可以按市场价评估,也可以由内部约定。企业追求的是工序的增值率逐步提高。

IPO 方法是评估流水线型业务的 5 个视角,通过枚举这些视角下的指标,可以完善企业的供应管理指标体系。IPO 方法构建的指标体系与营销管理表和财务管理表一样,可以做到非常全面,适合长期全面观察,但具体是否统计仍然需要视采集计算成本对业务的影响而定。在正式开始每个环节的指标体系说明之前,需要先罗列每个环节的生产要素,不同环节对应的生产要素如表 9-1 所示。

表 9-1 不同环节对应的生产要素

环节	生产要素									
	人	资金	场地/货架	生产线	供应商	原材料/服务	质量	车辆/传输装置	成品	消费者
采购	Y	Y			Y	Y	Y			
生产	Y	Y	Y	Y		Y	Y			
仓储	Y	Y	Y			Y	Y	Y	Y	
物流	Y	Y	Y				Y	Y		
服务	Y	Y					Y			Y
分销	Y	Y	Y				Y		Y	Y

注：Y 代表这个环节存在这个生产要素。

如果是成品仓储物流外包，输入就是资金还有成品，过程就是入仓—消费者接收。销退环节是反向的仓储物流，本节不具体描述。由于所有流程都涉及人、资金和质量，为了简化处理，本章仅在采购环节说明与资金相关的指标，所有环节都应该考虑资金生产率指标，以便衡量资金投入与产出的比率。

9.1　采购数据指标体系说明

采购环节的输入要素主要为人、供应商、资金和原材料。采购环节的主要流程为发起采购、招投标、确认合同、交货、质检和入仓。通过输入要素和流程组合，最后采购环节得到的是检测合格的入仓原材料、半成品等。依据 IPO 方法，采购指标体系的指标如指标说明 9-1 所示。

> **指标说明 9-1　采购指标体系**
>
> （1）按构建输入要素指标
>
> **种类数/数量指标**：如采购员工数、供应商数、采购总额、原材料种类数等数量型指标。
>
> **标准化程度**：主要以标准化采购品采购金额占比衡量，计算金额为标准化原材料采购金额/总采购金额×100%。标准化程度主要用于衡量标准件在采购流程中所占的比重。

要素比：主要衡量供应商数量、原材料种类数、采购金额和采购员工数之间的比值。其中**供应商数量 / 采购员工数**指单位采购员工对接的供应商的数量，这个指标需要稳定在一个范围内，才能更好地维护供应商关系；**原材料种类数 / 采购员工数**指单位采购员工对应的采购原材料的种类数，随着生产线的拓展，原材料种类数肯定需要增加，但一般需要保证新产品复用老产品至少 80% 的原材料，这样才能避免原材料种类的快速拓展，减少采购员工对接的成本。**采购总额 / 供应商数量**指单个供应商获取的采购金额，在采购环节，集中采购对价格的影响会比较大，采购总额应该聚焦在有效的供应商上，提高企业对供应商的议价能力。**采购总额数量 / 原材料种类数**指单位原材料的采购金额、作用与采购总额 / 供应商数量类似，标准件的规模采购能有效降低采购成本。

(2) 构建过程指标

要素利用率：可分为采购人员利用率、供应商利用率、原材料利用率，这类指标衡量的是采购环节生产要素利用情况。采购人员利用率或供应商利用率很低，说明有大量的效能未被释放。原材料长期未接受采购，就需要退出采购目录，避免浪费维护资源。具体计算公式如下：

采购人员利用率 = 周期内有发起采购的人员 / 采购员工数 ×100%

供应商利用率 = 周期内有参与采购的供应商 / 供应商数量 ×100%

原材料利用率 = 周期内有发起采购的原材料种类 / 目录中总原材料种类数 ×100%

流程时效：主要以单流程平均时长、吞吐量、平均付款周期指标衡量。**单流程平均时长**指确认招投标到最后付款的时长。一般流程时间越长，成本越高，其中包括每个环节的时长监控，如平均交货运输时间、平均报关时间、平均收货时间、平均退货时间、平均补货时间。依据流程不同，选择的指标也不同。**吞吐量**指单位时间内完成的流程数，在低频采购环节用得不多，仅供参考。**平均付款周期**指采购完结到付款的时长，衡量资金利用效率，这个指标不应太长，太长影响供应商现金流，也不应该太短，太短影响资金利用率。

流程转化率：指完成采购过程目标的比值，主要以招投标应标率和采购满足率两个指标衡量，通过分析采购过程中每个环节的漏斗，这样可以及时发现问题点。具体计算公式如下：

招投标应标率 = 供应商应标的采购单数 / 总采购单数 ×100%

采购满足率 = 完成招投标且签订合同的采购单数 / 采购单数 ×100%

成本：主要关注单采购平均成本和采购降价比率两个指标。**单采购平均成本**除关注采购成本外还需要关注其他成本，如质量检查、运输、催货等成本，每个环节都有成本，需要每个环节进行监控。**采购降价比率**的计算公式为 采购降价比率 = 本周期采购均价低于上周期采购均价的原材料数 / 上周期采购的原材料数 ×100%，企业需要在保质保量完成采购任务的基础上逐步降低采购成本，也可以监控采购涨价的比率，确定涨价原因。

质量：按检查结果分为合格、缺陷；按处理结果分为拒收、让步；按时间目标分为准时到达和延迟到达。质量指标具体监控合格率、缺陷率、拒收率、让步率和准时到货率。具体计算公式如下：

合格率 = 检验合格的批次 / 总批次 ×100%

缺陷率 = 检验结果为缺陷的批次 / 总批次 ×100%

拒收率 = 质量结果为拒收的批次 / 总批次 ×100%

让步率 = 质量结果为不合格但是让步接收的批次 / 总批次 ×100%

准时到货率 = 准时的批次 / 总批次 ×100%

（3）构建输出要素指标

有效的输出物的种类数 / 数量 / 货值：有效的定义视具体业务场景而定，可以是入库也可以是合同完结，视合同约定而定。具体指标包含有效采购的原材料种类数、有效采购的原材料数量、有效采购的原材料货值。

（4）构建要素流通指标

采购不涉及存货等问题，因此无须考虑周转率、库存利用率等指标。

（5）构建要素产能指标

衡量不同生产要素与最后产值之间的关系，如人均有效采购额、单供应商采购额等。重点关注资金利用率，资金利用率的计算公式如下：

资金利用率 = （最后付款金额 − 账期利息收入）/ 合同金额比例 ×100%

描述完采购指标体系[①]，还需要搭配配套的采购维度体系，采购环节的维度可以

[①] 采购指标体系非常庞大，在资源有限的前提下，可以依据现有可优化手段来监控关键指标，提高数据利用效率。作为体系化的替代方案，可以重点监控的指标有：标准件的采购——标准件金额占比 / 标准件数量占比；集中采购——单品 / 单供应商采购金额；通过电子商务或者信息化手段缩短采购时长——平均采购流程时长；优化质量标准——质量检查合格率；全流程的成本。

细化为采购人员名称、原材料类型/原材料型号、供应商名称等。通过采购指标和维度的组合可以形成针对采购的数据产品体系。

9.2 生产控制数据指标体系说明

生产控制环节的主要输入要素为人、场地、原材料、生产线，生产控制环节的主要步骤为原材料、生产工序、质检、入仓。通过输入要素和流程组合，最后生产环节得到的是检测合格的入仓成品/半成品。依据 IPO 方法，生产控制数据指标体系说明如指标说明 9-2 所示。

指标说明 9-2　生产控制数据指标体系

（1）构建输入要素指标

种类数/数量指标：生产员工数、原材料种类数、生产线数量、场地数量等数量型指标。

标准化程度：分为标准化原材料金额占比、自动化生产线占比两个指标，**标准化原材料金额占比**主要衡量标准件在生产流程中的占比情况，目标是降低工序复杂度，**自动化生产线占比**的目标类似。具体计算公式如下：

标准化原材料金额占比 = 标准件原材料金额/总的原材料金额 ×100%

自动化生产线占比 = 自动化生产线的数量/总生产线的数量 ×100%

要素比主要衡量员工数量、生产线数、原材料种类数之间的比值。**员工数量/生产线数**衡量单位生产线对应的员工数量。通过机器升级方式逐步完成自动化，可将人力密集型变成自动化流水线。**原材料种类数/生产线数**衡量生产线的复杂程度，生产线如涉及的原材料种类多，复杂程度高，可以尝试通过价值工程简化。

（2）构建过程指标

要素利用率：分为生产人员时间利用率、生产线时间利用率、场地空间利用率和原材料利用率。前两个主要衡量生产人员和生产线的时间利用情况，不能追求 100% 的负荷，会导致生产事故，但是太低也不行。原材料利用率主要查看原材料的损耗情况，目标是 100%，现实中基本做不到，应该尽可能地逼近。具体计算公式如下：

生产人员时间利用率 = 生产员工的工作时长/生产员工预计工作时长 ×100%

生产线时间利用率 = 生产线正常工作时间 / 生产线预计工作时间 ×100%

场地空间利用率 = 生产线有效利用面积 / 场地总面积 ×100%

原材料利用率 = 原材料有效使用数量 / 原材料总使用数量 ×100%

流程时效：主要以单流程平均时长和吞吐量来衡量。**流程平均时长**主要衡量产品生产的平均时长，缩短这个时间可以生产更多的产品。**吞吐量**指单位时间内流水线完成的任务数量，吞吐量越高整体的流水线的生产效率越高。

流程转化率：主要是描述不同工序之间转化过程的漏斗，可以被视为各工序的合格率。

成本项目：主要关注单个产品平均成本，需要将全链路过程中的人员工资、质量成本等成本平摊到每个产品的成本。

生产质量：检查结果分为合格、缺陷；按时间分为准时生产和非准时生产。质量指标主要分析生产环节质量检测情况，具体质量标准需要结合TCO分析。质量监控指标包含合格率、缺陷率、准时生产率。具体计算公式如下：

合格率 = 检验合格的批次 / 总批次 ×100%

缺陷率 = 检验结果为缺陷的批次 / 总批次 ×100%

准时生产率 = 准时生产的批次 / 总批次 ×100%

（3）构建输出要素指标

有效的输出物的种类 / 数量 / 货值：有效的定义可以视具体业务场景而定，可以是检查合格，也可以是入库。具体指标为有效成品数量、有效成品类型、有效成品的货值。

（4）构建要素流通指标

要素流通指标：主要以原材料库存周转率、原材料缺货率、原材料的过期报废率3项指标监控。**原材料库存周转率**主要反映原材料的资金利用效率。**原材料缺货率**主要反映因某些原材料缺货导致生产线无法运转造成的生产线停工的时间，缺货造成的损失是以分钟为单位来计算的，缺货率指标应该压缩到0。**原材料的过期报废率**主要衡量原材料过期浪费的情况，此类指标应该压缩到0。具体计算公式如下：

原材料库存周转率 = 该期间的出库总金额 / 该期间的平均库存金额 ×100%= 该期间出库总金额 / [（期初库存金额＋期末库存金额）/2] ×100%

原材料缺货率 = 该期间缺货的原材料种类 / 该期间总使用原材料种类 ×100%

原材料的过期报废率 = 因原材料过期导致的报废的金额 / 这段时间内采购的总金额 ×100%

（5）构建要素产能指标

衡量不同生产要素与最后产值之间的关系，如单生产员工产值、单生产线产值、单场地产值。

重点关注流程增值率，具体计算公式为：

生产流程增值率 =（成品 / 半成品货值 − 要素货值）/ 要素货值 ×100%

可以通过工艺升级和管理优化提升流程增值率指标的数值。

生产控制数据指标体系[①]还需要搭配配套的生产控制维度体系，生产控制环节的维度可以细化为：生产人员名称、原材料类型 / 原材料型号、生产线编号、场地编号、工序编号等。结合指标和维度的关系可以构建生产流程的数据产品体系，提升数据查看效率。

9.3 仓储管理数据指标体系说明

仓储环节的输入要素为人、场地、货架、存储品、车辆、传送带等，仓储环节的流程为入仓、存储、出仓。通过输入要素和流程组合，最后仓储环节得到的是出库完成的回执单。依据 IPO 方法，仓储管理数据指标体系说明如指标说明 9-3 所示。

> **指标说明 9-3　仓储管理数据指标体系**
>
> **（1）构建输入要素指标**
>
> **种类数 / 数量指标**：如仓库员工数、存储品种类数、场地数量、货架数量、车辆数量等数量型指标。
>
> **标准化程度**：主要以自动化工序占比指标衡量，衡量仓库的自动化水平。计算公式如下：
>
> **自动化工序占比** = 自动化的工序数 / 总工序数

[①] 出于降低统计成本的考虑，商业分析师的日常工作可以重点监测现有优化手段影响的指标，并以此来降低体系化监控方法的成本，生产控制环节的重点监控指标有：工艺升级 [自动化流水线占比 / 加速比（衡量自动化与非自动化带来的效率差异）/ 吞吐量］；增加生产线时长并且减少生产过程的货损（生产线时间利用率 / 原材料利用率）；优化质量标准（质量检查合格率）；全流程的成本（单产品平均成本）。

要素比：主要衡量存储产品种类、场地数量、员工数量、货架数量等要素的比值。其中**存储品种类数/场地数量**主要分析每个场地的存储的复杂性。理想情况下"一品一仓"最方便管理，单品成本也低，但是现实环境中需求很难实现，可以通过管理手段提高这个能力。**员工数量/货架数量**衡量员工管理货架个数，随着自动化水平提升，数值应该降低。**存储品种类数/货架数量**与存储品种类数/场地数量逻辑类似。

(2) 构建过程指标

要素利用率：分为仓储人员时间利用率、场地空间利用率、仓库空间利用率、存储空间利用率、货架空间利用率、车辆设备时间利用率。衡量相关指标，方便后续优化货架组合。具体计算公式如下：

仓储人员时间利用率 = 仓储员工的工作时长 / 生产员工预计工作时长 ×100%

场地空间利用率 = 仓库建筑面积 / 房产面积 ×100%

仓库空间利用率 = 仓库可用面积 / 仓库建筑面积 ×100%

存储空间利用率 = 货架占有空间 / 仓库可用面积 ×100%

货架空间利用率 = 库存产品的实际数量或体积 / 货架应存储的数量或体积 ×100%

车辆设备时间利用率 = 车辆实际使用时间 / 预计使用时间 ×100%（其他机器指标类似）

流程时效：主要以单入库平均时长、单出库平均时长、吞吐量指标衡量。监控这个指标可以提高整体仓库的运作效率。

流程转化率：主要是描述不同工序之间转化过程的漏斗，可以被视为各工序的合格率，包括分拣正确等内容。

仓储成本项：主要衡量单个产品平均存储成本，这个指标与占用空间和时间相关，时间与周转率对应，周转越快，单个产品平均存储成本越低。

仓储质量：按时间分为准时交货和非准时交货，按货物完整性分为完整交货和货差货损，按交付结果来说分为准确进出库和错误进出库。仓储质量具体监控准时交货率、货损货差赔偿比、进出货准确率3项指标，主要分析仓储环节质量检测情况，如货物损坏、出仓错误等内容。具体计算公式如下：

准时交货率 = 准时交货次数 / 总交货次数 ×100%

货损货差赔偿比 = 货损货差赔偿总额 / 同期营业收入总额 ×100%

进出货准确率 = 该期间的错误总数 / 吞吐量 ×100%

（3）构建输出要素指标

正确出仓的产品的种类 / 数量 / 货值。

（4）构建要素流通指标

要素流通指标主要以库存周转率、缺货率、滞销率、过期销毁率4个指标进行衡量，其中库存周转率主要衡量存储品的周转情况，周转越快，单个产品的存储成本越低。缺货率衡量库存管理能力，避免缺货造成的机会成本。定义不同产品的滞销标准并不相同，一般而言，滞销产品是指超过一定时间仍未售出的产品。滞销率的计算可以帮助企业采取相应的措施来降低库存成本，例如将产品退回、降价促销等。过期销毁率指因产品过期导致的产品销毁的金额，不同于操作过程的货损，主要是由于滞销严重造成的损失。具体计算公式如下：

库存周转率 = 该期间出库总金额 /（期初库存金额 + 期末库存金额）/2 ×100%

缺货率 = 无库存的订单量 / 总的产品订单量 ×100%

滞销率 = 滞销的产品数 / 总的产品数 ×100%

过期销毁率 = 该期间因产品超过使用周期而销毁的金额 / 该期间的平均库存金额 ×100%

（5）构建要素产能指标

要素产能指标：衡量不同生产要素与最后产值之间的关系，具体指标有坪效、人效、货架产值、仓储要素增值率等。具体计算公式如下：

坪效 = 周期内的销售总值 / 仓库面积坪数 ×100%

人效 = 周期内的销售总值 / 仓储员工数 ×100%

货架产值 = 周期内的销售总值 / 货架数 ×100%

仓储要素增值率 =（销售货值 − 成品货值）/ 成品货值 ×100%

仓储管理数据指标体系[①]还需要搭配配套的仓储维度体系，仓储环节的维度可以细化为生产人员名称、存储品编号、货架编号、场地编号、工序编号、分箱、分码、

[①] 出于降低统计成本的考虑，商业分析师的日常工作可以重点监测现有优化手段影响的指标，并以此来降低体系化监控方法的成本，仓储环节的重点监控指标有：自动化升级和降低人员操作比例（如单入库平均时长、单出库平均时长、吞吐量）；优化质量标准（如准时交货率、进出货准确率）；全流程的成本和收益（如单产品存储成本、坪效）。

装车等工序等。结合指标和维度的关系可以构建仓储流程的数据产品体系，提升数据查看效率。

9.4 物流管理数据指标体系说明

物流环节的输入要素为人、车辆、产品，物流环节的流程过程为接单、运输、签收。通过输入要素和流程的组合，最后物流环节得到的是签收成功的回执单。依据 IPO 方法，物流管理数据指标体系说明如指标说明 9-4 所示。

指标说明9-4　物流管理数据指标体系

（1）构建输入要素指标

种类数/数量指标：如运输人员数量、车辆数量、运输订单数。

标准化程度：主要衡量固定线路占整体运输线路的比例，在物流环节意义不大。

要素比：主要衡量车辆数量和运输人员数量的比值，一辆车需要配备多个运输人员在过程中交接班，避免疲劳驾驶造成的事故成本。

（2）构建过程指标

要素利用率：分为运输人员时间利用率、车辆时间利用率、车辆空间利用率，主要衡量人员时间和设备相关的利用率，除车辆扣除保养、维修等相关因素外，车辆的使用时长指标是可以被合理预估的。重点关注车辆的空间利用率，避免油耗等浪费。具体计算公式如下：

运输人员时间利用率 = 运输员工的工作时长 / 生产员工预计工作时长 ×100%

车辆时间利用率 = 车辆实际使用时长 / 车辆预计使用时长 ×100%

车辆空间利用率 = 车辆实际使用面积 / 车辆面积 ×100%

流程时效：主要以单趟运输平均时长、吞吐量指标衡量，主要评估路线优化能否提升整体的吞吐量，缩短运输时长。

流程转化率：主要是描述不同工序之间转化过程的漏斗，可以被视为各工序的合格率，包括准确送达等内容。

物流成本：主要关注单个产品运输成本，这个指标与车辆空间利用率、路线等相关，是核心的优化目标。

质量：按时间分为准时交货和非准时交货，按货物完整情况分为完整交付和货损货差，按结果的准确性分为准确运输和不准确运输。质量环节重点关注准时交货率、货损货差赔偿比、运输准确率 3 个指标，主要分析运输环节质量检测情况，如货物损坏、运输地点错误等内容。具体计算公式如下：

准时交货率 = 准时交货总数 / 吞吐量 ×100%

货损货差赔偿比 = 货损赔货差赔偿总额 / 同期营业收入总额 ×100%

运输准确率 = 该期间的错误总数 / 吞吐量 ×100%

（3）构建输出要素指标

正确送达的产品种类 / 数量 / 货值。

（4）构建要素流通指标

要素流通：主要以车辆周转率、缺车率两个指标衡量。车辆周转越快，吞吐量越大，时间效率越高。缺车率主要衡量局部运力不足情况。具体计算公式如下：

车辆周转率 = 车辆运输次数 / 车辆总数 ×100%

缺车率 = 无车辆的物流量 / 总物流量 ×100%

（5）构建要素产能指标

要素产能指标：衡量不同要素与最后产值之间的关系，物流环节重点指标为车效、人效指标。具体计算公式如下：

车效 = 周期内的销售总值 / 车辆数 ×100%

人效 = 周期内的销售总值 / 运输员工数 ×100%

物流管理数据指标体系[①]还需要搭配配套的物流维度体系，物流环节的维度可以细化为物流人员名称、车辆编号、运输物类型、物流点编号等。结合指标和维度的关系可以构建物流流程的数据产品体系，提升数据查看效率。

9.5　SCOR模型的13个绩效指标说明

供应链运作参考（supply chain operations reference，SCOR）模型是由国际供应链协会（Supply Chain Council）开发支持，适合于不同工业领域的模型。1996 年，两

[①] 出于降低统计成本的考虑，商业分析师的日常工作可以重点监测现有优化手段影响的指标，并以此来降低体系化监控方法的成本，物流环节的重点监控指标有：区域规划，以提升利用率和吞吐量（如车辆的空间和时间利用率、吞吐量、单趟运输平均时长）；全流程的成本；单产品运输成本。

家位于美国波士顿的咨询企业——Pittiglio Rabin Todd & McGrath（PRTM）和 AMR Research（AMR）为了帮助企业更好地实施有效的供应链，实现从基于职能管理到基于流程管理的转变，牵头成立了供应链协会，并于 1996 年年底发布了 SCOR 模型。

SCOR 模型将供应链界定为计划（plan）、采购（source）、生产（make）、配送（deliver）、退货（return）5 个流程，并分别从供应链划分、配置和流程元素 3 个层次切入，描述了各流程的标准定义、对应各流程绩效的衡量指标，提供了供应链最佳实施方案和人力资源方案。SCOR 模型是一个管理工具，并且是一个战略层面的管理工具，目前国内应用的成功案例有限。SCOR 模型主要讲了 4 个内容：人（people）、流程（process）、绩效（performance）和实践（practice）。绩效是其中的一个重点，SCOR 模型规划了 5 个维度的绩效：供应链的可靠性、供应链的反应能力、供应链的成本优势、供应链的柔性、供应链的资产利用率。本节主要说明 SCOR 模型的绩效指标。

SCOR 模型设置了 13 个绩效指标，SCOR 模型绩效指标是以消费者订单作为输入，消费者确认交付作为输出的全流程指标，整体指标设计思路与 IPO 方法设计基本一致，SCOR 绩效指标很多属于概念意义的指标，需要依据不同场景需要设置具体的口径和计算方法，如指标说明 9-5 所示。

指标说明 9-5　SCOR 绩效指标

订单完成率、发运速度、订单完美履约率这 3 个指标主要评估供应链的可靠性，其中订单完美履约率 = 完美履约的订单 ÷ 总的订单数，完美履约的订单是一个概念口径，按不同要求可以设定不同标准，如 24 小时内完成订单配送等，视具体业务情况而定。

订单完成超前时间、供应链响应时间、生产的柔性主要评估供应链的灵活性，生产的柔性是指生产系统对消费者需求变化的响应速度。

供应管理的总成本、产品保证成本或退货处理成本、货品卖出成本这三个指标主要评估供应管理的成本项。其中供应管理的总成本可以用 TCO 概念来输出。

增值生产与 IPO 框架中的增值率类似。

现金周转时间、供应库存总天数、净资产周转次数主要评估与资产运作相关的指标。

目前 SCOR 模型在国内应用的成功案例较少，主要原因有国内对供应管理的重视

程度较低、供应管理的落地成本较高,分析师可以借鉴成功案例的核心思路和最后的输出结果。SCOR 绩效指标是从全局角度设定的 13 个关键指标,从结果来看是供应链 IPO 框架下的子集,可以将这几个核心指标作为全局的绩效指标进行优化。

9.6 业务路径是可以被严格计算的

第三部分通过介绍"营销管理—商业模式—供应管理"全链条的业务运营流程和分析判断方法,并通过营销管理指标体系、财务管理指标体系、供应管理指标体系,辅助业务运营假设的验证和过程中对风险的判断,逐步构建企业经营的"收入最大化、风险最小化、成本最小化"。

营销管理、商业模式设计、供应管理是业务的核心过程,企业当且仅当同时满足以下 3 个要求才可以认为业务过程判断基本正确。

(1)产品和营销环节合理,且满足目标消费者的需求特征。

(2)经营过程合理控制收入和成本,降低经营风险。

(3)供应管理在满足营销需求的前提下,合理降低经营成本。

在逐步修订 3 个过程的假设中,企业也能逐步构建自身的 VRIN 能力,建立持续性的竞争优势。业务分析涉及的环节多且复杂,能够保证业务过程判断基本准确已实属不易,在现实环境中的体现就是创业成功率低。如何通过有效的分析方法降低误判率是本书的核心,值得庆幸的是业务环节仍属于客观环节,可以通过技术手段进行量化,而能量化就代表可以进行分析和修正。商业分析主要是通过信息分析手段和 OODA 循环追求过程中的速度和准确性。

产业市场分析与业务分析可以帮助找出企业低风险资源增值路径。企业一旦确定细分人群和商业模式,成本模型基本也可以同步确定,可以利用成本模型推导出人力资源安排。也就是说,一旦确定业务方向,基于现有资源的限制,可以推导出业务发展的理论目标值和要素合理组织形式。但这只是理论值,现实环境由于组织规模边际效益递减规律无法达到这个理论值。

方向判断是产业和业务篇章的客观部分,是理论层面的上限。组织能力是指组织内部的生产协同关系,是理论上限的完成系数。相较于产业和业务的客观性,组织能力的评估具备明显的主观性。很难对协同关系进行量化评估,也无法计算影响系数。这是企业最著名的疑问——"是判断错误还是人员能力不行"的来源。这个结论只能在业务失败后复盘才能得到，这不是分析师希望看到的结果。第四部分将通过对现代组织结构的说明，分析提升组织能力的方法，并尝试建立组织协同的过程评估体系，在确保主观的基础上增加一些客观性。

9.7 常见问题解答

问题 1：供应管理的指标体系太多了，如何解决？

回答：体系化指标的优缺点都非常明显。体系化指标的优点是全面，能考虑各种情况，适合风险监控。对应的缺点就是目标感弱，容易让人抓不到重点。分析师日常的体系化汇报会让人感觉什么都说了，但是又什么都没说，这种情况是致命的。基于企业目前目标，从体系化的指标中快速整理核心指标表现是一种能力，这要求分析师对业务逻辑比较了解。一般来说体系化负责控制风险，通过信息化的手段进行监控，核心指标负责日常监控、定位和分析。

问题 2：供应管理指标怎么和营销管理指标关联在一起，感觉它们关系不大，是这样的吗？

回答：日常生活中有没有遇到一种情况，你买了一个产品，但是由于快递一直没送达，然后你退货了。这个案例包含准时送达率和退款率两个指标，准时送达率的波动会影响退款率的波动。供应管理指标服务于营销管理指标的定位，从营销管理的消费者 VOC 出发，从供应管理的能力提升结束，这也是质量屋模型在质量领域中非常重要的出发点。

问题 3：我们企业现在用的是小批量多供应商报价的采购模式，这种模式与批量采购模式的区别是什么？

回答：小批量多供应商报价模式的好处是可以在短期内压缩成本，长期来看供应商降价的幅度不会太大，适用于无差别的产品，每个供货商的产品基本同质，并且采购流程基本已经线上化，采购流程成本较低。批量采购的核心是"以量换价"，一般进行阶梯定价，好处是长期成本下降幅度会比小批量模式大，缺点是需要保证销量，否则会造成库存风险。这二者的本质是承担风险的一方能获得更大的价格优惠，具体选择视企业的不同能力而定。

第10章

业务分析数据产品说明

分析师在进行业务分析的过程中,需要大量的数据和信息辅助分析,这些数据既包括基于企业内部数据源构建的营销管理指标体系、供应管理指标体系、财务管理指标体系的数据,也包括通过技术手段获取的竞争对手相关产品的销售预估数据。无论是采用"四率二度"还是IPO方法,都可以发现业务分析的指标体系呈现指标数量多、维度多样化等特点,单纯通过Excel维护这类数据并不现实,企业需要一套能够综合管理不同经营过程的指标体系产品框架,满足分析师日常数据提取需求,这类产品框架称为商务智能(business intelligence,BI)系统。商务智能系统是分析师日常接触最多的数据系统,也是业务分析数据的主要来源。

但并不是所有的企业都有资源部署一套完整的商业分析系统,大多数企业在日常工作中会选择采用线上免费的产品开展数据分析工作。这类免费的产品包含一套标准化的软件开发工具包(software development kit,SDK),企业通过SDK将数据上传到对应的平台,就能利用该平台进行数据分析,这是大多数小企业的较优选择。同时满足功能强大、交互体验友好、学习成本低条件的产品就是谷歌分析(Google Analytics,GA)。

本章通过描述商务智能系统、谷歌分析、竞争雷达、AB实验平台等具体内容,帮助读者了解日常业务分析过程中常用的数据产品体系。

10.1 商务智能系统

随着互联网时代的到来,企业日常经营过程中积累的数据越来越多,分析师需要处理的数据也越来越多。如果每个分析项目都需要从底层数据库中汇总数据，随着时间的推移，企业中分析师的规模就会呈几何倍数增长，企业需要一套能够提高数据获取能力的产品系统，此类产品系统需要满足以下 5 个要求：

（1）涵盖所有业务流程数据；

（2）可以直接单点访问所有相关信息；

（3）具有灵活的数据处理能力和可视化能力；

（4）支持高质量的决策；

（5）项目实施时间短、项目所需资源少。

为了满足这 5 个业务要求，各个系统厂家提出了不同的商务智能解决方案。广义的商务智能解决方案包括决策支持系统、查询报表、联机分析处理、统计分析、预测和数据挖掘等模块，在商务智能解决方案的背后还同时运行着数据采集框架、数据仓库、调度系统等技术模块。一套完整的商务智能解决方案横跨数据采集、数据存储和标准化、数据开发和数据挖掘、数据可视化等流程。随着大数据技术的发展，实时数据分析也成为商务智能解决方案的一个重要组成部分。

狭义的商务智能解决方案就是数据可视化系统。本书选择分析师日常工作中接触较多的商务智能解决方案模块进行说明。日常分析师接触较多的商务智能解决方案模块主要是联机分析处理、数据报表、数据可视化仪表盘。联机分析处理指提供交互式指标查询、支持多维数据操作的数据产品；数据报表指以表格形式为主展示数据指标的数据产品；数据可视化仪表盘指以图表形式为主展示数据指标的数据产品。这三类产品来源于不同的产品设计思路，分别服务于不同的商业分析场景。

10.1.1 联机分析处理

自 20 世纪 80 年代开始，企业开始利用关系型数据库来存储和管理业务数据，并建立相应的应用系统来支持日常的业务运作。这种应用以支持业务处理为主要目的，被称为联机事务处理（online transaction processing，OLTP）应用，它所存储的数据被称为操作数据或者业务数据。OLTP 是传统的关系型数据库的主要应用，主要进行基本的、日常的事务处理。OLTP 的数据是高度结构化的，涉及的事务比较简单，简单的表关联不会严重影响性能，但如果当一个查询涉及数万条记录，这时复杂的连接操作会影响性能，严重的会直接影响线上系统的稳定性。OLTP 并不适用于日常分析应用场景。企业的经营活动过程中会产生大量的业务数据，如何从这些海量的业务数据中提取出对企业决策分析有用的信息，成为企业管理决策人员所面临的重要难题。为了不影响 OLTP 应用系统的稳定性同时满足分析需求，数据仓库技术应运而生。联机分析处理（online analytical processing，OLAP）是以数据仓库为基础发展起来的概念。OLAP 的概念最早是由关系数据库之父埃德加·弗兰克·科德（Edgar Frank Codd）博士于 1993 年提出的，OLAP 是一种用于组织大型商务数据库和支持商务智能的技术。科德认为，OLTP 已不能满足终端用户对数据库查询分析的要求，结构化查询语言（structured query language，SQL）对大容量数据库的简单查询也不能满足分析需求。决策分析需要对关系数据库进行大量的计算才能得到结果，而查询的结果并不能满足决策者提出的需求。因此，科德提出了多维数据库和多维分析的概念，即 OLAP。

OLTP 与 OLAP 是数据库的两个应用场景，OLTP 与 OLAP 的对比关系如表 10-1 所示。

表 10-1　OLTP 与 OLAP 的对比关系

	OLTP	OLAP
用户	开发人员	分析人员
功能	日常操作处理	分析决策
应用场景	面向应用	面向主题
数据时效	最新数据	历史数据
读写性能	一次读写数十条	一次读写百万条
工作范围	事务处理	复杂查询
存储空间	GB 级别	PB 级别
时间要求	实时性	对时间要求不严格
主要应用	业务数据库	数据仓库

OLAP 使分析人员能够迅速、一致地从多个角度对信息进行观察，以达到深入理解数据的目的。它具有共享多维信息的快速分析（fast analysis of shared multidimensional information，FASMI）的特征。其中 F 是快速性，指系统能在数秒内对分析师的多数分析要求做出反应；A 是可分析性，指分析师无须编程就可以定义新的专门计算，将其作为分析的一部分，并以分析师所希望的方式给出报告；M 是多维性，指提供对数据分析的多维视图和分析；I 是信息性，指能及时获得信息，并且管理大容量信息。

传统的 OLAP 应用通过数据预计算完成，随着大数据时代的到来，以及大规模并行处理（massively parallel processing，MPP）数据库的发展，通过内存计算等快速计算框架也可以完成 OLAP 相关的应用。OLAP 是一种技术，商务智能可以基于 OLAP 构建指标库和多维分析两类具体应用。

指标库是针对单一指标的多维分析应用，它通过预先计算不同维度的指标数值，通过交互式的产品对指标波动进行分析。指标库应用示例如图 10-1 所示。

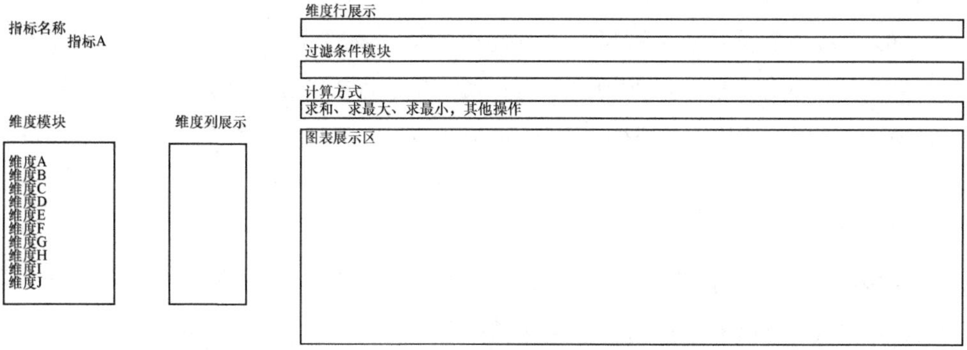

图 10-1 指标库应用示例

分析师可以直接从指标库的指标模块选择需要分析的维度，通过设置不同维度的过滤条件，按不同的维度进行计算。指标库是交互式应用，只要是底层已经预先计算好的维度和指标，都可以通过指标库进行数据快速查询。

多维分析是一种针对多个指标进行多维度分析的应用，它通过预先计算相同维度下不同指标的数值，并借助交互式应用对各项指标进行深入剖析。多维分析应用示例如图 10-2 所示。

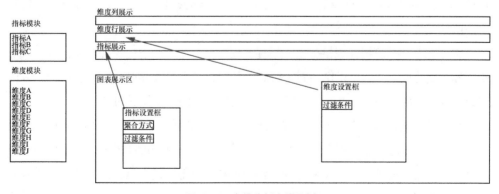

图 10-2 多维分析应用示例

多维分析应用支持不同维度的筛选过滤、不同指标的过滤和聚合条件设置，分析师通过简单的配置就可以获取相关的数据。

指标库与多维分析的整体交互形式类似，但指标库相较于多维分析在单一指标分析的维度上具有更多的优势。建立一套完整的指标库和多维分析，能够减少分析师日常数据取数工作的负担，降低工作量的 60% 以上。指标库与多维分析也支持不同指标自动计算同比、环比、定基比，分析师在日常工作中可以通过对相关指标的趋势配置监控，在指标异常波动时自动触发短信或者邮件警告，提高对风险的响应速度。

OLAP 应用支持针对不同指标进行趋势分析、发展分析、对比分析、构成分析等，它也是日常定位指标波动原因的工具。OLAP 应用的核心在于指标口径和维度口径的管理，这两类口径的维护是 OLAP 应用数据准确性的基础，一般需要专人进行维护。

10.1.2 数据报表

指标库和多维分析应用在数据提取上有非常大的优势，但是这两类应用有一个共同的劣势，那就是可视化定制能力不强，没办法将数据加工成复杂样式的表格，如资产负债表样式、网络流量分析表样式。缺乏复杂样式的报表能力也给分析师的日常分析工作带来不便，为了弥补这类缺陷，主流商务智能系统均提供表格类型的数据查询报表应用。

目前主流的表格类报表样式有两种实现方式，一种是开发不同表格组件，通过组件的配置实现表格化，这种方式定制性强，依据每种表格可以进行深度定制，分析功能更强；另一种是通过模板文件配置上传到系统中，系统自动依据模板文件生成表格报表样式，这种方式灵活度高，报表样式可以多样化，常用的配置文件为 Excel 文件。通过对 Excel 的样式配置，系统可以自动定位 Excel 关键参数，并利用数据进行填充，从而实现表格报表的自动化生成。基于 Excel 模板自动生成的报表样式如图 10-3 所示。

相较于 OLAP 应用，表格报表在指标呈现丰富度上有天然的优势，非常适合大规模指标的趋势监控，也可以作为固定格式进行输出。数据查询报表补齐了 OLAP 应用在表格呈现上的劣势，也能够依据模板配置实现简单的图表展示功能。

在日常分析场景中存在不同图表之间的联动分析需求：通过直观地控制一个图表，完成全局图表内容数据变化。联动分析需求常见于已经形成固定分析模板的专题分析应用，这种需求数据报表和 OLAP 都没办法很好地满足，这就出现了第三个商务智能系统应用——数据可视化仪表盘。

10.1 商务智能系统

××业务今年的KPI目标为 $1，截至目前目标完成率为 $2，目前各个区域的完成情况如下：

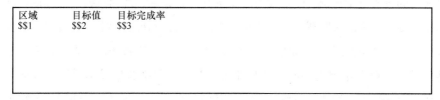

以下为每月的KPI进度趋势图

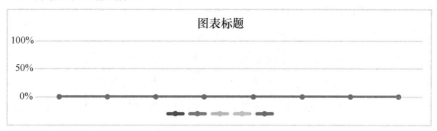

按目前趋势预测最终KPI完成率在 $3

图 10-3　基于Excel模板自动生成的报表样式

10.1.3　数据可视化仪表盘

与表格形式为主的 OLAP 应用和数据报表不同，数据可视化仪表盘主要以图表方式呈现，通过建立不同图表之间的数据源联动关系，数据可视化仪表盘可以实现通过操作图表来筛选其他图表中的数据。数据可视化仪表盘应用示例如图 10-4 所示。分析师点击饼图中的某个模块时，趋势图的数值就自动增加过滤条件，并重新开始构建趋势图。联动是数据可视化仪表盘的核心功能之一，数据可视化仪表盘工具的优势是提供了一个良好的交互式的图表查询框架，让分析师在固定场景下可以非常直观地观察数据变化，这种工具利用了图表在展示数据上的独特优势，缺点是拓展性分析不足，应用场景限定于拥有固定分析模板的专题应用场景。

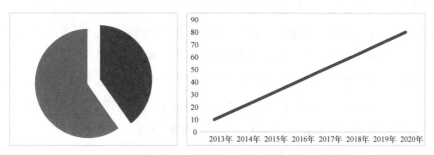

图 10-4　数据可视化仪表盘应用示例

无论是 OLAP 应用、数据报表或者数据可视化仪表盘，都没办法通过一个应用满足所有的分析场景需求。随着业务分析的深入，越来越多的数据产品应用会逐步出现。基于专项应用的实时智能决策大屏，基于数值指标拆解的指标决策树应用都是随着分析需求的逐步开展而出现的商务智能应用。商务智能系统体系宏大，完整的商务智能系统项目除了本节提到的可视化应用产品，还包括数据采集项目、数据同步项目、数据仓库项目、数据质量管理项目及其他配套项目。一套完整的商务智能系统能够涵盖所有业务流程数据，并且能够单点访问所有相关信息，具备灵活的数据处理能力和可视化能力，同时能够带来高质量的决策支持能力，缺点是无法定制、费用高、实施时间长。笔者经历过的完整商务智能系统招标金额在千万元以上，这不是小企业负担得起的成本，一般小企业会选择一些通用的、免费的或者成本较低的方案，这类方案牺牲了全面性，只服务于固定场景的分析需求，谷歌分析就是其中知名度最高的产品方案之一。

10.2 谷歌分析

谷歌分析（GA）是著名互联网公司谷歌为网站提供的数据统计服务，可以对目标网站进行访问数据统计和分析，并提供多种参数供网站拥有者使用，GA 是世界上最受欢迎的网站分析软件之一，也是搜索引擎优化（search engine optimization，SEO）工作最常使用的软件之一。

企业要让 GA 收集到网站的数据，需要在企业网站上先安装 GA 的收集代码。通过这些代码，GA 就可以将企业网站上的数据实时传输到 GA 系统中保存，GA 代码根据作用可分为以下两类。

（1）通用基础代码（必须安装）：通用代码只能记录消费者行为中的与网页浏览相关的数据，无法记录事件数据。

（2）事件相关代码（可选）：事件数据主要是指消费者在页面上的操作动作，可以具体为对某个按钮的点击，也可以设置为支付成功等相关事件。

通过 GA 代码的安装和企业开发人员的数据上报行为，理想情况下 GA 可以获取所有消费者在网站上的行为数据，这也为 GA 后续的指标分析提供了数据源基础。除企业开发人员主动上报的数据源外，GA 通用代码能够主动记录的数据主要有以下两类。

（1）流量来源：消费者是从哪里跳转到企业网站的。

（2）用户信息：访问网站的是哪些消费者，都有哪些特征。

这些主动记录的信息也构成了 GA 的主要维度信息。GA 产品分为 5 个模块，分别为实时模块、受众群体模块、流量获取模块、行为模块和转化渠道模块。

（1）实时模块主要展示当前与企业网站交互的人数、消费者的渠道来源和其他特征，数据延迟在分钟级别。

（2）受众群体模块主要展示消费者数量、消费者地理位置、消费者完整的行为路径等数据。

（3）流量获取模块主要展示不同的流量渠道的数据表现，包括社交渠道、外部搜索渠道和其他渠道。

（4）行为模块主要展示网站内容、网站速度以及企业通过代码上传的各种事件。

（5）转化渠道模块主要通过将事件设置为目标，分析不同维度的转化目标数据，最常用的是分析不同渠道的销售转化率和单次访问转化目标贡献。

GA 是以会话（session）作为最小分析颗粒度，基于消费者行为数据的主动上传，GA 可以满足"四率二度"中的业务增长率、流程转化率、回访率指标的数据统计分析工作。分析师可以基于 GA 提供的过滤器功能，定制不同筛选条件的指标表现。

2020 年 10 月，Google Analytics 4（简称 GA4）正式发布。GA4 报告的 UI 进行了大幅的调整，减少了内置报告，增强了可视化分析功能，为企业提供了更强大的自定义分析功能。GA4 通过拖拉操作就能实现多种数据可视化分析，具体交互形式偏向于多维分析产品的交互形式。GA 是功能强大、用户友好的数据统计平台，被多数小企业作为营销管理数据指标体系的替代产品。目前业内暂无财务管理和供应管理指标体系的替代方案，在企业经营状况良好的基础上，仍然建议企业部署一套商务智能系统，构建一套完整的企业指标体系。

10.3 竞争雷达

现阶段互联网渠道尤其是电商平台是大多数企业的核心分销渠道之一，这也代表着互联网存在大量的企业产品规格、价格和消费数据。通过对这些数据的抓取、存储、格式化，分析师可以获取以下信息：

- 企业的产品类型和不同的定价；

- 企业不同产品的评价数据；
- 不同产品在不同价格和不同渠道的销量；
- 与产品的渠道推广相关的媒体信息。

这些信息的汇总和可视化就形成了竞争雷达产品，竞争雷达产品主要服务于对竞争数据的分析，提供对假设判断的验证。通过竞争雷达产品，分析师可以对4P策略假设做出不同的验证和修正，具体修正内容如下：

- 通过产品属性和销量分析，辅助修正产品价格策略；
- 通过不同产品的评价文案，辅助修正产品策略；
- 通过价格变化导致的销量变化，辅助修正产品需求弹性预估；
- 通过不同渠道的销售比较，辅助修正传播策略和分销渠道策略。

不同平台竞争数据的计算方式不同，有些需要依据消费者评价数据反推，有些需要基于展示的销量数据计算，理解不同平台的数据展示机制，是确保竞争雷达数据准确性的基础。

在新产品设计之初，分析师有必要对竞争对手的类似产品进行数据跟踪，通过数据分析并结合线上和线下的真实体验，降低营销管理过程中的误判率。竞争雷达是除舆情系统、VOC系统外的第三个独立关键系统组件，有条件的企业可以进行开发部署。

10.4　AB实验平台

AB实验又称对照实验，在常见的在线AB实验中，消费者被随机、均匀地分成不同的组，同一组内的消费者在实验期间使用相同的策略，不同组的消费者使用相同或不同的策略。在实验过程中，日志系统根据实验系统对消费者行为进行标记，然后通过数据计算系统根据带有实验标记的日志计算各种实验数据指标，最后通过评估不同组数据是否具备显著性差异，从而确认不同策略的有效性。

AB实验简单，实验结果数据直观，自2000年谷歌公司的工程师将这一方法应用在互联网产品以来，已逐渐成为衡量互联网产品运营精细度的重要实验。目前大型互联网企业每年都进行数千到数万次实验，涉及上亿位用户，AB实验常用于消费者体验优化、算法优化、产品性能优化、新功能上线测试等场景。

- 消费者体验优化指通过评估不同的颜色、字体、文案或者交互形式对消费者的影响，寻找最符合消费者行为习惯的体验设计，常见的优化指标有转化率、留存率。
- 算法优化指在搜索、广告、个性化推荐等场景下，通过评估不同算法策略对消费者行为的影响，寻找最满足企业目标的算法策略模型，常见的优化指标有转化率、留存率和业务结果（收入）相关指标。
- 产品性能优化指通过评估不同技术方案对系统响应速度、吞吐量、稳定性、延迟的影响，寻找功能与成本之间的平衡点，常见的优化指标有系统性能指标和成本。
- 新功能上线测试指通过评估新功能上线对整体消费者影响，评估是否接受新产品上线申请，常见的优化指标为业务结果（收入、订单）、转化率相关指标。

在目前主流的 AB 实验平台中，由于应用场景的不同存在不同的产品类型。根据产品形态的不同，AB 实验可以分为 App 实验、网站实验等。根据实验代码运行的机制的不同，AB 实验可以分为前端页面类型、后端服务类型等。根据实验分流的颗粒度的不同，AB 实验可以分为消费者类型、会话类型等。根据实验服务调用的方式的不同，AB 实验可以分为 SDK 类型、接口服务类型等。不同的实验方式组合服务于不同的场景，企业需要依据使用场景进行选择。

不管何种类型的 AB 实验，都应符合"分流—实验—数据分析—决策"的基本流程。在 AB 实验平台中，分流设计是最重要的一个模块，其核心思想就是将参数划分到 N 个子集中，每个子集都关联一个实验层，每个请求会被 N 个实验处理，每个实验都只能修改与自己层相关联的参数，并且同一个参数不能出现在多个层中。目前主流的实验平台的实验分流设计大部分都基于谷歌在 KDD 2010 上公布的分层实验框架。设计实验分流的目标可以归纳为以下 3 点。

- 支持更多的实验，可以并行扩展多个实验，同时又不影响每个实验的灵活性。
- 更好地保证实验的准确性和合理性，确保分析的实验结果基于合理的分流逻辑。
- 更快地创建实验，快速获取数据分析实验结果。

AB 实验是分析师常用于验证判断假设的方法，通过实验组之间的数值比较，验证判断假设是否符合预期。AB 实验的数据统计方法主要是统计学中的假设检验方法。AB 实验的方法不能代替业务分析方法，只能作为业务分析方法的补充。

10.5 数据产品合集说明

本书在各个部分建立了满足各个分析过程的产品体系框架，如产业市场分析中的投融资信息系统、网络舆情系统，以及业务分析中的商务智能系统。通过对这些系统的整合，就形成了商业分析的产品化框架。

企业建立高效、稳定的商业分析产品框架，能够保证商业分析师的分析工作的完整性和高效性，并且通过产品框架的共享，也能使企业内部人员能够快速地获取对应的信息和分析结论，提高企业经营效率。

完整的商业分析产品框架如图 10-5 所示。

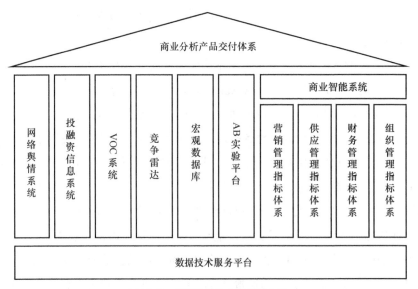

图 10-5 完整的商业分析产品框架

通过建立商业分析产品体系，企业可以全面和高效地收集相关信息，快速判断决策，进而更快地修正行动，加快业务循环。信息系统只能提高分析师采集信息的效率，但最终的判断和决策仍然需要基于分析师的价值判断标准和业务理论能力。

数据产品的建立成本也需要纳入"风险最小化"和"成本最小化"的框架下，不是所有的产品都需要建设，数据产品的核心目标是通过满足分析师的需求进而更好地完成企业目标。数据产品建设的进程需要与企业业务发展的进程匹配，过早的建设会导致资源浪费。

10.6　常见问题解答

问题 1：在一整套商业分析产品中，哪些适合企业自建，哪些适合采购？

回答：原则上建议企业采购所有的商业分析产品，除非企业是基于售卖前提建立内部商业分析产品。专业的数据产品在易用性、功能完善性方面都远超企业内部开发的数据产品。基于比较优势原则，企业采购花费的成本会低于内部自建成本。笔者分别有采购外部专业商业分析产品、企业内部建立商业分析产品、企业自建商业分析产品的经历，发现在产品功能、产品服务和成本费用上，都是外部专业商业分析产品的表现最好。

问题 2：AB 实验测试经常是实验阶段表现良好，但是一旦全量放开，数值变化就不太明显，出现这个现象的主要原因是什么？

回答：出现这个现象的原因主要是分流逻辑设置有误，正常的 AB 实验平台都可以基于消费者标签进行实验消费者群体的筛选，有些分析师在设置实验组时，会主动选择与对照组不一样的消费者群体，以此验证效果的有效性。例如对照组为随机抽样人群，实验组为活跃消费者人群，这种情况会导致实验结果不可信。AB 实验可信的前提是实验组和对照组的人群基本一致。

第四部分

如何低损耗地保障业务

市场需求和资源的优化配置过程是客观的，并且可以通过严谨的计算方法进行精确评估。但是人具备主观性，企业很难建立一套标准的、制式化的机制来衡量一个人的价值。第四部分主要通过内部交易成本、委托代理制、激励等组织学内容对人的效能进行评估。本部分强调边际效应递减规律会在人力效能方面表现出"1+1 小于 2"的效果。

1984 年，管理科学教授伯格·沃纳菲尔特（Birger Wernerfelt）提出了企业资源观（resource-based view，RBV），根据沃纳菲尔特的理论，企业可以被视为资源的集合体。企业的区别主要在于其所拥有的资源种类不同，以及这些资源如何被整合。资源包含流程、功能、资产、属性、信息和知识，这些资源能使企业能够开展其相关活动。

1991 年，杰恩·巴尼（Jay B. Barney）基于 RBV 理论提出了 VRIN 模型。随着时间的推移，VRIN 模型逐步升级为 VRIO 模型，其中 O 表示组织（organization），是指利用资源的能力。评价组织的典型问题是"企业的组织架构具备能充分利用所拥有的资源的竞争潜力吗？"

读者需要在掌握组织的相关理论后，尝试回答以下 5 个问题。

（1）组织在服务企业目标的前提下，自身的目标是什么？

（2）现代组织的形式结构是什么？

（3）现阶段组织矛盾是什么？

（4）现阶段组织解决矛盾的手段是什么？

（5）什么指标可以衡量组织能力？

本部分内容就是以这 5 个问题的答案为主线来构建的，希望读者在阅读本部分后能得出自己的答案。

第 11 章

组织管理与内部交易成本

所有的商业行为都需要由人来完成，可以说所有人类社会产物都是人的时间的等价物，人在其中的作用至关重要。从行为经济学角度来说，由于有限理性和趋利避害性，导致人的管理是一件极度复杂的事情，企业管理中 80% 的工作集中在人的管理。企业的核心竞争力表现在两个方面[①]：一是技术、供应管理、商业判断能力等客观实力；二是企业员工的忠诚和协同能力等主观实力。企业的长期生存依赖的是综合实力，而主观实力对客观实力的影响呈指数级，这也是创业企业能够崛起的原因，创业企业的客观实力很难与成熟企业相抗衡，但是在员工协同效能上优于成熟企业。这种情况主要表现为创业团队的人员规模较小，边际效应较小，员工强依赖于核心管理者的判断，部门协作问题较少，综合表现为内部交易成本较低。

外包能够有效降低供应成本，提升企业竞争力。外包是一个市场行为，而企业内部是一个组织行为，这也决定了市场和组织可以相互转化。当组织实现某种交易的成本过高时，交易就会离开组织，通过市场来达到目的。当市场交易成本过高时，人们就会离开市场，把这种交易活动内在化，即变成组织内部的问题，例如组织合并，一些制造业企业兼并上游企业，体现了水平分工和垂直一体化的理念。对组织内部交易成本的分析是供应管理中延展出来的目标，但是遗憾的是现阶段没有很好的框架支持量化计算内部交易成本，企业只能尽量以理论为指导进行内部交易成本优化。

---

① 第一种是 VRIN 的表层能力（静态能力），第二种就是 VRIN 的动态能力，动态能力可以简单理解为获取能力的能力。

11.1 交易成本与科层制

无论是营销管理还是供应管理都需要人的参与。当人作为生产要素时，企业应该强调人的成本最小化或增值收益最大化的原则。从功利角度来看，企业分析组织能够进一步达到"销售最大化，成本最小化"的经营目标。现实生活中每个组织形态存在明显的差异，即使是在相同产业中，也存在大量不同的组织运作模式。以快递行业为例，不同的互联网公司存在外包和雇佣等不同做法。这种差异性是由于服务不同市场的竞争能力不同导致了对组织的要求不同，不同组织要求导致内部交易成本不同，进而做出的决策不同，这就要求分析师对交易成本进行细化分析，选择平衡点。

交易成本又分为协调成本和激励成本。

- **协调成本**指完成交易过程花费的成本。任何活动都需要协调，开放市场的协调成本很低，但是基于长周期的双边合同协调成本很高，典型的是用户体验设计（user experience design，UED）内部化和UED外包，两种形式的协调成本是不一致的。

- **激励成本**指通过激励解决双方信息不对称、不完备等问题付出的成本，如供应商合同的准时交付激励政策等，也包括企业对员工的年终奖等激励。

协调成本与激励成本可以互相转化，在团队内部化后，可以通过行政命令降低协调成本，但是同步需要提高激励成本，解决信息不对称问题导致的机会成本和投机行为问题。"协调成本＋交易成本"除表现在财务管理报表的成本费用项目外，还有一项无法被严格量化的最大成本项目，源于两个成本优化过程中产生的**损失机会成本**，这是无法被严格量化的部分。

企业管理就是降低协调成本和激励成本的一系列过程。由于不同的企业效率机制，企业内部的组织管理形式具备差异化，但也能观察到一个非常明显的现象，规模越大的企业内部的协调成本和激励成本越大，表现出组织规模的边际效益递减，而这种现象明显有悖于组织低成本交易的目标，是什么导致了这种现象的发生呢？本书引入3个概念进行说明：科层制度、委托代理制、人的利己假设。

目前企业常用组织架构为科层制结构，即总经理→分公司经理→部门经理→分部门经理→主管→员工（虽然各个企业叫法不同，但是基本结构类似），并且随着层级的拓展，每一层级的员工数量逐步增加，各科室具备明显的专业技术资格的界限，层次结构表现为下级接受上级指挥。科层制是德国社会学家马克斯·韦伯（Max Weber

提出的社会组织内部职位分层、权力分等、分科设层、各司其职的组织结构形式及管理方式。

科层制的主要特征有：
- 内部分工，每一成员的权力和责任都有明确规定；
- 职位分等，下级接受上级指挥；
- 组织成员都具备各专业技术资格而被选中；
- 管理人员是专职的人员，而不是该企业的所有者；
- 组织内部有严格的规定、纪律，并毫无例外地普遍适用；
- 组织内部排除私人感情，成员间关系只是工作关系。

科层制是一种组织管理方式，是对无规则、低效率的传统管理方式的一种改进。它主要表现在：
- 推动和保障组织机构的顺利运行，有效地实现组织目标；
- 层级结构制度可确保决策制度的可靠性；
- 层级结构制度可保证对组织成员的控制，使组织活动具有合理化特征；
- 科层制中专业技术知识的运用能够保证组织的稳定性。

科层制主要是依据分工带来的效率提升实现组织目标。但韦伯的科层制不是现实的，而是理想型的。现实环境随着组织规模的扩大，科层制一定会分化产生等级制度，员工会将等级变成目标，而逐步忽略企业目标，这就是典型的目标替代问题。

科层制存在以下4个缺点。
- 由于科室间的专业技术差别，本位主义盛行，难以真正实现协同。在重大决策情况下，经常出现层层上报现象，提高组织协调成本，最后演化成形式主义。
- 由于层次结构的设定，需要引入各自的标准和成长体系，增加管理维护成本。
- 跨部门协调强依赖于书面文件，争功诿过现象严重。
- 企业员工关注内部等级，对外界变化不灵敏，降低了组织的调节和适应能力。

科层制一方面通过分工提高组织效率，另一方面因为协同问题而降低组织效率。这就需要尽量发挥其功能性而避免其负功能性，通过组织内部的分工和制定规则来促进组织运行，但又不造成对组织成员积极性、主动性的限制。规则制定的前提是了解企业和员工的真实生产关系。从经济学角度来看，企业和员工的关系是合同关系，即交易成本问题本质上是合同问题，员工不是企业的所有者，是企业的经营者，所有者与经营者之间通过预先达成的合同将双方的责、权、利做了明确界定。这种机制被称为委托代理制。

委托代理制是社会化分工的进步，但同时也加剧了科层制的问题。

11.2　委托代理制与组织规模边际效应递减

委托代理制指所有者将其拥有的资产根据预先达成的条件委托给经营者经营，所有权仍归出资者所有，出资人按出资额享有剩余索取权和剩余控制权。所有者是委托人，经营者是代理人，所有者与经营者之间通过预先达成的契约将双方的责、权、利做了明确界定，从而形成相互制约、相互激励的机制。随着社会化分工的推进，大型企业大多数建立在所有权与经营权相互分离的基础上，这就产生了企业组织的委托代理关系。企业组织主要包含两层委托代理关系。

（1）作为企业所有者的股东（委托人）委托董事会（代理人）监督控制企业的运营。

（2）董事会（委托人）委托经理层（代理人）经营管理企业的日常运作。进一步看，经理层也会委托员工经营企业的日常事项。

委托代理制的关键词为经营权与所有权分离、预先达成的条件、相互制约、相互激励。**经营权与所有权**分离代表了企业收益归所有权，经营权获得的是约定的契约收益；**预先达成的条件**代表着企业需要完成约定的经营目标，如收入增长、利润增长等；相互制约代表所有者和经营者需要按照契约执行；相互激励代表完成约定目标后所有者和经营者获取属于自身的收益。这几个关键词形成了委托代理制的3种权限类型。

- 目标设定权，即委托方设计目标任务的权利。
- 检查验收权，即检查验收契约完成情况的权利。
- 激励分配权，即激励、考核、惩罚的权利。

这3种权限组合形成了不同的企业组织形式，本节仅对常见的两种类型进行说明。

（1）董事会设定目标，然后将任务发包给管理层，董事会保留检查验收权，如外聘审计等职能，但是将目标执行和激励分配等控制权让渡给管理层。

（2）董事会保留目标设定权，但是将检查验收和激励分配的权限让渡给管理层。

这两种形式是企业运作过程中比较常见的模式，也形成现阶段常见的3种企业层级,即董事会、管理层和执行层。这 3 种角色贯穿整个企业管理过程。本节引入"人是利己的"基本假设,并结合"结构洞理论"简单推演组织发展。

结构洞是"社会网络中的某个或某些个体和有些个体发生直接联系,但与其他个体不发生直接联系、无直接联系或关系间断的现象,从网络整体看好像网络结构中出现了洞穴"。简单来说两个个体只能通过一个中间介质进行沟通,那这个中间介质称为结构洞,结构洞为其占据者获取"信息利益"和"控制利益"提供机会,从而比网络中其他位置上的成员更具有竞争优势。美国芝加哥大学商学院社会学和战略学教授罗纳德·伯特(Ronald Burt)的"结构洞理论"是从竞争的社会结构中提出的,它对竞争有着不同的见解,认为决定竞争参与者胜负的不是参与者的特性,而是关系的竞争,占据结构洞无疑会获得竞争优势。社会学领域的学者们也普遍认为,结构洞可以作为企业的竞争优势。占据结构洞会获得竞争优势在企业员工晋升数据上也可以得到体现:在对员工晋升速度快慢的研究中发现,晋升速度快的员工的社交工作占据了较大比例,而社交属性天然具备构建结构洞的优势。

在结构洞的基本逻辑下,员工为了保证各自权益倾向于让自身成为结构洞,获取竞争优势。这种行为具体表现在商务人员将合作方资源当作自己的信息,不愿意与企业分享,技术开发人员将代码等关键技术信息以某种方式转变为只能由自己维护的形式,导致企业内部存在大量的信息私有化现象。信息私有化中的信息不仅包括合作方资料,还包括内部关系、员工技能水平、市场真实情况等信息。

本节在"人是利己的"基本假设的前提下,尝试推演组织发展历程。

(1)员工为了保证自有结构洞稳定,会排斥其他成员介入自身私有信息,即拒绝共享内部信息。严重点形成典型的"山头文化",并且随着员工离职,私有信息会脱离组织。

(2)由于大量私有信息的存在,委托方在设定目标时会预先增加私有信息预估,而代理方会隐藏私有信息进行预估,双方在契约目标约定上会进行多次博弈,讨价还价,最后达成双方妥协的情况。典型案例为绩效目标的讨价还价过程。并且随着科层的层次增多,目标数值会出现层层加码情况,直至超过代理方完成上限,这时候容易出现执行过程中的便宜行事,表现为多目标情况下,只完成一个核心目标。

(3)管理层职责是在对代理层或者执行层的目标检查验收上,管理层会持续通过督促执行层的方法让其尽快完成目标,表现为日常的目标进度跟踪和资源分配。同时由于管理层的目标需要被董事会检查验收,在目标未完成的情况下,出于自身利益考虑，管理层与执行层会表现出共谋应对、掩盖问题等情况，表现为下层管理人员会协助进行目标掩盖，或者腾挪业绩使自身目标完成，典型的现象为默认刷单、造假。由于第二步的目标博弈过程，正常情况下资源很难满足目标需求，这样导致管理层与执行层会持续出现共谋现象。

（4）在持续性共谋情况下，基于对私有信息的保护，员工会从目标负责制逐步转为直接向上负责制，并且极容易出现目标置换效应[①]。

（5）在私有信息计价与激励计价不符的时候，代理方会更偏向于隐藏私有信息，表现为企业目标不能完成，严重点代理方会将私有信息通过其他形式转让获取议价，例如将合作方介绍给竞争对手或者贪腐，贪腐是除库存外另一个企业失败的主要原因。

委托代理制本质是一种合同关系，在合同关系存在的过程中，代理方需要持续握有大量私有信息，形成结构洞才能有效地获取竞争优势，并且会对私有信息的成本与激励收益进行衡量，保障自身的收益最大化。在科层制的叠加影响下，企业极其容易形成直接向上负责制、"山头文化"等现象，严重点会形成贪腐等影响企业生存的问题。这个过程不可避免，随着人员规模越发庞大，企业内部的私有信息会越发增多，最后表现为"增人未增产"问题，即组织规模边际效应递减。为减少共谋贪腐等情况发生，企业需要投入大量的审计、廉政费用，并且成立独立的监督部门进行监督，如财务、人力资源和商业分析等部门。这也是大企业商业分析师除数据支撑角色外，更多承担监督职能的主要原因。为了减少企业私有信息问题，企业需要加大激励方式，用激励换取私有信息的共享，提升目标完成率。

上述内容只是作者的逻辑推演，不代表所有企业都是这样的情况。委托代理制的出现本身就是分工的要求，能够带来整体收益的提升，但随着企业规模的增长，委托代理制也表现出天然存在的负功能性。现阶段存在的员工持股计划、扁平化组织、阿米巴组织也是为了减少委托代理制负功能性的尝试，但是无法根本解决，这是制度本身的问题。任何机制都有优劣势，做组织分析的关键是关注机制存在的问题，并且通过低成本激励方案解决这些问题。

---

① 目标置换效应是指在达成目标的过程中，对工作如何完成的关切，致使方法、技巧、程序等问题渐渐地占据了一个人的心思，让其反而忘了整个目标的追求，有以下3种表现：将自身KPI作为核心目标，忘却整体企业的目标，如为自身渠道申请更大的折扣，以便完成目标，最终导致渠道价格混乱，影响了企业整体价格体系；关注直接领导任务，忘记企业整体目标，典型表现为花费大量时间汇报，在业务上花费的时间较少；形式主义，严格按照规则做事，不考虑企业对时间的要求。

11.3 激励与减少私有信息

委托代理制带来了信息私有化问题,而信息的充分流动能够明显带来企业整体收益的增加。除机制固有的考核设计外,激励是另一种解决信息私有化问题的手段,但激励需要成本支出,在激励成本低于信息私有化带来的机会成本时,激励是有效的。企业需要衡量激励与私有化机会成本的差值,不幸的是目前没有好的方法进行量化计算,只能从逻辑意义上寻求成本最低的形式。

与消费者需求分析方法一样,分析激励的方法也主要通过马斯洛的需求层次论寻求企业激励方案,目前针对不同层次的需求,企业可提出相应的激励解决方案。

- **生理需求**:工资、补贴、奖金、宿舍等。
- **安全需求**:五险一金、长期劳动合同、稳定的办公环境等。
- **社交需求**:团队建设、内部俱乐部、员工活动、内部论坛等。
- **尊重需求**:良好的团队氛围、荣誉性奖励、导师制、成长计划等。
- **自我实现需求**:参与决策,企业文化传承者,维护企业经营的权利等。

从企业常用的激励[1]措施来看企业从生理需求到自我实现需求的方案设计由物质激励逐步变成非物质激励。从逻辑意义上来看,自我实现需求的满足对企业的信息私有化的现象解决效果最好。当员工将企业作为个人成就平台时,一定意义上已经成为企业目标完成的共同受益者,员工对私有信息的维护意愿会空前减弱。在极端情况下,好的非物质激励制度能够让员工从代理者的角色转变为心理意义上的委托者,最大化地达成企业目标。

随着企业激励次数的增多,相同激励带来的效应会越来越弱,表现为相同的涨薪数值意味着涨薪百分比越来越低,为了达到相同的效果,企业需要逐渐加大激励力度,最后导致企业成本的快速增长。长期的物质激励是不可持续的,因为其会对企业经营造成财务上的影响,表现为三费费用增加。在企业规模快速增长期间,可以通过

---

[1] 基于成本和收益的判断,人会对激励做出反应,表现在人会倾向于做能得到激励的事情,对激励反馈研究是一个长期项目。以系安全带为例,由于系安全带能够有效降低驾驶者的重伤概率,在要求驾驶者必须系安全带的情况下,驾驶者会逐步倾向于提高速度,提高开车的效益,对应的行人的风险就会加大,这个激励导致了驾驶者安全风险下降,行人安全风险上升。企业追求激励效果的帕累托最优,但现实场景中激励策略会导致多群体的冲突问题,这时候企业需要对此进行抉择。由于委托代理制的负功能性,激励政策也是形成"山头文化"的关键手段。对激励的判断需要由短期行为推演长期行为,确定合适的激励策略,激励基本原则是"短期激励激励的是短期行为,长期激励激励的是长期行为"。

经营规模的增长掩盖激励费用的增长，但是一旦企业规模出现下滑，那激励成本问题就会显现出来，这时候大量的企业会采取裁员降薪等手段。这种做法的确能使成本快速下降，但是员工信息私有化问题会更加严重，表现为"躺平"、应付交差等行为。在物质激励基础上，企业需要重点考虑低成本的非物质激励手段。非物质激励手段相较于物质激励手段表现出成本低、激励范围广等特点，但它的逆向成本高，最常见的非物质激励手段为以企业文化为代表的价值观管理。

企业价值观指企业内成员对某个事件或某种行为好与坏、善与恶、正确与错误、是否值得效仿的一致认识，企业的价值观存在以下 4 个作用：

- 明确企业目标和方向，从价值观层面解决目标替代问题；
- 提供内部一致性的评价标准，弱化共谋等现象；
- 价值观能让员工从认知上变成委托者，降低信息私有化程度；
- 价值观本质上是一种道德观念，在价值观管理过程中，可以逐步将初始人的魅力型合法机制转化为法理型合法机制，从而确保企业的持续发展。

随着麦肯锡 7S 理论及其他理论的发展，国内企业引入较多价值观管理等方式。价值观管理是成本最低、效率最高的激励手段，但是同时也是逆向成本最高的激励手段。价值观是企业员工共同维系的一套行为准则，价值观管理以管理层让渡管理权限为基础，一旦管理层脱离了价值观体系，那代价是其他激励手段的数倍，严重点可能造成数千亿元市值的损失。

价值观管理是一把双刃剑，是在物质激励成本无法长久维系的基础上，有效降低企业内部交易成本的手段。按照马斯洛的需求层次论，非物质激励不能替代物质激励，或者说非物质激励是在物质激励的基础上降低物质激励的成本支出的激励手段。

11.4　KPI 与 OKR

OKR 和 KPI 是目前企业常用的目标框架。OKR 是谷歌、英特尔、亚马逊使用的目标设定框架，它通过实现一组称为关键结果的预定义指标，确保这些预定义指标与目标保持一致，从而帮助企业实现其战略目标。KPI 是以预定义的方式衡量，并在特定时期内进行审查的工具，用以确认活动、项目、员工、团队或组织的成功程度。KPI 和 OKR 是两个概念，不是互斥的，它们需要一起发挥作用。OKR 通过一些关键过程保证目标结果的有效达成，属于委托方实现过程管理。OKR 考核涉及的是激励分配权，主要是资源分配。而 KPI 是对结果进行评估衡量，体现的是检查验收权。二者相辅相成，需要结合使用。

OKR 与 KPI 的对比如表 11-1 所示。

表 11-1 OKR 与 KPI 的对比

项目	OKR	KPI
功能	目标设定框架	目标考核框架
作用	激励与推动团队	考核和监控
关注点	过程	结果
是否量化	是	是
目标是否需要完成	不一定	是
是否与企业目标强耦合	是	是
目标设定方式	由下而上	由上而下

OKR 是一种基于企业量化目标而设计出来的对代理动作进行规划和管理的方法，OKR 和 KPI 的透明有助于减少企业私有信息。OKR 和 KPI 的框架同时也提供了商业分析在供应管理之外对企业组织的额外分析素材，通过 OKR 和 KPI 的设定过程和结果，分析师可以得到很多之前无法分析的信息。

11.5 组织管理指标与分析框架

组织协同是难以评估的事情，大多数对组织管理的评估都是基于经营结果反推组织效果，但结果是市场驱动还是管理驱动仍然难以判断，这是目前组织评估体系中一个较难的问题。假设市场的自然增长率为 10%，组织人数增长率为 10%，收入增长率也达到了 10%，是否应该认为组织增长是无效的？供应管理中人力要素的时间利用率，通常是通过时间要素的利用效率来衡量员工投入情况。这种衡量方式在流水线型工作中较为适用，但在创新型工种中适用性较差，创新型工种的产出效果无法简单地用时间来衡量。在组织管理中，除了需要从业务结果反推计算人力效用的指标，还需要设计一套相对过程化且能对员工主观意愿进行评价的评价体系。本节从 5 个方面对组织进行评价，具体内容包括业务结果评价、合作伙伴评价、员工评价、KPI 和 OKR 设计评价以及市场评价。

（1）**业务结果评价**，是指排除市场增长因素计算业绩增长和组织增长的关系指标。主要有组织效能价值和单位时间产值两个指标。组织效能价值是通过消除产业平均增长率带来的影响，衡量组织和业务增长的比值，计算公式为组织效能价值 =（业务收入增长率 – 产业平均增长率）/ 组织规模增长率。单位时间产值表示单位小时内员工给企业带来的利润，具体方法见单位时间核算表部分。

（2）**合作伙伴评价**，是指通过有协同关系的三方角色进行评价，分为定性和定量两种。定性部分参考对消费者的业务认可度评估，针对企业合作伙伴设计满意度和费力度评估，由合作伙伴进行主观评价。定量部分主要衡量合作伙伴与组织的合作成本及收益，尤其是扣除产品成本的协调成本支出。

（3）**员工评价**，是指通过员工表现衡量组织效果的指标，分为行为评价和结构评价[①]。行为评价主要以行为指标来说明员工的投入度，结构评价主要以员工结果来评估企业员工情况，结构指标需要结合行为指标进行说明。一般行为指标有缺勤率、平均服务时长、离职率等，离职率又可细分为高绩效员工离职率、核心人才离职率。结构指标有新老员工占比、管理层与执行层人数配比、管理层次与管理幅度[②]等。

（4）**KPI 和 OKR 设计评价**，主要是通过上下游目标的咬合情况表现企业组织效能和透明度。评价方法分为过程评价和结果评价。结果评价主要是 KPI 完成率与 OKR 完成率，过程评价指标主要以 KPI 膨胀系数和 OKR 满足度两项指标进行说明。KPI 膨胀系数通过分级计算每一层 KPI 的变动情况，以此来判断组织内部信息的透明程度，并确定是否存在层层加码的现象，计算公式为 KPI 膨胀系数 = $\sqrt[管理层级]{代理KPI/委托层目标}$。OKR 满足度的计算方法主要采用 KJ 法进行文本分析，OKR 满足度指标着重分析评价上级 OKR 目标与下级 OKR 目标之间相互关联程度以及目标的执行情况。

（5）**市场评价**，主要衡量市场招聘成本相关内容，表现为相同级别下的平均花费成本，包含员工工资及其他费用。

通过上述 5 种方法的综合评估并进行持续跟进，企业能够近似地衡量企业组织协同情况是否变好，这个过程同样追求帕累托最优，组织成本计算在 TCO 中，组织目标是在"收入最大化，成本最小化"指导原则下的 TCO 最小化目标。

---

① 为什么在员工评价中，不引入与满意度相关的评价？读者需要明白员工和企业是合同关系，并不是商业关系。合作伙伴的满意度高可以带来好的商业回报，在合同关系中追求的是目标完成，员工的满意度是次要的。组织分析的目标仍然是以成本最低和效用最大化作为考虑点，而不是员工满意。从实际情况出发，员工满意与企业目标完成没有明显的正相关性。

② 管理层次代表企业有多少个管理等级，管理幅度代表平均每个人管理下级员工数，管理幅度不宜超过两位数，这样才能够有效行使检查权。

11.6 价值观评价与认可度

价值观评价主要是评价员工对价值观的认可度。从数据收集角度观察，企业很难得到所有员工行为上的反馈数据，也无法从行为上量化分析价值观指标。一般评价价值观的实施效果有两种方法：一种是组织价值观的认可度问卷，另一种是价值观逆向次数和合理处理次数收集。

组织的价值观认可度主要分为对价值观本身的认可度和对管理层对价值观执行结果的认可度，主要以员工问卷调查形式进行分析。

价值观逆向次数主要是发生违背价值观的次数，合理处理次数表示满足大众意义上的价值观逆向处理结果的次数。

价值观分析不能采用比率型数据，而应该聚焦于次数。如果有一次不符合价值观判断的处理事件，就代表着价值观的规则被打破，也代表价值观的公信力基本为0。

11.7 客观加成与主观加成

美国管理学家詹姆斯·科林斯（James Collins）在《基业长青》一书中提出了"企业本身才是最重要的创造物，专注建构一个伟大而持久的体系"的观点，并且基于这个观点提出了以下3个原则。

- 明确的核心理念，包括核心价值观和使命，企业为核心理念驱动而不是利润，核心理念贯穿企业的体系框架和运行环节。
- 保持核心理念不变，战略、政策、产品等非核心做法应时而变。
- 注重战胜自我，不把成功和战胜对手作为目标。

从分析角度来看，核心价值观和使命带来的是认可价值观且愿意开放私有信息的人员，带来了企业内部交易成本的下降，在相同条件下带来成本的领先，最后达成竞争优势的持续积累。核心价值观的传承能让企业事实上减少内耗，并且由于信息透明，能够减少科层制引发的阻碍创新等问题。

价值观属于主观条件，不能代表客观的技术条件，价值观对技术要素属于加成作用，企业需要同时抓取两种力量：一种是将先进技术和方法武装到"牙齿"，另一种是互助互信的企业文化。二者共同作用，逐步逼近企业资源的理想增值率。

产业市场分析、业务分析和组织分析主要是从业务逻辑、业务分析方法、业务评估指标体系几个方面对影响企业运行的宏观环境、企业核心业务过程、企业组织能力进行说明。这 3 个环节主要构建的是企业的 VRIN 能力，通过全面的信息收集和严谨的分析过程，通过对"收入最大化、风险最小化、成本最小化"3 个过程的控制，达成长期利润最大化的目标，逐步延长企业生命周期时长。

除产业市场分析、业务分析和组织分析外，分析师会将更多的时间放在专题分析中，并对指标波动背后的原因进行精准定位，同时设计出对应的解决方案。

11.8 常见问题解答

问题 1：在管理上我接受的培训是"管理是让员工实现 1+1 大于 2"，但是你说的是"1+1 小于 2"，这个应该怎么解读？

回答：这二者并不矛盾，"1+1 大于 2"主要是通过分工的方式，发挥每个员工的比较优势，让整体的效益提高，这是基于分工的说法。而"1+1 小于 2"是基于协作的说法，因为信息的私有化导致协作效率无法达到理想状态。这个问题涉及另一个很重要的问题——企业是先分工还是先协作。站在管理人员的角度来说，先分工后协作是合适的，这体现在大多数组织的组织架构是类似的。而站在企业经营目标的角度来说，先协作后按协作双方的比较优势形成新的分工机制是合适的，这体现为在相同组织架构下，不同团队表现出来的合作机制是不一样的。一个企业的架构一般分为两套，一套是可见的科层制架构，另外一套是隐藏在可见架构之下的基于目标的真实的协作架构，二者通常不太一致。

问题 2：怎么看待企业内部的分工和协作问题？

回答：分工和协作是一起的，分工能够产生比较优势，协作是为了保证分工的效果，只分工不协作是大企业的常态，也是大企业客观能力没办法充分发挥的原因。对小企业来说，更多的是协作不分工，这让小企业在逐步变大的过程中，无法提高效率。这是一个权衡取舍问题，很考验管理者的经验。大企业应该通过内部结算机制实现组织间的市场化交易机制，将内部交易变成市场交易，保障协同效率。

问题 3：你怎么看待大多数企业创始人离开企业后，企业就慢慢衰败的问题？

回答：科层制、委托代理制、人的逆向选择是企业管理中的核心问题。科层制如何让科层之间互相协作并且避免形成"山头文化"是一个持久的问题，其答案是引入合法机制进行拓展。合法性指被社会广泛认可，并规范社会成员行为的准则。韦伯最先提出合法性概念，并将合法机制分为 3 种类型：传统型合法机制、魅力型合法机制以及法理型合法机制。传统型合法机制是指合法性是通过传统而得以确立的，例如王位继承制度，表现为典型的人治现象。在这种机制下，企业会逐步演化为直接上级负责制度，追求直接上级满意成为员工的绩效指标，企业强依赖于上层管理人员的道德水平。魅力型合法机制指合法性建立在领袖人物的超凡魅力之上，领袖具有巨大的吸引力和感召力，表现为典型的"以成败论英雄"现象，企业内部会逐步演化形成魅力型领袖一言堂的现象，科层制专业化分工优势会减弱，企业强依赖于魅力型领袖的持续正确判断。法理型合法机制指合法性建立在以理性为核心的体系上，在企业内部就是规则或者文化。法理型合法机制是企业基于共同目标形成的规则制度和文化，大家遵循的是规则和文化，企业强依赖于规则和文化对市场的适应能力。大多数企业创始人是魅力型领袖，通过持续的企业成功事件成为企业的"精神领袖"，一般也作为企业的对外形象。但没有人能够持续正确和成功，随着创始人遭遇失败或者退居二线，企业需要经历去魅的阶段，这时候企业的合法机制需要向传统型和法理型合法机制演化，但是即使引入大量的职业经理人，企业的合法机制大概率还是往传统型合法机制演化。主要原因是科层制在大企业中极度容易形成官僚化，最后阻碍企业向法理型合法机制转变，新任管理者对老员工的清理成为常态。由于人的利己思维，新任管理者会逐步形成新的利益群体，这也是企业很难转向法理型合法机制的原因。在这个过程中，企业会逐步失去对市场的敏感度，最后导致消费者对企业的不满。

问题 4：我是人事专员，OKR 和 KPI 我们企业都在用，但是到最后绩效考核的时候还是以主观评价为主，这个问题是什么原因造成的？

回答：OKR 和 KPI 是主流的两套绩效工具，但大多数企业已经习惯了拿来主义，不考虑这个工具是否适合企业。任何方法论都有适用前提，应用工具的前提是创建工具适用的环境。工具不适用的关键不是工具的问题，而是企业没有适配工具的环境或文化氛围，这也是目前很多企业持续学习新的管理方法或工具时的误区。

第五部分

如何规范地进行分析

第五部分主要提供一套分析工具箱，工具箱中包含完整的专题分析流程和一套有效的分析方法。分析方法包括问题描述、流程图、需求优先级判断等，方便大家在不同分析项目中自由组合使用。

商业分析从产业市场分析开始，通过产业机会点结合企业能力确定企业目标，通过营销管理分析、商业模式分析、供应管理分析明确如何构建具备差异化竞争优势的业务，并通过营销管理指标体系、财务管理指标体系、供应管理指标体系、组织管理指标体系等持续对分析假设进行验证，以及对过程效率进行优化。

差异化的优势业务不是通过一两次分析就能拥有的，企业需要持续地对运行过程中的问题进行定位和改进。而针对日常经营问题的定位和改进过程是多数分析师的主要工作。这个工作是在本书第二、第三、第四部分提供的企业不同层次的目标标准基础上进行的。例如在装修项目中，营销管理分析、商业模式分析、供应管理分析输出的是房屋的整体设计图和装修方案，营销管理指标体系、财务管理指标体系、供应管理指标体系、组织分析指标框架提供装修过程中的各种数据，而日常经营问题的定位和改进更偏向于项目管理——对不符合设计图和装修方案的内容进行修改的过程。

本部分将介绍笔者通过整理不同分析方法，并针对日常分析流程总结得出的基于商业分析项目的 DMAI 流程和分析方法。

第 12 章

专题分析流程和方法

在商业分析工作中，分析师除了对业务进行判断和修正，最常面对的仍然是业务效率优化问题。效率优化过程就是"发现问题—定位问题—解决问题"的过程，常规的项目分析工作流程分为以下 4 步。

（1）**定义问题和影响**（defining the problems and impacts）：确定需要改进的问题或目标，如企业的策略目标达不成了、退款率变高了等问题，并明确解决目标。

（2）**测量和收集数据**（measuring and collecting data）：基于问题描述全面梳理相关流程的数据表现。

（3）**分析原因**（analyzing the causes）：利用分析工具，找到影响问题的少数几个关键因素。

（4）**改进业务**（improving operational actions）：利用部门协作小组或者实验设计等方法，针对关键因素确立最佳改进方案，并跟踪优化效果。

这个项目分析工作流程简称为 DMAI 流程，DMAI 是 4 个工作流程中 4 个动词的英文首字母组合，DMAI 流程是以问题定义为项目开头，以问题解决为项目终止条件的分析流程，强调分析结论的可实施性。随着时间的推移，DMAI 分析框架在项目不同环节逐步集成其他学科的工具和方法，通过不同项目目标可以选择不同的方法组合，理想情况下 DMAI 流程能够应对所有分析项目。DMAI 流程中的测量和收集数据与定义的问题强相关、具体的内容在各个指标体系章节中已有说明。改进方案依赖于分析原因结果，无法单独讲解。

除 12.1 节描述问题和目标标准外，第 12 章内容的其他部分是 DMAI 流程中常用的分析方法。

12.1 好的问题描述会让问题解决更容易

- 转化率低于 10% 是问题吗？
- 转化率低于竞争对手是问题吗？
- 收入下降是问题吗？

这 3 个问题在不同企业的不同部门答案不一样。什么是问题需要有一个标准。日常分析师确定问题的方式主要有 3 种：第一，和行业标杆进行对比；第二，和过去峰值进行对比；第三，和理论值进行对比。这 3 种方法都脱离了企业实际能力和目标，非常容易引发"是标准不客观还是数值确实存在问题"的讨论。判断问题标准不能仅仅是数值对比，我们还需要结合企业经营目标进行讨论。

由于企业能力的不同，企业之间存在明显的差异，在差异化的前提下，不是所有指标的落后都是问题，还需要结合企业核心竞争力判断。在商业分析中，当数值所反映出的能力无法满足企业长期竞争优势的能力要求时，才能将其定义为问题。因为这种能力的不足会逐渐降低企业的竞争力，最终影响企业的生存时长。商业分析项目主要目的不在于提高非核心能力的指标表现。

需要注意问题不是过错，商业分析项目的目的是发现问题解决问题。商业分析项目不做是非对错判断。每个商业分析专题都可被视为问题解决项目，项目开始前需要回答如下关键问题。

- 项目是什么？
- 项目关键问题是什么？
- 项目目标是什么？
- 团队成员各自的职能分工是什么？
- 项目的最后期限是什么时候？
- 项目的交付标准是什么？

这些关键问题既明确了项目的核心目标和应解决的问题，也保障了项目团队之间的信息平等。大多数分析项目失败的主要原因是对项目定义和描述不清楚，最后交付物达不到要求。好的问题和目标陈述是项目成功的关键，那什么是好的问题和目标陈述。

一个良好的问题的有效陈述必须遵循以下准则。

- **具体**：明确地说明问题是什么。
- **可观察**：描述问题/机会的可见迹象，如问题发生在哪里。
- **可衡量**：这问题有多严重、产生了什么影响，用量化的语言来描述问题对企业的影响。
- **可控性**：问题能否在规定的时间内解决，评估是否需要拆分问题。

问题陈述需要注意如下 4 个要点。

（1）**陈述意见时，不应包括原因**。预先形成的有关原因的想法是不准确、不完全或者错误的，并且可能误导团队，项目团队需要经历测量和分析阶段，才能输出问题产生的原因做出客观准确的判断。

（2）**不应提出改进方案**。在不了解原因的情况下提出改进方案是不可取的，制订的解决方案应该是基于数据和事实的决策。

（3）**陈述问题时，不要认定问题的过错和责任，更不要指责**。任何分析的目标都是改进流程、解决问题，而不是追究相关人员的责任。应当"对事不对人"，因为不知道根本原因，所以在责任和过错的判断上可能会有错误。

（4）**不要把几个问题集中在一个问题的陈述中**。要把问题区分开来，项目才能有效进行。

在确定项目要解决的问题后，任何项目设计之初都要预先设定一个目标，好的目标陈述应该遵循 SMART 原则，其中：S 代表**具体**（specific），指目标考核要切中特定的工作指标；M 代表**可度量**（measurable），指目标指标是数量化或者行为化的，验证这些绩效指标的数据或者信息是可以获得的；A 代表**可实现**（attainable），指目标指标在付出努力的情况下可以实现，避免设立过高或过低的目标；R 代表**相关性**（relevance），指目标指标是与工作的其他目标是相关联的，目标指标是与本职工作相关联的；T 代表**有时间界限**（time-bound），注重完成目标指标的特定期限。

目标/任务声明是团队明确努力的方向的结果，项目目标陈述应与问题陈述匹配。目标陈述应该包含与问题陈述相同的指标。如果指标不一样，那么目标就无法匹配问题，即使实施了项目，也不可能解决问题。

12.2 VOC 从消费者的角度了解问题

所有问题需要回归原点，原点就是消费者。VOC 代表的是"从消费者的角度了解问题"。什么是消费者的声音？它是一系列工具、方法、技术，允许分析小组系统地收集和分析消费者需求以及消费者对那些需求的重视程度。了解消费者需求和他们是如何评价这些需求的，向内部展示外部消费者最重视的是什么。[①]

传统的收集消费者声音主要通过问卷调查、访谈、试用、投诉等形式进行，随着互联网时代的发展、数据采集技术的完善，企业可以从网络、社交媒体等大量抓取消费者评价数据，并且结合企业内部数据仓库大量的消费者行为数据进行分析挖掘，这类指标在消费者逆向行为指标说明中已经说明，具体不赘述。

消费者反馈数据分为显式反馈和隐式反馈两种类型，其中显式反馈是指消费者明确表示喜欢或者不喜欢的意向数据，隐式反馈是指不能明确判断消费者意向的数据，如访问日志等。显式反馈和隐式反馈数据价值都很大，但在不同方式的表现上有些不同，显式反馈和隐式反馈数据价值表现对比如表 12-1 所示。

表 12-1　显式反馈和隐式反馈数据价值表现对比

数据类型	隐式反馈	显式反馈
准确度	低	高
丰富度	高	低
数据获取难度	容易	困难
数据噪声	较难识别	较易识别
意向识别能力	只有正样本	包含负样本

由于隐式行为数据只有正样本数据，一般 VOC 较少采用隐式行为数据，常用的数据来源主要是客户服务系统，外部社交网络对产品的反馈信息收集及主动进行的问卷调研行为等。尤其重点关注客户服务数据和外部社交网络的产品反馈。

客户服务数据来源于服务工单系统，对每种投诉类型都有具体的标准操作规程（standard operating procedure，SOP）和标准化归类，应用此类数据可以减少分析师归类消费者问题的时间消耗，并且由于服务工单系统是线上化系统，数据实时产生，适合 OODA 循环的快速运转。

第三方舆情数据重要性主要来源于消费者在相对中立的场合发表的见解往往与受

[①] 关注 VOC 并不意味着企业所有决定都要得到消费者的认可，总有些消费者需求与企业战略相悖或缺乏可行性。不要认为消费者永远是对的，大多数消费者给的都是需要的功能，企业无法知晓其是否为之付费，VOC 为分析师提供了消费者需求研究方法，但是分析师仍然需要进行判断取舍，判断何时做出响应、何时不做响应才是关键所在。

访时会有不同。相对中立的场合下他们会表现得更加开放、诚恳。例如他们可能不会在与客服代表的沟通中表达强烈不满，因为他们担心这可能会影响他们之间的关系。然而他们可能会在社交媒体或在线论坛上与朋友和家人分享这些信息，因为他们认为在那里有更大的讨论空间，更容易产生共鸣。

问卷调查由于形式问题，数据采集时效性和准确性都会有一定的差异，一般不作为优选方案。

VOC 来源于需求端的反馈，数据来自真实的消费者体验，有效利用 VOC 数据可以显著降低使用主观方法来解决问题时头脑风暴的消耗，提高判断的准确率。一般 VOC 收集到的消费者问题主要是具象的细节的问题描述，分析师需要通过 KJ 法将消费者需求进行归类提炼，并寻找消费者问题与量化指标的关系。

12.3 HOQ将抽象变成具象

在 VOC 分析中，分析师通过 KJ 法获得一些抽象性的需求，而产品设计环节需要将这些抽象性的需求转为具象性的功能需求，这些工作过去都强依赖于产品人员与开发人员的个人能力，而现在拥有能够将消费者抽象需求转为具象需求的分析工具，这种分析工具就是质量屋（house of quality，HOQ）。

质量屋是一种联系消费者需求和产品服务性能的图示方法，是产品开发中连接消费者需求与产品属性的经典工具。质量屋是一个大型的矩阵，由 10 个不同的部分组成，质量屋的 10 个部分及各部分的关系如图 12-1 所示。

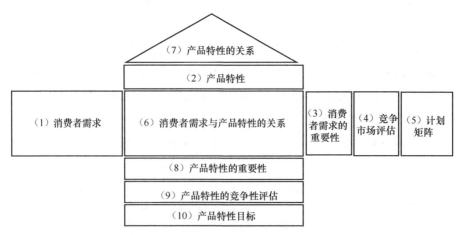

图 12-1　质量屋的10个部分及各部分的关系

（1）**消费者需求**：站在消费者的立场上来讲，明确消费者到底想要什么。这一步是至关重要的一步。站在消费者的立场上来讲，消费者希望产品好、服务好、价格低。该部分主要通过 VOC 反馈结合 KJ 法输出。以奶茶为例，这一项可以为更丰富的口味、更便宜的价格、更环保的包装等。

（2）**产品特性**：是企业用以满足消费者需求的手段，产品特性也因产品不同而有差异。产品特性有两个要求，第一个是标准化表达，方便后续提交工程开发，第二个是可以被量化。产品特性的实际内容可以由产品与工程团队给出，或者通过 KJ 法和头脑风暴得出。以奶茶为例，这一项可以分为图案大小、包装盒大小、甜度水平等。

（3）**消费者需求的重要性**：企业不仅需要知道消费者需要什么，还要知道这些需求对消费者的重要程度。一般以 5 分制进行说明，5 分代表最高分，1 分代表最低分。消费者需求的权重可以结合 12.6 节介绍 KANO 模型进行设计。

（4）**竞争市场评估**：包含一个对主要竞争对手产品的竞争性分析表格，通过 5 分制描述本企业和竞争对手的竞争性。重点进行已有的产品和竞争对手产品的比较，如分析现在的产品已经实现了哪些功能，还有哪些地方有改进的机会。

（5）**计划矩阵**：计划矩阵有 3 列，分别代表消费者得分目标值、消费者目标得分的改进率、改进后可能增加的销售量。计划矩阵用于消费者需求的目标设定。

（6）**消费者需求与产品特性的关系**：表示产品特性对各个消费者需求的贡献和影响程度。一般情况下用 1、3、5 进行标识，1 表示弱相关，3 表示一般相关，5 表示强相关。

（7）**产品特性的关系**[①]：一个特性的改变往往影响另一个特性。通常这种影响是负向的，即一个特性的改进往往导致另一个特性变坏。一般情况下以 1、3、5、7、9 进行标识，1 表示强负相关，3 表示中等负相关，5 表示基本无关，7 表示中等正相关，9 表示强正相关。

（8）**产品特性的重要性**：企业需要对产品特性进行重要性评估。具体方法主要采用专家评估法，采用 5 分制，5 分代表重要，1 分代表不重要。

（9）**产品特性的竞争性评估**：包含一个对主要竞争对手产品的产品特性分析表格，通过 5 分制方法描述本企业和竞争对手的产品特性。

（10）**产品特性目标**：基于消费者需求和各自的权重，产品和研发部门需要设置具体的数值目标。

---

① 由于有些特性与特性、需求与特性存在较强的相关性，因此，一般需要对各个矩阵进行一次相关分析，将相关内容进行分组改进，划定产品模块，中间涉及较多矩阵计算，读者可以查看相关著作。

质量屋可以有效地将消费者需求和工程研发串联在一起，利用过程中的数值和权重问题将抽象的业务需求转化为具体的工程参数。质量屋包含竞争分析、消费者需求分析、产品特征分析等数据分析工作，可以全面观察企业和消费者之间的需求满足情况，这同时也代表了质量屋极为烦琐，整理需求和特性费时、需要较强的团队合作能力。质量屋对评价方法偏主观的产品适用性较差，如装修、艺术品等。

质量屋以全面视角看待整体的业务，并且逐步跟进改进目标，随着时间的迭代逐步修订权重和产品目标，是一个非常好用的分析和管理工具。

12.4　SIPOC模型厘清过程要素

SIPOC模型是一代质量大师威廉·爱德华兹·戴明提出来的组织系统模型，是一个常用于流程管理和改进的技术。在项目定义中，为了鉴别项目重点关注的内部流程，需要将内部流程与消费者需求联系起来，并在此基础上明确定义项目类别，这时候SIPOC模型可以作为识别核心过程的优选方法。SIPOC模型是供应商（supplier）、输入（input）、过程（process）、输出（output）和消费者（customer）这5个英文单词的首字母的组合。

- **供应商**：向核心流程提供关键信息、材料或资源的组织。之所以强调"关键信息"，是因为企业的流程中可能会有众多供应商，但对价值创造起重要作用的只有提供关键部件的供应商。
- **输入**：供应商提供的资源，对输入的要求予以明确。例如，输入的某种材料必须满足的标准，输入的某种信息必须满足的要素，等等。
- **过程**：使输入发生变化成为输出的一组活动，组织追求通过这个流程使输入增加价值。
- **输出**：流程结果即产品。通常会在SIPOC图中对输出的要求予以明确，如产品标准或服务标准。输出也可能是多样化的产品，但分析核心流程时必须强调主要输出甚至有时只选择一种输出，判断依据就是哪种输出可以为消费者创造价值。
- **消费者**：接受输出的人、组织或流程，不仅指外部消费者，而且包括内部消费者。材料供应流程的内部消费者就是生产部门，生产部门的内部消费者就是营销部门。

SIPOC 图又称高端流程图。SIPOC 图的优点是可以在一个简单的图表中显示从输入到输出的多种职能活动，不论一个组织的规模有多大都可以应用 SIPOC 图来确定项目涉及的关键工作流程和相关责任，确认项目范围，确定项目相关者，并组织项目团队。SIPOC 图的示例如图 12-2 所示。

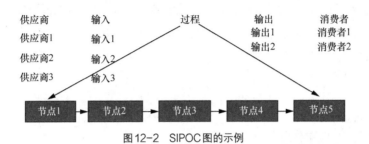

图 12-2 SIPOC 图的示例

SIPOC 图的绘制流程主要分为以下 5 步：

（1）定义流程边界；

（2）确定流程的关键步骤；

（3）明确流程中每一步骤的输入和输出；

（4）确定每一步骤的责任人；

（5）确定每一步骤的操作方法和关键点。

为了保持 SIPOC 图的准确性，需要在画图过程中采用以下检查方法。

（1）如果 SIPOC 图流程总数超过 8 个，则可能是项目组对流程考虑过于详细，需要重新思考项目必须包含的步骤。

（2）如果 SIPOC 图显示项目过程、输出或输入必须重新确认，那么项目范围必须调整。

SIPOC 图的优点是用一个简单的图就可以显示输入到输出的多种职能活动，类似的工具有概念流程图、详细流程图、跨部门流程图（泳道图）等。

12.5 帕累托图明确主次问题

帕累托图（Pareto Chart）又称排列图、主次分析图等，是基于"二八原则"设计的获取主要影响因素的图表展示方法，常见于关键要素的抽取。意大利经济学家维尔弗雷多·帕累托（Vilfredo Pareto）在对意大利、法国、瑞士、英国、俄罗斯和普鲁士的人口财富分布进行分析时，注意到所有国家都有类似的现象：80% 的财富由 20% 的人口持有。20 世纪 40 年代，质量大师约瑟夫·M. 朱兰（Joseph M. Juran）阅读了帕累托的经济著作，注意到了帕累托的这个发现并深受启发，于 1951 年首次提出了帕累托图，并明确提出了"帕累托法则"（"二八定律"）。

帕累托图以双直角坐标系表示，左边纵坐标表示频数，右边纵坐标表示频率。分析线表示累积频率，横坐标表示影响质量的各项因素。按影响程度的大小（频数多少）从左到右排列，通过对排列图的观察分析可以抓住影响质量的主要因素。帕累托图的示例如图 12-3 所示。

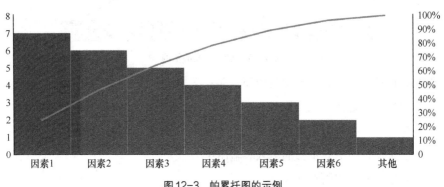

图 12-3　帕累托图的示例

帕累托图能区分"微不足道的大多数"和"至关重要的极少数"，从而方便人们关注重要的类别。帕累托图是进行问题优化和改进的有效工具。在项目过程中，项目组重心应该放在至关重要的极少数上，而避免将资源消耗在微不足道的大多数上。绘制帕累托图时，需要注意以下 3 点内容。

（1）在排列图上一般总有一个"其他"类别，它可以是很多不重要的类别的累积，这一项目的柱子不能是最高的，如果这个柱子最高，就应该将它拆解。

（2）实际上，帕累托法则可能并不一定是严格的二八定律，只要大部分的问题或缺陷是由少数可能的原因引起的，就认为帕累托法则适用于该数据。在实际应用中 75% 是常见的分割点。

（3）绘制帕累托图时具体原因尽量不要超过 6 个。

帕累托图通过简单易懂的柱形图来进行数据的显示和原因的分析，其中横轴缺陷原因主要来源于 VOC 反馈，当反馈原因太多时，分析师需要预先通过 KJ 法对问题进行归类，再进行帕累托图的绘制。帕累托图在日常分析中，也可以用于做贡献度的构成分析，使分析师明确整体业务增长的贡献度分布，找到好的模式，然后进行标准化复制。

12.6　KANO模型明确需求优先级

KANO 模型，又称狩野模型，是东京理工大学教授狩野纪昭（Noriaki Kano）发明的对消费者需求分类和优先排序的工具，以分析消费者需求对消费者满意度的影响为基础，体现了产品性能和消费者满意度之间的非线性关系。

消费者的满意度取决于他们对企业所提供的产品和服务的事前期待。如果消费的实际效果与事前期待相符合，那么消费者感到满意；如果实际效果超过事前期待，那么消费者很满意；如果实际效果未能达到事前期待，那么消费者不满意或很不满意。高的消费满意度来源于超预期的体验。

日常满意度调研问卷假设满意度是一维的，即：某个产品提供更多功能和服务，消费者就会感到满意；当功能和服务不充足时，消费者会感到不满。因此，企业会不断在产品中添加新功能，通过这种方式提升消费者的满意度。但是事实并不是所有新增或优化的功能，都能提升消费者的满意度，甚至有一些还会损害消费者体验。满意度理论发现消费者满意度并不是一维的。当企业提供某些因素时，未必会获得消费者的满意，有时可能会造成不满意，有时提供或不提供某些因素，消费者认为根本无差异，这就是满意度的二维模式。

满意度的"二维模式"是从美国心理学家弗雷德里克·赫茨伯格（Frederick Herzberg）的双因素理论发展而来的。赫茨伯格的理论认为，满意和不满意并非共存于单一的连续体中，而是截然分开的。该理论通过考察一群会计师和工程师的员工满意度与生产效率的关系，发现日常工作中员工的满意度影响因素分为两种：一种是激励因素，另一种是保健因素。当具备激励因素时会提高员工的满意度，但是当缺乏激励因素时员工不会不满意；而当具备保健因素时不会提高员工的满意度，但是当缺乏保健因素时，则会造成员工不满。受双因素理论的启发，东京理工大学教授狩野纪昭于 1982 年日本质量管理大会第 12 届年会上宣读了 *Attractive Quality and Must-be Quality* 的分析报告，标志着"狩野模式（Kano Model）"的确立和魅力质量理论的成熟。这篇论文中，狩野纪昭提出满意度的二维模式，构建出 KANO 模型。

KANO 模型将影响满意度的需求划分为 5 个类型。

- **魅力需求**指不会被消费者过分期望的需求，指不满足此需求，满意度不会降低，但满足此需求，满意度会有很大提升。
- **期望需求**指消费者满意程度与需求满足程度成正比的需求，满足此需求，满意度会提升，但不满足此需求，满意度会降低。
- **必备需求**指消费者对企业提供的产品或服务因素的基本要求，满足此需求，满意度不会提升，但不满足此需求，满意度大幅降低。
- **无差异需求**指不论此需求满足与否，对消费者体验无影响。
- **反向需求**指引起强烈不满的质量特性和导致低水平满意度的质量特性，消费者根本没有此需求，满足后满意度反而会下降。

从KANO模型的因素分类可以发现，该模型不是一个测量消费者满意度的模型，而是对消费者需求分类，通常在满意度评价工作前期作为辅助分析模型。KANO模型的目的是通过对消费者的不同需求进行区分，帮助企业找出提高消费者满意度的切入点。它常用于对影响指标进行分类，帮助企业了解不同层次的消费者需求，识别使消费者满意的至关重要的因素。

KANO模型主要通过标准化问卷进行调研，根据调研结果对各因素属性归类，然后计算Better-Worse系数，以显示达成此项因素属性对增加满意或消除不满意的影响程度。

- Better数值通常为正，表示产品提供某些功能或服务，满意度会提升。正值越大，代表满意度提升的效果越强，满意度上升越快。
- Worse数值通常为负，表示如果不提供某些功能或服务，满意度会降低。负值越大，代表满意度降低效果越强，满意度下降得越快。

Better-Worse系数绝对分值较高的项目应当优先实施。

为了能够将质量特性区分为魅力需求、期望需求、必备需求、无差异需求、反向需求，KANO问卷中每个质量特性都由正向和负向两个问题构成，分别测量消费者在面对存在或不存在某项质量特性时的反应。问卷中的问题答案一般采用5级选项，分别是"它必须这样""我喜欢这样""我无所谓""我能够忍受""我讨厌这样"。KANO模型问卷表如表12-2所示。

表12-2 KANO模型问卷表

问题	它必须这样	我喜欢这样	我无所谓	我能够忍受	我讨厌这样
提供这项功能你的评价是？					
不提供这项功能你的评价是？					

被调查者只需在问卷表中打钩即可。此问卷表维度有两个：提供时的满意程度、

不提供时的不满意程度。满意程度划分为 5 个等级。在整理问卷数据的时候，清洗掉个别明显胡乱回答的问卷后，按照收集的数据生成二维表格，KANO 问卷数据表如表 12-3 所示。

表 12-3　KANO 问卷数据表

提供功能的评价	不提供这项功能的评价				
	满意度高	满意度较高	无差异	满意度低	满意度较低
满意度高	可疑结果	可疑结果	魅力需求	期望需求	期望需求
满意度较高	可疑结果	可疑结果	魅力需求	期望需求	期望需求
无差异	反向需求	反向需求	无差异需求	必备需求	必备需求
满意度低	反向需求	反向需求	反向需求	可疑结果	可疑结果
满意度较低	反向需求	反向需求	反向需求	可疑结果	可疑结果

接下来的步骤就是基于数据表格计算 Better-Worse 系数：

Better 系数 =（期望需求数 + 魅力需求数）/（期望需求数 + 魅力需求数 + 必备需求数 + 无差异需求数）

Worse 系数 = −1 ×（期望需求数 + 必备需求数）/（期望需求数 + 魅力需求数 + 必备需求数 + 无差异需求数）

Better 系数越接近 1，表示功能具备度越高，需求对满意度提升的正向影响越大；Worse 系数越接近 −1，表示功能具备度越低，需求对满意度提升的负面影响越大。

最后根据 5 项功能的 Better-Worse 系数值，将需求分为 4 类[①]。

- Better 系数高，Worse 系数也高的需求被称为期望需求。
- Better 系数高，Worse 系数低的需求被称为魅力需求。
- Better 系数低，Worse 系数也低的需求被称为无差异需求。
- Better 系数低，Worse 系数高的需求被称为必备需求。

在实际情况中，企业首先要全力以赴地满足消费者基本需求，即必备需求，这些需求是消费者认为企业有义务做到的事情。在满足基本需求之后，企业应尽力去满足期望需求，这是企业的竞争性因素。企业应提供消费者喜爱的额外服务或产品功能，以突出其产品和服务相对于竞争对手的优势和独特性，引导消费者加深对本企业产品的良好印象。最后才争取满足消费者的魅力需求，提升消费者的忠诚度。

---

① 表 12-3 中百分比最高的类型就是需求的归属类型，当需求归属为反向需求时，可以不计算对应的 Better-Worse 系数。Better-Worse 系数的作用更偏向于需求实现优先级判断，反向需求属于不应该被实现的需求。

KANO 模型能对定性的功能进行量化处理，为产品决策提供科学的指导，且操作简单，实施周期短，然而，该方法同样存在问卷调查的所有缺点，如样本难以界定、选取人群缺乏代表性问题、回答偏主观等。

12.7 通过实验达到假设验证

互联网行业的 AB 实验理念深入人心，核心在于互联网 AB 实验框架成熟，线上流量调配简单。AB 实验在互联网上得到广泛应用，在大学数理统计专业中，读者可能更熟悉另外一种叫实验设计的方法，两种方法基本思路类似——通过设计对照实验，了解具体参数对实验结果的影响。

实验设计（design of experiment，DOE）是数理统计的一个分支，指为实验分析制订出一个设计方案，对实验对象施加某种干预或处理因素，观察比较不同处理的效果。从 20 世纪 20 年代英国统计与遗传学家罗纳德·费希尔（Ronald Fisher）在农业生产中使用实验设计方法以来，实验设计方法广泛发展，统计学家们发现了很多非常有效的实验设计方法。

实验设计的主要步骤可分为以下 7 步。

（1）明确实验目的：实验目的是实验设计的出发点，要明确对象、范围和分析目的。

（2）做出假设：实验设计就是要根据假设去寻找证据，确定响应变量。

（3）预期结果：根据思路，检验假设，并对可能产生的现象做出预期。

（4）设计方案步骤：这可能有多种思路，但要求简便、可行、安全、精确。

（5）进行实验：实验的具体实现环节，实验操作需要满足方案设计。

（6）观察、收集及分析数据：数据统计分析步骤，追求分析方法的科学性。

（7）结论和建议：实验设计最终结论输出环节，追求结论的客观性。

常见的实验设计[1]方法可分为两类，一类为单因素实验设计方法，另一类为多因素实验设计方法。

---

[1] 实验设计的 3 个基本原理为随机化、重复和区组化。随机化是实验分析的根本，能够保证分析数据的独立分布。但实现完全随机化非常困难，因此有时候需要优化统计方法。重复是了解实验误差的手段，通过重复实验，分析师可以了解实验和实验间的变异。区组化是提高实验精度的手段，主要是通过分组降低混淆变量带来的影响。

单因素实验设计方法指在实验时使一种实验因素变化，而使其他实验因素保持不变，从而分析该实验因素与实验结果之间关系的方法，单因素实验设计方法主要采取完全随机分组设计或者配对分组设计来完成样本分组。

- 完全随机分组设计是指将受试对象随机分配到不同处理组进行实验观察，依据每组样本量是否相同，又分为平衡设计和非平衡设计。现阶段互联网上的 AB 实验主要采用这种方法。
- 配对分组设计是指将不同受试对象按一定条件配对，再将每对中的两个受试对象分配到不同的处理组，例如按年龄、性别进行分组。配对分组设计能够有效地控制非处理因素对实验结果的影响，减少样本数。

多因素实验设计方法主要是指在同一实验分析中，操作两个或两个以上的自变量的实验设计方法。多因素实验设计方法主要采用析因设计法和正交实验设计法。

- 析因设计法也叫作全因子实验设计法，是指实验中所涉及的全部实验因素的不同水平全面组合形成不同的实验条件，每个实验条件下进行两次或两次以上的独立重复实验。析因设计法最大的优点是获得的信息量很多，可以准确地估计各实验因素的主效应的大小，还可估计因素之间各级交互作用效应的大小。其最大的缺点是所需要的实验次数多，因此，耗费的人力、物力和时间也较多，当所考察的实验因素和水平较多时，相应工作量分析者很难承受。
- 正交实验设计法是利用一种规格化的表格——正交表，挑选实验条件、安排实验计划和进行实验。当实验涉及的因素在 3 个或 3 个以上，而且因素间可能有交互作用时，实验工作量就会很大，甚至难以实施，这时候实验者可根据实验的因素数、因素的水平数以及是否具有交互作用等需求查找相应的正交表，再依托正交表的正交性从全面实验中挑选出部分有代表性的点进行实验，以实现以最少的实验次数达到与全面实验等效的结果。正交实验设计法的优点是能够有效减少实验次数。

在真实环境中，不存在在两个完全相同的环境中进行实验设计的情况，任何实验都必然存在混淆变量的干扰，日常工作中只能通过加大样本量或者随机化分组弱化混淆变量的影响，追求统计意义上的有效规律。实验设计除了用于分析变量对结果的影响程度，也可以反向通过实验的逐步细化寻找问题发生原因。实验设计核心是对照方法的选择。

只有一个因素变化而其余因素都保持不变的实验称为对照实验。对照实验一般要设置对照组和实验组。实验组是接受自变量处理的对象组，对照组也称控制组。常用的对照设计方法有以下 4 个。

- 空白对照。空白对照是指对照组不做任何实验处理。设置空白对照能明白地对比和衬托出实验组的变化和结果，增强说服力。
- 条件对照。条件对照是指虽然给对象施以某种实验处理，但这种处理不是实验假设所给定的自变量。设置条件对照，能更充分地说明自变量对因变量的影响。
- 相互对照。相互对照亦称对比实验，即设置两个或两个以上的实验组，而不另设对照组，通过对结果的比较分析，来探究某种因素与实验对象的关系。
- 自身对照。自身对照是指实验与对照在同一对象上进行，不另设对照。自身对照方法简便，关键是要理解实验处理前后实验对象本身变化的差异。

传统的实验设计需要较强的专业知识对影响因素进行分解定位，通过数理分析的方法减少实验次数，逐步降低实验成本，最后提高收益。但由于互联网环境的特殊性，线上 AB 实验框架比较成熟，可以通过快速配置等方法进行大量的重复实验，弱化实验设计环节，加快实验的速度，快速得到结果。二者目标有较大的差别，但基本思路是一致的。

实验设计是一种对因素分析的实验设计方法，并不是数据处理的方法，实验设计后仍然需要利用相关的统计学方法分析不同实验指标的差异性，常用的方法是假设检验方法。实验设计应该成为功能改动最常用的效果分析方法，主要由于这个方法变量简单，通过简单的对照实验的设计，结果并不需要经过太复杂的分析过程就可以得出。

12.8 统计分析追求相关关系

统计分析是指以统计资料为依据，以统计方法为手段，定量分析与定性分析相结合去认识事物的一种分析活动。统计方法流程主要是运用数学方式，建立数学模型，对通过调查获取的各种数据及资料进行数理统计和分析，形成定量的结论。统计分析方法发展时间较长，形成了以下不同类型的方法。

- **描述统计**是通过图表或数学方法，对数据资料进行整理、分析，并对数据的分布状态、数字特征和随机变量之间关系进行估计和描述的方法。描述统计分为集中趋势分析、离中趋势分析、相关分析 3 个部分。**集中趋势分析**主要靠平均数、中位数、众数等统计指标来分析数据的集中趋势。**离中趋势分析**主要靠全距、四分差、平均差、方差、标准差等统计指标来分析数据的离中趋势。**相关分析**探讨数据之间是否具有统计学上的关联性。这种关系既包括两个数据之间的单一相关关系，也包括多个数据之间的多重相关关系。描述统计在日常工作中主要服务于数据预处理工作。

- **假设检验**又称统计假设检验，是用来检验样本与样本、样本与总体的差异是由抽样误差引起还是本质差别造成的统计推断方法。显著性检验是假设检验中最常用的一种方法，也是一种最基本的统计推断形式，其基本原理是先对总体的特征做出某种假设，然后通过抽样分析的统计推理，对此假设应该被拒绝还是接受做出推断。常用的假设检验方法有 Z 检验、t 检验、卡方检验、F 检验等。假设检验是 AB 实验判断实验结果有效性的常用方法。

- **信度分析**指采用同样的方法对同一对象重复测量时所得结果的一致性程度分析。信度指标多以相关系数表示，大致可分为 3 类：稳定系数（跨时间的一致性）、等值系数（跨形式的一致性）和内在一致性系数（跨项目的一致性）。信度分析的方法主要有以下 4 种：重测信度法、复本信度法、折半信度法、α 信度系数法。信度分析在日常工作中主要服务于消费者问卷的有效性判断。

- **列联表分析**是通过分析多个变量在不同取值情况下的数据分布情况，从而进一步分析多个变量之间相互关系的一种描述性分析方法。列联表分析在日常工作中主要服务于数据展示。

- **聚类分析**是一种探索性的分析，在分类的过程中，人们不必事先给出一个分类的标准，聚类分析能够从样本数据出发，自动进行分类。传统的统计聚类分析方法包括系统聚类法、分解法、加入法、动态聚类法、有序样品聚类法、有重叠聚类法和模糊聚类法等。聚类分析在日常工作中主要服务于市场细分工作。

- **回归分析**指的是确定两种或两种以上变量间相互依赖的定量关系的统计分析方法。回归分析按照涉及的变量的多少，可分为一元回归分析和多元回归分析；按照因变量的多少，可分为简单回归分析和多重回归分析；按照自变量和因变量之间的关系类型，可分为线性回归分析和非线性回归分析。回归分析在日常工作中主要服务于需求预测工作。

- **主成分分析和探索性因子分析**是两种用来探索和简化多变量复杂关系的常用方法。主成分分析是一种数据降维技巧，它能将大量相关变量转化为一组很少的不相关变量，这些无关变量被称为主成分。探索性因子分析是一系列用来发现一组变量的潜在结构的方法。它通过寻找一组更小的、潜在的或隐藏的结构来解释已观测到的、显式的变量间的关系。上述两种分析方法在日常工作中都常用于减少分析变量数量。
- **时间序列分析**是定量预测方法之一。它包括一般统计分析（如自相关分析、谱分析等），统计模型的建立与推断，以及关于时间序列的最优预测、控制与滤波等内容。经典的统计分析都假定数据序列具有独立性，而时间序列分析则侧重分析数据序列的互相依赖关系、趋势、周期、时期和不稳定因素。时间序列分析在日常工作中常用于需求预测。
- **生存分析**是指根据实验或调查得到的数据对生物或人的生存时间进行分析和推断，分析生存时间和结局与众多影响因素间关系及其程度大小的方法，也称生存率分析或存活率分析。生存分析在日常工作中常用于消费者流失和体验周期设置项目。
- **其他分析方法**，如**判别分析**、**因果推断**等。

统计分析是一个非常庞大的方法合集，热门的机器学习和深度学习也应用了统计分析的基础理论，但在商业分析项目中不太常用统计分析方法，原因除统计分析固有的缺点外，还包括统计语言到业务语言之间的转化比较困难，让业务人员明白统计模型输出的含义是一个比较难的事情。在消费者预测或者业务目标预测中，这些方法就比较常用。

统计分析方法的优点在于方法简单，工作量小，实施成本低。统计分析方法的缺点有以下3点：第一，对历史统计数据的完整性和准确性要求高；第二，统计数据分析方法选择不当会严重影响标准的科学性；第三，统计资料只反映历史的情况而不反映现实条件的变化对标准的影响。

统计分析方法在日常实际执行中准确性差、可靠性差，但是它在某些领域的确存在不可替代的作用，例如抽检。在复杂工程中使用统计分析方法能够有效降低项目难度，缩短项目整体的交付时间。分析方法多种多样，适用于相同场景的方法也是多种多样的，选择分析方法的基本出发点是其能够简单地说明数据代表的业务意义，而不是单纯为了炫耀技巧和模型。

12.9 德尔菲法是有效的专家意见方法

德尔菲法（Delphi Method）是美国兰德公司在20世纪50年代与道格拉斯公司合作推出能有效、可靠地收集专家意见的方法。德尔菲这一名称起源于古希腊有关太阳神阿波罗的神话，传说中阿波罗具有预见未来的能力。因此，这种预测方法被命名为德尔菲法。

德尔菲法本质上是一种反馈匿名函询法。德尔菲法依据系统的程序，采用匿名发表意见的方式，专家之间不得互相讨论，只能与调查人员联系，通过多轮次调查专家对问卷所提问题的看法，经过反复征询、归纳、修改，最后汇总成专家基本一致的看法作为结果。这种方法具有广泛的代表性，较为可靠。

德尔菲法具体实施步骤分为以下7步。

（1）确定调查题目，拟定调查提纲，准备向专家提供的资料（包括预测目的、期限、调查表和填写方法等）。

（2）组成专家小组。按照课题所需要的知识范围，确定专家，专家小组一般不超过20人。

（3）向所有专家提出所要预测的问题及有关要求，并附上有关这个问题的所有背景材料，同时请专家提出还需要什么材料。

（4）各个专家根据所收到的材料，提出自己的意见和结果，并说明自己是怎样利用这些材料提出预测值的。

（5）将各位专家第一次意见汇总，生成图表进行对比，再分发给各位专家，让专家比较自己同他人的不同意见，修改自己的意见。也可以把各位专家的意见加以整理，或请更高级别的其他专家加以评论，然后把这些意见分发给各位专家，以便他们参考后修改自己的意见。

（6）将所有专家的修改意见收集起来并汇总，然后再次分发给各位专家，以便做第二轮修改。逐轮收集意见并向专家反馈信息是德尔菲法的主要环节。收集意见和反馈信息一般要经过三四轮。在向专家进行反馈的时候，只给出各种意见，但并不说明发表各种意见的专家姓名。重复进行这一过程，直到每一个专家不再改变自己的意见为止。

（7）对专家的意见进行综合处理。

德尔菲法更像机器学习优化算法的人工解法，通过专家意见的持续迭代，最后收敛到一致。专家选择是德尔菲法的关键步骤,在选择专家时要注意以下两个问题。

- 专家是指在特定问题上有专门知识和经验的人,所选专家不能以资历老、地位高为标准来衡量,应以对特定问题的熟悉程度、分析深度以及创见性等标准来衡量,特别应注意选择年轻专家。
- 专家的选择范围分为内部专家和外部专家,内部专家指单位、行业、领域内的专家。一般顺序是先选择内部专家,这样可使选择工作易于进行。然后再选外部专家,选择外部专家可通过内部专家举荐、信息查询等方法。专家小组中应有各种知识结构、学派、层次、专业、地域的专家,并且各专家应有时间和兴趣回答问题。

德尔菲法以统一为目标,有些项目在前两步就达到统一,就不需要后续步骤。如果在第五步结束后,专家对各事件的预测没有达到统一,一般可以采用中位数和上下四分点作为结论。

德尔菲法的优点在于能充分发挥各位专家的作用,集思广益,准确性高,并且能够表达各位专家意见的分歧点,取各家之长,避各家之短。匿名的设置也避免专家受到他人或者权威影响,提高原本不全面的专家意见的可能性。德尔菲法的主要缺点是过程比较复杂,花费时间较长。德尔菲法是常用于重大决策下的专家意见收集方法,在战略设计和内部流程优化中使用较多,在专家调研过程中也可以结合层次分析法等分析方法。

12.10 常见问题解答

问题 1:为什么说统计学在日常分析中不常用?

回答:统计学是一个非常重要的学科,它主要通过统计方法分析指标之间的数量关系,统计方法只能解决相关性问题,不能解决因果性问题。指标之间的数量关系是没有方向的,两个指标的关系可能是 A 影响 B,也可能是 B 影响 A,这种方法不适用于商业分析寻找因果关系的目标,因果关系是有明确方向的。

问题 2:在日常沟通交流过程中,我发现你对纯数据分析方法讲得比较少,更多偏向于流程、实验设计等方法,商业分析不是主要通过数据来解决问题的吗?

回答:商业分析师通过整合信息来解决商业问题,从整理信息到量化信息是商业分析的第一步。第二步的数据分析工作只要使用好趋势、对比、细分即可,这类方法简单明了。使用方法的目的是解决问题，简单的方法能够解决的问题就不需要用太多复杂的、解释性弱的方法。

问题 3：在一次培训中听你说起企业日常工作中有六七成的分析工作是没有必要的，当时由于时间问题你没有细讲，现在能简单说明一下吗？

回答：商业分析的基本流程是发现问题并解决问题。在日常工作中，很多分析师的工作只是重复发现已知的问题，这些问题未得到解决的原因要么是它并不影响企业核心能力的构建，要么是企业没有能力去解决。一般在分析之前，分析师需要通过思维导图等工具对问题原因进行 MECE 分析法拆解，先对可能的原因和需要的资源进行评估，如果企业没有资源解决，那这个问题就没必要重复提出，避免浪费分析资源。分析师应该在企业有资源且有意愿的条件下开展可以落地的分析工作。

问题 4：作为资深分析师，你怎么培养下属？

回答：很难明确说怎么培养，每个人都有自己的优势，为不同人选择与其优势契合的项目是我的管理思路。一个人在适合的环境中成长最快，这时候让他自由发挥就好。但环境与个人不太匹配的时候，一般我会先进场梳理流程，形成标准的作业流程，最后让下属按流程实施。

问题 5：集中化的分析师团队好还是各个业务独立的分析师团队好？

回答：集中化的优势在于专业知识，业务独立的优势在于业务逻辑，二者各有优势，没有优劣之分。企业在不同阶段选择不同的模式即可，大企业成长过程中都会经历几次分析师团队合并、拆分等。

后记

作为商业分析师，在项目中，我尽可能利用理性的思路去设计和评估业务，期望通过科学的方法保证业务的稳定运行；但是在写作过程中，我越发觉得可能忽略了另一种不可衡量的力量——精神力量。

现实生活中，环境越发强调理性的作用，越发追求人员的职业化，追求量化结果。但纵观企业发展，我发现职业化的企业对消费者的敬畏心越来越弱，将消费者等同于一个个数字，将消费者需求等同于各个量化指标，进而导致消费者服务体验的逐步下降。对初创企业来说，其人员、资源、技术都无法与大企业比拟，但其凭借着一次次服务、一次次连接，逐步获取消费者认同。这个结果让我明白了企业服务不是人力、物力和管理的算术和，还需要一股除服务好消费者外无所求、无所惜的精神，在这种精神指导下，企业可以面对数值计算无法面对的挑战，最后取得胜利，这是目前分析方法无法合理解释的。回归商业分析领域，商业分析师的现状是否有精神力量缺失的原因值得探讨。

商业分析需要在技术、业务、管理、工程环节都有涉及，这也代表着商业分析师的培养难度很大。现阶段大多数商业分析师主要承担业务管理的数据支撑角色，并不能有效地观察和优化业务经营相关工作。我之前一直认为有两个原因导致了这个现象。一个是商业分析师不承担业务经营后果，做好数据监控工作即可，对业务经营的优化动力不足。另一个是商业分析师缺乏决策意愿，即不愿意承担决策错误带来的后果，导致随着时间的推移，失去了业务判断能力。但在写完这本书之后，我认为可能还需要加上另外一个原因：由于长期脱离消费者真实场景，商业分析师失去了为消费者服务的意愿。

作为一个以理性著称的岗位从业人员，最后获得的感悟竟然是感性的精神力量，这有点出乎我的意料。

最后，非常感谢读者的阅读，由于本人能力有限，书中难免有所遗漏，在此深表歉意。希望这本书能够给大家带来一些不一样的启发。

参考文献

[1] 斯密. 国富论 [M]. 郭大力, 王亚南, 译. 上海：商务印书馆, 2015:13-23.

[2] 米塞斯. 人的行为 [M]. 夏道平, 译. 上海：上海社会科学院出版社, 2015:197-207.

[3] BARNEY J. Firm Resources and Sustained Competitive Advantage[J]. Journal of Management, 1991, 17(1):99-120.

[4] 科特勒, 凯勒. 营销管理：全球版 [M]. 王永贵, 于洪彦, 陈荣, 等译. 北京：中国人民大学出版社, 2012:232-251.

[5] 奥斯特瓦德, 皮尼厄. 商业模式新生代 [M]. 黄涛, 郁婧, 译. 北京：机械工业出版社, 2016:13-21.

[6] 周雪光. 组织社会学十讲 [M]. 北京：社会科学文献出版社, 2003:119-128.

[7] 稻盛和夫. 阿米巴经营 [M]. 曹岫云, 译. 北京：中国大百科全书出版社, 2009:103-129.

[8] 罗宾斯, 贾奇. 组织行为学（第18版）[M]. 孙健敏, 朱曦济, 李原, 译. 北京：中国人民大学出版社, 2020:223-230.

[9] 伯特, 帕特卡维奇, 平克顿. 供应管理 [M]. 何明珂, 卢丽雪, 张屹然, 译. 北京：中国人民大学出版社, 2012:82-160.

[10] 曼昆. 经济学原理 [M]. 梁小民, 译. 北京：机械工业出版社, 2003:77-113.

[11] KANON. Attractive Quality and Must-be Quality[J]. Journal of the Japanese Society for Quality Control, 1984, 31(4): 147-156.

[12] 科林斯, 波勒斯. 基业长青：企业永续经营的准则 [M]. 真如, 译. 3版. 北京：中信出版社, 2006:77-113.